本书受到中国人民大学2018年度“中央高校建设世界一流大学（学科）和特色发展引导专项资金”支持

大金融书系
Macro-Finance Book Series
International Monetary Institute of RUC

大金融思想沙龙

第一辑

中国人民大学国际货币研究所◎编

中国经济出版社
CHINA ECONOMIC PUBLISHING HOUSE
·北京·

图书在版编目（CIP）数据

大金融思想沙龙．第一辑／中国人民大学国际货币研究所编．
—北京：中国经济出版社，2018.7
ISBN 978-7-5136-5281-0

Ⅰ.①大… Ⅱ.①中… Ⅲ.①金融学—研究 Ⅳ.①F830

中国版本图书馆 CIP 数据核字（2018）第 161772 号

封面题字　张　杰
责任编辑　霍宏涛　徐党维
责任印制　马小宾
封面设计　任燕飞装帧设计工作室

出版发行　中国经济出版社
印 刷 者　北京柏力行彩印有限公司
经 销 者　各地新华书店
开　　本　710mm×1000mm　1/16
印　　张　19.5
字　　数　329 千字
版　　次　2018 年 7 月第 1 版
印　　次　2018 年 7 月第 1 次
定　　价　69.00 元
广告经营许可证　京西工商广字第 8179 号

中国经济出版社 **网址** www.economyph.com **社址** 北京市西城区百万庄北街 3 号 **邮编** 100037

“IMI·大金融书系”编委会

本书编委会

主　　编　庄毓敏　曹　彤

副 主 编　张　杰　贲圣林　张成思

　　　　　向松祚　涂永红

执行副主编　宋　科

编　　委　安　然　董熙君　朱霜霜

前 言

“大金融思想沙龙”是中国人民大学国际货币研究所与财政金融学院货币金融系联合发起的高层次学术沙龙，分为“政策专家”“学术名家”“业界精英”和“青年学者”四个系列。“大金融思想沙龙”立足中国实践、紧跟国际前沿，为推动新时期“大金融”学科建设，深入开展“大金融”理论、政策与战略研究搭建高水平、专业化、开放式的学术交流平台。

“大金融”概念，在学理上源于黄达教授所倡导的宏微观金融理论相结合的基本思路，在理念上源于金融和实体经济作为一个不可分割的有机整体的系统思维。中国人民银行副行长陈雨露在《大金融论纲》中系统论证了“大金融”命题的基本内涵和方法论思想，为全面构建有利于促进长期经济增长和增强国家竞争力的“大金融”体系框架奠定了理论和实证基础。与传统的经济学方法论相比，“大金融”命题更加强调系统的思维、整体的视野、发展的观点和动态的实践，并致力于建立逻辑与事实一致、理论与实践相结合的一般分析框架。根据这一框架，宏微观金融理论不再处于人为割裂的状态，金融和实体经济、内部和外部的金融发展将得到统一认识，而全球化条件下的一般规律和“国家禀赋”的结合则在理论和实践之间建立起了逻辑联结。

自2013年开办以来，“大金融思想沙龙”已成功举办96期。其中，“政策专家”系列16期，“学术名家”系列32期，“业界精英”系列35期，“青年学者”系列13期，百余位深耕金融领域、造诣精深的专家和学者受邀在“大金融思想沙龙”发表演讲，近千名嘉宾及听众与会并就相关问题展开深入广泛的讨论。《“大金融思想沙龙”第一辑》共收录演讲实录20篇，其中“学术名家”系列8篇，“业界精英”系列9篇，“政策专家”系列3篇。内容覆盖货币与宏观经济、人民币国际化、金融科技、普惠金融、金融监管、经济与金融改革等多个领域，聚焦金融前沿与热点问题，希冀引发社会各界的观点碰撞与深度思考，引领“大金融”理念的实践与发展。

本辑“学术名家”系列中，张杰教授发表了题为《从政府与市场的关系看经济改革的中国经验》的演讲，他指出，中国经济的高速增长是政府与市场两大因素合力的结果，在经济增长减速的背景下，重新寻求政府与市场的制度均衡至关重要；赵锡军教授在题为《从金融服务和产品需求者视角看金融监管的变化》的演讲中结合需求端和供给端，综合分析金融发展的新趋势和新情况，阐释监管应如何从监管理念、架构、手段、方法上去面对这些新情况、新发展；在题为《丝绸之路经济带建设对人民币国际化的影响》的演讲中，涂永红教授认为，丝绸之路经济带建设为人民币国际化带来贸易计价结算、项目融资与直接投资、货币互换和人民币离岸市场建设的机遇；贲圣林教授在题为《论新经济常态与新产融结合》的演讲中从新常态的形成路径切入，通过梳理产业经济的变革脉络，分析传统金融与产业经济的关系，提出了新经济常态下产融结合模式的构想；向松祚博士在题为《人类经济体系面临的根本问题和出路——〈新资本论〉的四个基本主题》的演讲中指出，理解新的经济体系需要新的经济思维方式和政策哲学，包括改革和重塑国际货币体系，充分开放劳动力和投资市场，从全球化发展角度给贫穷国家提供更多援助，重新认识自然和人类的关系等；丁志杰教授在题为《国际货币体系改革与SDR》的演讲中阐述了当前SDR应用中存在的主要问题以及如何有效提高SDR在国际货币体系中作用的思路；裴长洪所长在题为《世界经济形势与中国应对：G20杭州峰会》的演讲中详细分析了杭州峰会构建创新、活力、联动、包容的世界经济的会议主题，创新增长方式、更高效的全球经济金融治理、强劲的国际贸易和投资、包容和联动式发展四大议题，以及其对G20转型的新贡献；曹凤岐教授在题为《中国金融改革与创新》的演讲中认为，当前应该创立广义金融学，即现代金融学，并对金融理论进行更为深入的研究。

“政策专家”系列中，焦瑾璞理事长在题为《普惠金融发展与研究》的演讲中指出，中国应该抓住机遇，建立符合国际普惠金融理念、适应我国经济社会特点的普惠金融体系。王宇博士在题为《人民币国际化破冰远行》的演讲中梳理了跨境人民币使用的相关政策框架，展示了人民币国际化的进程，概述了跨境人民币业务现状和人民币离岸市场的发展。在题为《中央银行与货币供给》的演讲中，盛松成教授从理论和实际两个方面系统阐释了货币的本质及其对物价等因素的影响，并就我国下一阶段继续推进利率市场化改革提出了针对性建议。

“业界精英”系列中，刘珺博士在题为《辨析“逆周期”》的演讲从“逆周期”中的货币政策、宏观调控及政策对位三个方面展开，深入浅出地阐释了经济周期的演变规律；陈卫东博士在题为《对人民币国际化及离岸市场定价问题的思考》的演讲中指出，货币国际化是一个曲折的过程，在此过程中要保持人民币的特色，关注离岸市场的发展；在题为《人民币汇率究竟怎么了？——关于人民币汇率的几个问题》的演讲中，孙鲁军董事认为，要保持汇率基本稳定，一方面要向有管理浮动汇率制度“迈进”，另一方面需要相关宏观经济政策和结构改革配套；在题为《离岸市场发展的新特征与人民币国际化前景》的演讲中，鄂志寰博士认为，未来中国香港离岸中心的发展需要完善离岸市场流动性补充机制，提供充足的流动性，同时推动金融产品创新和海外人民币投融资交易，并利用其成熟经验在“一带一路”建设中发挥示范带动作用；吴志峰博士在题为《区块链：价值互联网的基础架构》的演讲中指出，区块链建立去中心化信任的三个关键技术分别为动态组网、账本结构和共识机制，并引例介绍了区块链技术在货币与支付、记录保全、证券、智能合约等领域的探索与实践；贝多广教授在题为《普惠金融：理念、实践与发展前景》的演讲中结合普惠金融发展的国际经验，分析了在中国可供参考的普惠金融发展模式，认为普惠金融应该选择兼顾商业绩效和社会绩效的商业模式；在题为《供给侧改革、流动性空转与大类资产配置》的演讲中，管清友博士预判2017年和2018年将是所谓的结构调整“阵痛”期，黎明大概会在2019年到来；范希文博士在题为《CDS到底能做些什么?》的演讲中阐述了CDS的概念、特征和用途；华而诚博士在题为《后全球金融危机时代，中国经济大船如何顺利到达彼岸?》的演讲中探究了中国经济如何走上结构调整与转型、升级的道路。

【目录】

学术名家系列 1

业界精英系列 113

大金融
思想沙龙

学术名家

张杰，1965 年出生，经济学博士，中国人民大学教授、教育部“长江学者奖励计划”特聘教授，兼任教育部高等学校金融学类专业教学指导委员会秘书长。

长期致力于制度金融学以及中国金融制度与金融发展问题的研究。代表性学术成果有《天圆地方的困惑——中国货币历史文化之总考察》（1993）、《中国金融制度的结构与变迁》（1998）、《农户、国家与中国农贷制度：一个长期视角》（2005）、《金融分析的制度范式：哲学观及其他》（2013）以及《流量、储蓄与金融权利》（2016）等。

曾获教育部首届“高校青年教师奖”（1999）、霍英东教育基金会第七届“青年教师奖”（2000）、国务院“政府特殊津贴”（2000）、“新世纪百千万人才工程”国家级人选（2009）、第八届北京市高等学校教学名师奖（2012）、首届孙冶方“金融创新奖”著作奖（2014）、鸿儒金融教育基金会首届“金融学杰出教师奖”（2015）等。

【演讲实录】

从政府与市场的关系看经济改革的中国经验

□ 张杰

张杰教授指出，中国经济的高速增长是政府与市场这两大因素合力作用的结果，当前中国经济的种种不良表现实际上是政府与市场力量的失衡，为此，在经济增长减速的背景下，重新寻求政府与市场的制度均衡至关重要。在中国特殊的背景下，需要从一个更长期的历史的视角来重新看待并理顺政府与市场的关系。

一、引言

自1978年改革开放以来，中国经济保持了年均9.82%的高速增长，在全球经济增长史上堪称奇迹。近年来，关于中国经济高增长“谜团”的研究众多，相关研究结论主要集中在：①人口红利带来的出口优势；②高储蓄率；③政府主导型经济的爆发力；④金融制度安排。在众多研究文献中，一个被忽视的角度就是政府与市场的合力。主流经济学理论认为，政府与市场是此强彼弱的关系，然而回顾中国经济长期高速增长的历程可以发现，政府主导型投资的超常规增长、政府主导型银行体系的金融支持以及民营经济的快速发展是形成这一现象的重要原因，中国经济的高速增长是政府与市场这两大因素合力的结果。

当前，中国经济进入一个新的、特殊的时期，政府投资的挤出效应明显，民营经济增长乏力，这实际上是政府与市场力量的失衡。中国改革开放 30 多年的发展经验表明，凡是经济运行比较正常的时期都是政府与市场力量相对均衡的时期，凡是经济运行不正常的时期，都是政府与市场力量失衡的时期。如图 1 所示，2006 年以后，中国经济发展面临一个不可逆转的减速，如果处理不好政府与市场的关系，经济增长减速就会带来一系列重大挑战和问题。因此，在经济增长减速的背景下，重新寻求政府与市场的制度均衡至关重要。在中国特殊的背景下，需要从一个更长期的历史的视角来重新看待并理顺政府与市场的关系。

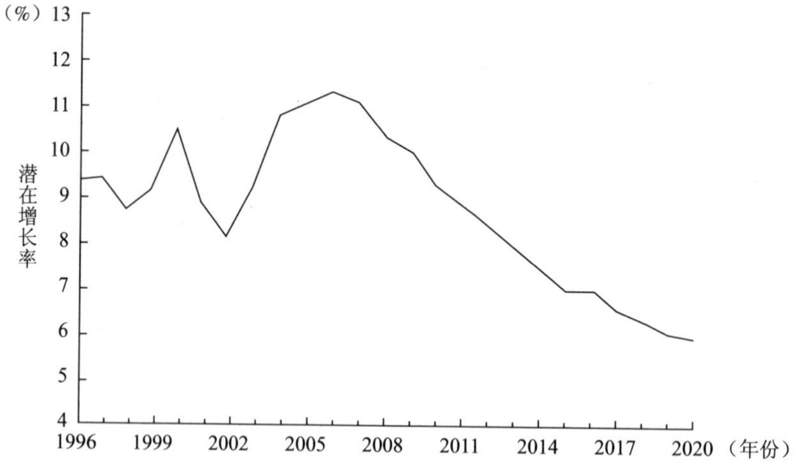

图 1　1996—2020 年中国经济的高增长与增长减速

二、 政府与市场：理论史的简要回顾

改革开放以来的几十年只不过是中华几千年历史中极小的片段，因此需要从中国历史的长河中去探寻经济增长的规律。在中国漫长的历史长河中，社会稳定、经济繁荣的时期并不多，相反更多的是战乱、社会动荡期。参考华裔历史学家许倬云的研究成果，中国历史上经济增长连续超过 100 年的只有三个时期，一个是西汉，一个是盛唐，还有一个是清初。许倬云从权力结构的角度入手考察了经济增长的原因，发现存在权力结构的黄金分割“1：2”，即无论是西汉 130 年，还是唐朝前期 130 年，政府的权力结构中大约 1/3 的官员是由

上而下通过继承取得的，而大约 2/3 的官员是通过自下而上从民间选拔出来的，这归结于西汉初年和唐朝前期合理的政治制度和选拔机制。西汉的“乡举里选”和唐朝的“科举考试”制度在当时是存在合理性的，只不过随着社会的变迁，原有的制度不适合后来的社会条件以至于慢慢成为阻碍经济增长的原因。黄金分割的权力结构，本质上仍是一种政府与市场力量的制度均衡。

经济学理论中关于政府与市场的关系，目前有三种观点，一个是古典传统，从亚当·斯密或者重农学派以来，都已经看到政府与市场的关系，正统的观点是政府威胁市场；另一个是“凯恩斯革命”，强调政府行为在短期是有效的，在长期仍然需要依靠市场，该观点从长期来看，仍然皈依于经济学的新古典范式；还有一个是新范式经济学，即政府构成市场。当前的主流经济学是“新古典经济学”“凯恩斯革命”。主流经济学没有正确看待政府在经济中的作用，仅仅是讲述西方发展经验的经济学，然而东方的发展经验表明，政府与市场之间是对等的关系，政府因素在经济运行中持续发挥作用，并与经济增长长期相伴而行，这涉及政府与市场的制度均衡问题。

三、 政府与市场关系中的国内外经验

在中国改革开放后这一重大的制度变迁时期，出现了“建设派”和“平衡派”两种力量（傅高义，2013）。“建设派”和“平衡派”有制度分工，“建设派”负责开创新的体制，“平衡派”维持原有体制的运转。任何制度变迁过程都不是一蹴而就的，新制度必然是从原有的旧制度中“孵化”而出的，脱离旧制度的“涵养”，新制度就难以根基牢固。这种微妙的平衡关系说明中国的改革将是一个渐进过程，实质是政府与市场的力量平衡。政府与市场共同踩出的足迹最终勾勒出中国道路。

政府与市场均衡下的“中国道路”是在总结中国经济改革历程中经验、教训的基础上得出的宝贵成果。20 世纪 80 年代中后期中国改革“自由化”“市场化”的步子走得过急、过快，政府与市场的平衡关系被打破，市场的力量已经超越政府的“牵引力”，其后果是 1988 年和 1989 年的经济停滞、严重通胀、财政赤字激增。经过 1990—1992 年的整顿，重新审视、调整政

府与市场之间的关系，1993 年以后中国才逐步探索出适合自己国情的“中国道路”。

从国外改革经验来看，无论是苏联迅速的体制变革，还是南美国家和东南亚国家激进的市场化改革，其结果都是经济增长的长期低迷，以及债务危机、金融危机的爆发，其惨痛教训值得反思。

青木昌彦（2001）在其《比较制度分析》一书中曾经对苏联和中国的市场化改革及其显著不同的结果进行过分析，认为某一体制内的制度存在互补性，合理的制度变革不是整个体制的迅速变革，而是从体制内某项基础性制度开始实施“渐进性”改革。麦金农（1993）也强调了金融制度的改革应该存在一个合理顺序，金融自由化改革的前提是财政能力的充足。科斯（2012）在《变革中国》一书中评价中国经济改革“并没有根据一个设定好的蓝图前行，而是由‘草根’发起的改革与政府领导的政策试验共同推进的”，这本质上也是对渐进改革的肯定。

四、 政府与市场关系的经济学解释

人类社会具有多样性，不可能存在唯一的发展道路，任何一个国家应该做的不是完全效仿其他国家，而是探寻符合本国国情的发展道路。制度有正式与非正式之分，正式制度可以移植，但是非正式制度几乎不能移植，只有两种制度相匹配，才能使正式制度发挥作用。政府与市场的“均衡”是众多制度中的一种，其平衡关系必然由经济体内其他制度决定，为什么西方“市场至上”的成功经验在东方并不成功？又是什么决定了一国中政府与市场的关系？

政府与私人因素共同构建了市场制度，所以跟政府对应的一个概念是私人因素，而不是市场因素，因为市场是由政府和私人共同构建的一个制度。图 2 中的两条线分别代表个人主导的社会合作路径和政府主导的社会合作路径。社会合作路径浓缩着文化、文明的积淀，它不是短期的现象，而是几千年积淀下来形成的。社会合作路径实际上强调了初始条件的重要性，也就是新制度经济学中所强调的“路径依赖”。

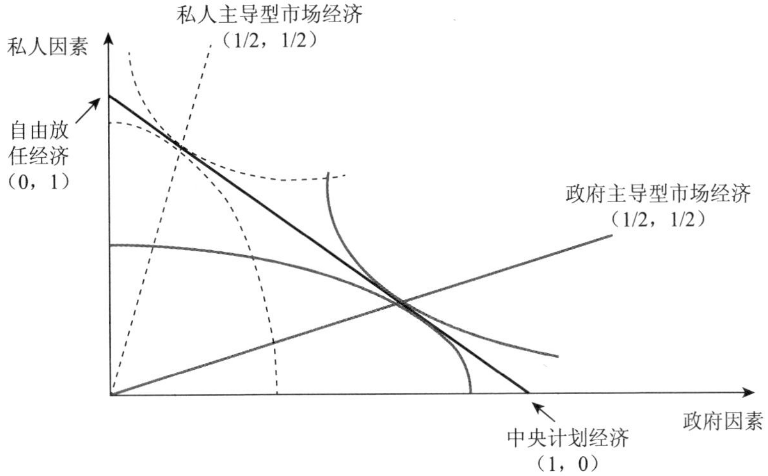

图 2　政府与私人共同构建市场制度

西方世界崇尚个人主义，所以西方经济学中的一切都是从个人主义出发来构建模型。举个简单的例子，西欧文明起源的地方不适合农耕，众多研究成果认为其当时主要的经济形式是狩猎经济，然后是贸易经济，狩猎经济和贸易经济决定了西方的个人主义。东方则不一样，中华文明的发源地适合农耕，在这种情况下要讲究秩序就得有相应的节约交易成本的制度安排，节约交易成本最重要的就是要建立某种精神调试的制度安排，于是中国自然而然地就出现了儒家伦理，儒家伦理是发展农耕文明最节约交易成本的制度选择。

儒家伦理之所以在春秋百家争鸣的情况下最后脱颖而出成为一种最基本的秩序是有原因的，儒家也就是我们前面所讲的农耕文明、定居文明。秦始皇最后实现统一是因为崇尚法家，然而法家让秦朝仅仅持续了十几年。西汉初期，汉高祖刘邦和吕后采纳“黄老”思想，休养生息，放任自流，最后导致了国家的动乱。直到汉武帝时期，“罢黜百家，独尊儒术”，从而实现国家长久的稳定、强盛，而儒家正是法家和道家的折中。

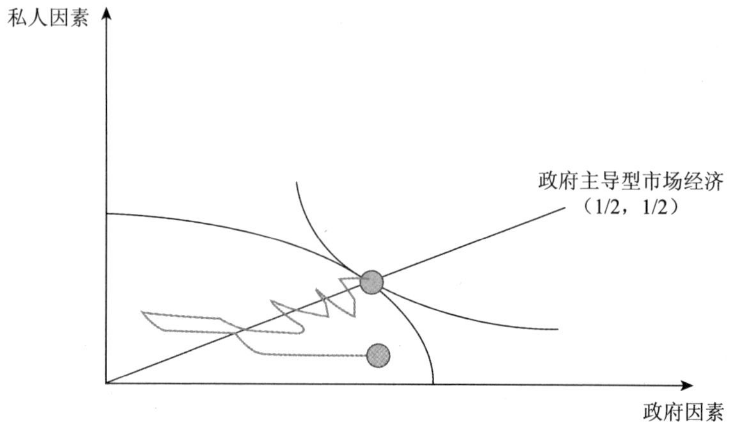

图 3　政府主导型的市场经济

市场经济既有政府主导型的市场经济，也有私人主导型的市场经济。此外，还有两个极端，一个是中央计划经济，另一个是自由放任经济。资源配置方式总是要受到文明积淀的影响，而一个国家的文明是难以改变的。社会合作路径难以改变，一个国家选择的市场经济形式也是难以改变的。受到儒家文化影响的东亚国家，其最优的社会合作路径是政府主导型的市场经济（见图 3），无论曾经经历过如何曲折的探索历程，终究仍然要回到这一路径。总之，无论是政府主导型的市场经济还是私人主导型的市场经济都是市场经济的范畴，东方世界不应该一味模仿西方，西方世界也不应该垄断市场经济形式，世界的多元化发展道路本身就是合乎情理的。

五、 结语

主流经济学之所以成为主流，是因为近代西方的经济发展曾一度超过东方，在当时它是能够解释全球最大比重经济的经济学。然而，随着东方经济的崛起，主流经济学相关理论也难以解释东方的发展经验。东方有着不同于西方的文化、历史以及发展改革历程，既有的主流困境，新兴经济的成长，这都使重构适应东方特色的经济学变得极为必要。

东方经济学应该解释东方的发展经验，而东方的发展经验表明，政府与市场并不是对立的，只要合理安排政府与市场关系，政府就可以增进市场在经济发展中的作用。因此，维持政府与市场的力量平衡对维持我国未来的经济增长至关重要，不断改善政府与市场关系也将成为未来改革的重点。

【延伸阅读】

为了更全面地展示张杰教授的研究成果，我们挑选并综述了以下四篇张杰教授近期的研究成果以飨读者。

一、风险承诺、金融市场化与国有银行体系①

张杰教授指出，在中国经济改革过程中，金融市场化与金融控制之间存在一个充满制度张力的“两难困局”，而这一困局的关键是国家与居民部门围绕银行体系存单而达成的一份“金融合约”，即国家通过风险承担承诺换取国有银行提供的巨额金融支持。最初，国家对国有银行信贷支持的需求与国有银行体系的信贷扩张意愿是一致的，但是随着银行体系市场化改革的推进，既有金融合约所包含的固有矛盾便开始凸显。一方面，国有银行体系要在国家的“信贷边界”之内行事以追求社会效用；另一方面，国有银行又想“越界”以追求私人效用，这就形成了一个奇特的“双重效用结构”。与此同时，国家迅速推出风险承诺，一条是针对国有银行体系的内部金融安排，另一条是针对国有银行体系的外部金融联系。对国有银行体系而言，此次改革使其在国家风险承诺的前提下获取了信贷自主权，因而在实际上成为这次合约调整的赢家。

张杰教授进一步指出，国家基于外部压力的情形下对金融合约进行调整，开启了以修复国有银行资产负债表为核心的金融合约调整进程。但这种调整只是以注资（加上坏账剥离）的方式“赎回”风险承诺，而没有考虑针对国有银行的既有资本结构构建和保持某种程度的风险均衡，从而不能甄别国有银行资产负债结构的特质，以至于实施了一些“无效改革”。因此，从金融市场化的角度分析，国有银行市场化进程的决定因素是其在国家资产负债表中的宏观责任，而不是银行自身资产负债表上的微观表现。张杰教授认为，虽然市场化

① 原文《风险承诺、金融市场化与国有银行体系》，载《国际金融研究》2017年第5期。

是中国金融体制改革的应有之义，但是市场化之于国有银行效率的增进却是有条件的，即金融控制。只有通过金融控制守住国有银行所担负的宏观责任的“制度底线”，国有银行体系饱含微观追求的市场化改革才不会“离谱”。

张杰教授认为，当前欧美经济学家在研究中国金融改革与经济增长问题的角度和逻辑方面仍然不得要领，因为他们总是试图利用分析技术的比较优势来弥补甚至粉饰研究内容的空洞与苍白。基于此，他提出了“考虑金融补贴的体制内增长模型”，认为只有国有银行体系的制度安排才最适合中国渐进改革条件下居民储蓄的动员与配置，因为只有国有银行体系才能提供经济改革与增长过程所急需的金融补贴。金融补贴在很大程度上属于公共金融产品，国有银行具有提供“公共金融产品”的功能，而商业银行只能提供“私人金融产品”，因此一定要由国有银行，而不是由典型的商业银行来具体提供金融补贴。另外，国有银行体系在负债与资产两个方面都具有无与伦比的“比较优势”。在负债方面，国有银行比商业银行具有更强的居民储蓄动员能力；在资产方面，国有银行则遵循“借方（优先）规则”，可以在低于市场均衡利率的水平上提供贷款，实现满足改革与增长过程金融支持需要的信贷均衡（角点解）。

二、 金融发展中的制度博弈①

张杰教授认为，自2001年中国加入世界贸易组织以来，虽然决策层在扭转金融支持型经济增长格局方面改革举措频出，但从总体上看，稳定而有效的金融发展模式还远未形成。国有商业银行体系的资本与治理结构虽然已经发生显著变化，但其退出原有经济增长逻辑的绩效仍未显现，资本侵蚀和不良贷款形成的原有机理仍未从根本上得以解除。他指出，中国金融发展模式的形成绝非人为“自上而下”单方面设计和打造的结果，而是金融改革与发展过程一系列制度变革与政策调整绩效的结晶。因此，中国金融发展与改革先是由与其具有紧密利益关系的各个利益主体依据各自的效用函数分别进行局部制度选择，然后通过这些局部制度选择间的利益博弈和相互竞争，最后导出最大限度

① 原文《金融发展中的制度博弈》，载《中国金融》2014年第6期。

包含各个利益主体利益偏好的金融制度框架和金融发展模式。

张杰教授指出，某些权威组织在特定条件下以及某些特定时期制定的决定金融发展道路以及发展模式的金融制度由于存在“外部成本”和与此紧密伴随的低效率而具有不稳定性。他认为，一种稳定而有效的金融发展模式的形成一定要经过有关利益主体的反复博弈和较量，在此过程中，逐步挤出制度形成中的外部成本。这一过程是十分缓慢和渐进的，需要参与其中的每一个利益主体付出足够的耐心和智慧。

最后，张杰教授认为，中国金融发展不存在所谓的最优解或者最理想的制度结构，我们所能达到的只是所谓的博弈均衡解。中国金融体制改革需要在五个方面达到均衡，即在国家、实体经济、国有金融体系、广大老百姓、国外的金融机构以及由发达经济体主导的金融规则之间达成妥协或均衡。

三、 中国经济增长的金融制度原因： 主流文献的讨论[①]

张杰教授认为，麦金农（Mc Kinnon）发现了中国经济改革的两个关键因素，一个是“金融剩余”（Financial Surplus），另一个是“金融控制”（Financial Control）。就前者而言，改革中相对自由的“非国有部门”在成为国有银行体系主要资金提供者的同时一直没有成为主要的信贷索求者，这样国家就可在“不征取较高通货膨胀税的情况下”，十分从容地获取一笔数目可观的“意外”资金。而后者则是前者得以实现的金融制度前提。他认为，世界银行（World Bank）为观察金融改革绩效提供了一个新的角度，即强调金融“初始条件”的重要性，认为中国改革初期的低货币化经济潜藏着极高的货币需求。事实上，中国经济改革的放权让利特征以及财政地位下降后果使此间的经济增长具有浓郁的金融驱动色彩，而在这种色彩的背后，掩藏的则是强烈的金融分权倾向甚或金融地方主义冲动。透过围绕金融分权的利益博弈可以大致勾勒出改革开放以来中国金融制度变迁的基本线索。

张杰教授进一步分析了主流文献关于经济改革中银行体系（特别是国有银行体系）本身的制度结构、行为方式及其微观表现的研究。在我国，高不

① 原文《中国经济增长的金融制度原因：主流文献的讨论》，载《金融评论》2010 年第 5 期。

良贷款与高盈利现象在银行体系中长期并存，效率低下的银行体系拥有异常强劲的盈利能力等现象可归因于“高利差”，因为利差是国家对银行体系金融贡献的一种制度性补偿，政府需要确保银行体系在为经济改革提供可贵金融支持的同时不至于深陷财务困局。在国家举债的绩效方面，张杰教授认为主流框架只关注举债的“财政方式”而忽略了“金融方式”。在经济改革中，国家通过金融方式实现的“举债”规模要远远大于财政方式。值得注意的是，通过金融方式举债需要特定金融制度安排的支持，在中国改革过程中，这种制度安排就是国有银行体系。

最后，在金融转型的历史文化含义方面，张杰教授指出，主流文献中认为的“关系金融”与市场金融之间的制度“接替”是在忽略诸多制度条件基础上设计出来的，如果考虑到一些特定的制度条件，则“接替”传统金融的制度安排就不一定只是市场金融，而极有可能是另一种同样可以满足更大范围金融交易需求的“人格化”（personal）金融。在中国，这种金融形式就是政府主导型金融。

四、 政府的市场增进功能与金融发展的“中国模式”①

张杰教授认为，理解金融发展的“中国模式”关键是洞察政府与市场合理兼容的关系，需要将政府因素作为内生因素纳入中国金融发展的研究框架之中。他认为，开发性金融是探索中国金融改革与发展独特模式的典型例证。开发性金融不是单纯地执行行政命令，而是通过市场化经营，着重于制度建设，在商业银行尚不能进入的地方创建市场平台。开发性金融的要害是政府参与市场形成过程。这样一来，开发性金融制度的建立既配合了国有商业银行改革，又以市场化方式缓解了经济增长对长期资金的需求压力。因此，开发性金融在政策性金融与商业性金融之间寻找到了一种新的金融均衡，用市场的办法经营政府信用，成为中国金融改革与发展进程中的一大特色。他认为，中国 30 年的金融改革与发展实践表明，政府因素与其他市场因素一样，始终参与了金融

① 原文《政府的市场增进功能与金融发展的“中国模式”》，载《金融研究》2008 年第 11 期。

市场化改革，政府因素不仅没有损害市场机制，反而在很大程度上弥补了市场缺陷，政府因素完全可以“内生化”于金融发展的实际过程之中。因此，他指出，中国金融改革与发展是政府主导的金融市场化改革，政府通过参与市场活动来弥补现阶段市场有效整合金融资源的缺陷，创造出了连接政府与市场的金融制度安排，走出了一条有中国特色的金融发展道路。

最后，张杰教授指出，金融发展路径的形成受一个国家文化、经济基础和所处历史阶段的限制，因此，根本不存在唯一最优的金融发展模式。各国应该选择最适合自己国情的市场形成模式和金融发展模式，而中国的实践表明，政府主导的金融市场化进程可以成为市场生成与发展的有效途径。

附：张杰教授近期主要研究成果

1. 张杰：《风险承诺、金融市场化与国有银行体系》，载《国际金融研究》2017 年第 5 期。

2. 张杰：《金融发展中的制度博弈》，载《中国金融》2014 年第 6 期。

3. 张杰：《中国经济增长的金融制度原因：主流文献的讨论》，载《金融评论》2010 年第 5 期。

4. 张杰：《政府的市场增进功能与金融发展的“中国模式”》，载《金融研究》2008 年第 11 期。

5. 张杰：《流量、储蓄与金融权利—兼议蒋硕杰的货币流量理论以及中国金融改革的货币逻辑》，载《经济研究》2016 年第 1 期。

6. 张杰：《中国货币金融变迁的特殊机理及其制度涵义：本土文献述评》，载《金融评论》2011 年第 6 期。

赵锡军，中国人民大学财政金融学院教授、副院长，中国人民大学金融与证券研究所副所长。

历任中国人民大学国际交流处处长，中国证监会国际部研究员，JP Morgan 银行北京代表处外部咨询师，深圳市华为技术有限公司金融顾问，普华会计公司金融专家，亚洲开发银行金融专家。

主要研究方向为国际金融、证券投资、金融监管、公司财务。主要著作有《跨国公司财务管理》《全球经济调整中的中国经济增长与宏观调控体系研究》《市场主导与银行主导：金融体系在中国的一种比较研究》《亚洲金融一体化研究》《投资分析与组合管理》《公司财务》《国际结算》《中国上市公司：资本结构与公司治理》等。

【演讲实录】

从金融服务和产品需求者视角看金融监管的变化

□ 赵锡军

互联网金融的发展给现行监管体系带来了更多的挑战。赵锡军教授首先介绍了互联网金融给现有金融结构带来的冲击，以及现有金融体系的变化；其次，结合需求端和供给端，综合分析了金融发展的新趋势和新情况，阐释了监管应如何从监管理念、架构、手段、方法上去应对这些新情况、新发展。

一、引言

互联网金融的热度越来越高，也给监管带来了越来越多的挑战。我今天将以需求者、需求端的角度结合我国监管的应对策略，从三个方面分析这个问题。

第一个方面是金融服务和产品的需求是不是发生了变化？如果是，那么发生了怎样的变化？这是基础；第二个方面是如果这些变化发生了，它会对我们传统的或现有的监管带来什么样的影响？会对我们的监管理念、架构、手段、方法等，带来什么样的影响？第三个方面是我们目前是怎么样应对的？应对有没有问题？如何更好地进行应对？

二、金融服务和产品需求的变化

首先回答第一个问题。目前，从需求的角度看，我们的金融服务和产品的需求端发生了较大变化。金融学更多是从货币、信用这个角度起源的，而经济学则是从商品、劳务、劳动力起源的，这两者之间还是有差别的。如果我们现在要把这两者统一，就需要把货币、信用、融资等与商品、服务的供求连接在一起，这样金融学和经济学才能够协调发展。如果我们把现在金融产品和服务这个市场放到一般的服务市场里看，我们会看到需求端和供给端发生了一些变化，我列出了一些可以考察变化的角度和现象，如表 1 所示。

表 1　2002—2012 年社会融资规模（单位：亿元）

年份	社会融资规模	其中						
		人民币贷款	外币贷款（折合人民币）	委托贷款	信托贷款	未贴现银行承兑汇票	企业债券	非金融企业境内股票融资
2002	20112	18475	731	175	—	-695	367	628
2003	34113	27652	2285	601	—	2010	499	559
2004	28629	22673	1381	3118	—	-290	467	673
2005	30008	23544	1415	1961	—	24	2010	339
2006	42696	31523	1459	2695	825	1500	2310	1536
2007	59663	36323	3864	3371	1702	6701	2284	4333
2008	69802	49041	1947	4262	3144	1064	5523	3324
2009	139104	95942	9265	6780	4364	4606	12367	3350
2010	140191	79451	4855	8748	3865	23346	11063	5786
2011	128286	74715	5712	12962	2034	10271	13658	4377
2012	157606	82035	9163	12837	12888	10498	22498	2508

从表 1 中可以发现一些需求的变化。融资结构方面，以前人民银行只公布货币量 M0、M1、M2 和信贷的规模，没有其他，但是现在有了社会融资规模这么一个指标。社会融资规模的统计实际上反映了传统的以供应链或者是以银行的信贷为主的统计、监测的思路的不足。当然现在大家对社会融资规模这个指标有不同的看法。从社会融资规模这个结构本身来看，根据从人民银行报告中摘录的数据，2013 年银行信贷占社会融资规模的比例为 51.43%，已经非常低了，而委托贷款和信托贷款的占比已经超过了 25%。委托贷款是企业的，信托贷款现在更多的是银行的理财，这两项的上升肯定是由于需求较高所致。由此可以看出，委托贷款和信托贷款的需求在增加，而对银行信贷的需求比例则在下降。

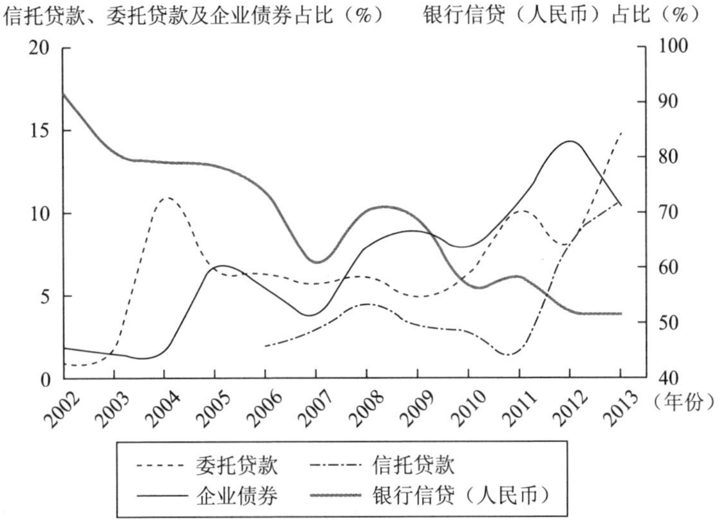

图1　2002—2013 年社会融资主要组成部分占比变化

由图 1 可知，信托贷款 2006 年才有，但增速非常快；其他类别的融资也在增加，但是比信托和委托这两项增加得慢一些，总的可以看出社会融资不断地在多元化，原来都是集中在人民币贷款，最多加一个外币贷款。从图 1 中银行信贷（人民币）曲线和委托贷款曲线的波动可以看出，2002—2013 年社会融资的结构发生了一些较大变化。2013 年的数据中信托贷款和委托贷款的比例已经超过 1/4 了。从曲线的波动可以观察增长的情况，银行人民币贷款结构同 2012 年相比低了 0. 6%，委托贷款的结构则增长 6. 6%，信托贷款 2. 6%，其他的同 2012 年相比相对都低了，只有这两项上来了。

从微观层面看银行的收入结构和业务结构。对 2013 年十个大的上市银行的一些数据做了简单归类并进行分析（见表 2）。由表 2 可知，银行收入结构不断多元化，净利息收入占比下降，中间业务快速增长；非利息收入方面，2013 年十大上市银行手续费及佣金净收入同比增长 20. 68%，增速较 2012 年加快，增速最快的前三项业务分别是理财、私人银行及资产托管，银行卡，担保及承诺。2013 年十大上市银行实现营业收入 2. 70 万亿元，同比上年增长 11. 85%；净利息收入 2. 06 万亿元，同比上年增长 9. 88%；手续费佣金净收入 0. 53 万亿元，同比上年增长 20. 68%。理财、私人银行、资产托管及银行卡是业务增加的主要来源。

表 2　十大上市银行 2013 年整体经营数据

经营数据	十大银行总额（亿元）	同比变化（%）
净利息收入	20619. 80	+9. 88
非利息收入	6331. 83	+18. 97
手续费及佣金净收入	5314. 57	+20. 68
其他非利息收入	1017. 26	+10. 76
营业收入	26951. 63	+11. 85
业务及管理费	8240. 54	+9. 49
净利润	10879. 52	+12. 64

图 2 是五大商业银行收入结构的比较，里圈代表 2012 年的收入结构，外圈代表 2013 年的收入结构。可以看到，收入结构里净利息收入比例是在下降的，手续费、佣金以及其他费率收入这两部分是增加的。股份制银行在 2013 年利息收入比五大商业银行变化要慢一些（见图 3），尽管贷款利息收入占比仍然比较高，但是也是利息收入比例在下降，手续费佣金收入和投资收益在上升。

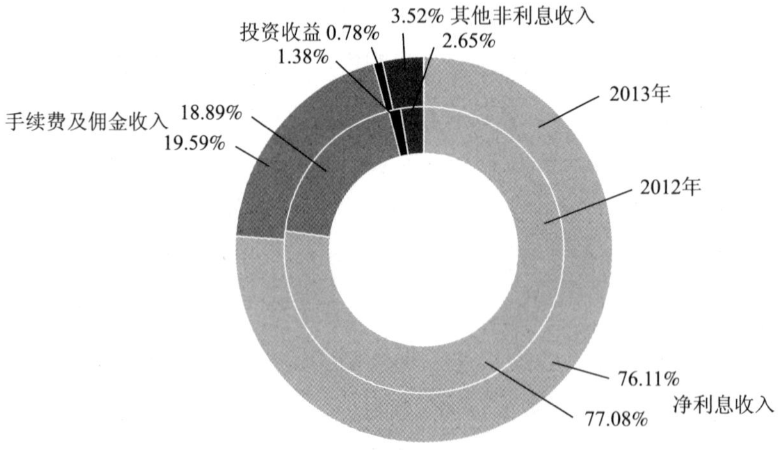

图 2　五家大型商业银行收入结构比较

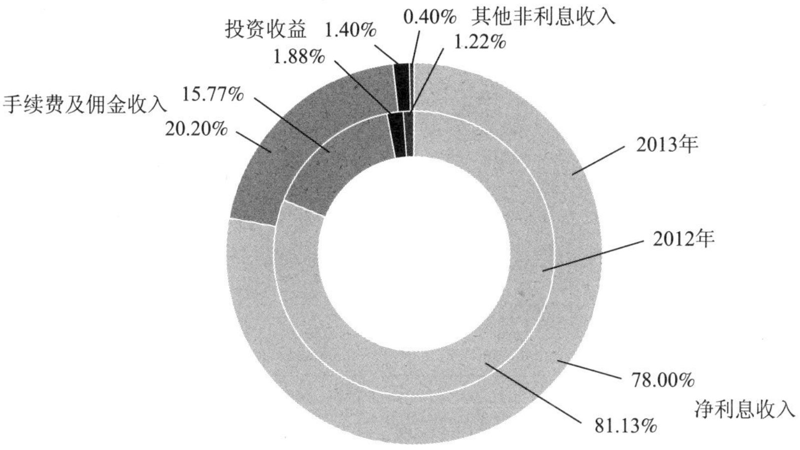

图 3　五大股份制商业银行收入结构比较

十大上市银行利息收入的不同构成中最大的部分仍然是贷款（见图 4），但是贷款利率在下降，投资在上升，贷款是比较传统的业务，而投资是新业务。

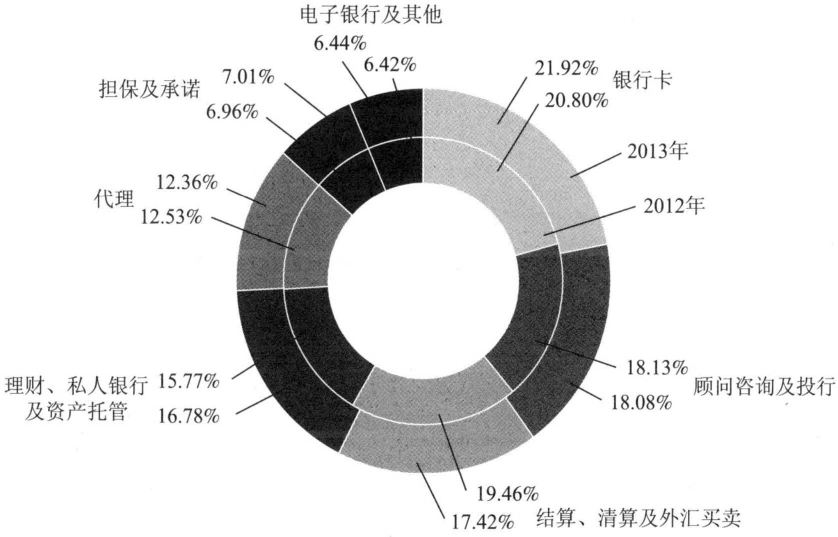

图 4　十大上市银行手续费及佣金收入构成比较

再看五大商业银行和五大股份制银行 2013 年手续费及佣金收入构成的比较（见图 5）。五大商业银行利息收入总体比股份制银行客户贷款比例高一些，股份制银行的收入构成更分散化一些。对于非利息部分手续费和佣金，我们前面提到 2013 年总体增长了 20.68%，2012 年增速为 37.08%，银行卡理财、私人银行业务收入是上升的，特别是私人银行。五家大型银行的非利息收入里占大部分的还是传统的结算清算外汇买卖业务，而股份制银行这部分则不是很大，但股份制银行理财、私人银行和资金托管业务达到了 22%，比五大商业银行占比高。这是从银行比较微观的层面来看的。

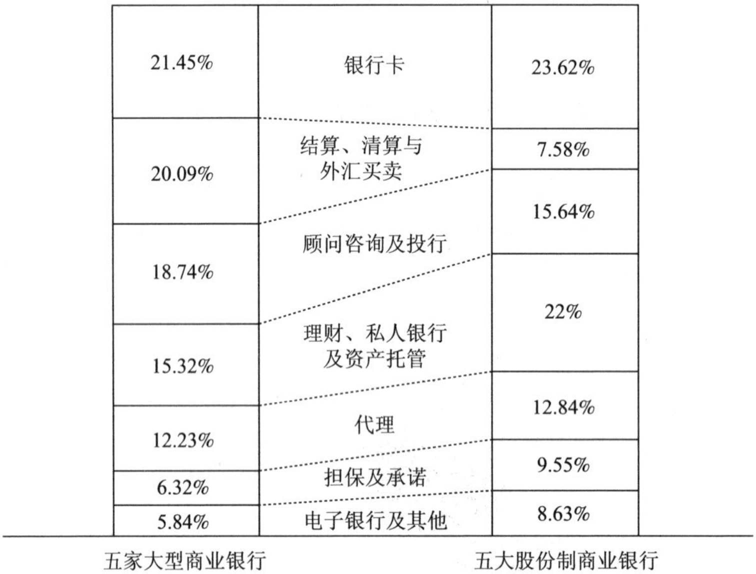

图 5　2013 年两类上市银行手续费及佣金收入构成比较

产品类型上。到 2013 年末，银行业理财产品余额为 9.5 万亿元，比上年末增加 2.8 万亿元。2013 年除中国银行、交通银行和民生银行，七家上市银行披露的理财产品全年累计发行总量为 277.881 亿元，总体发行量比 2012 年上升了 16%（见图 6）。

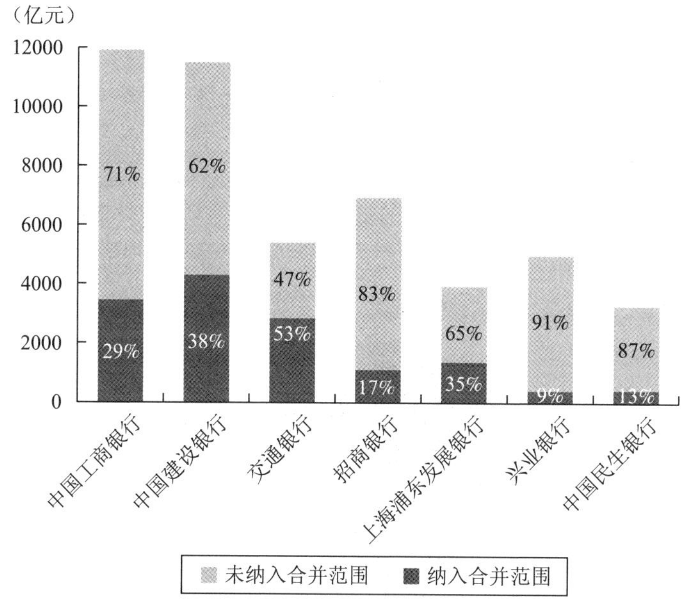

图6　2013年上市银行理财产品余额及类型

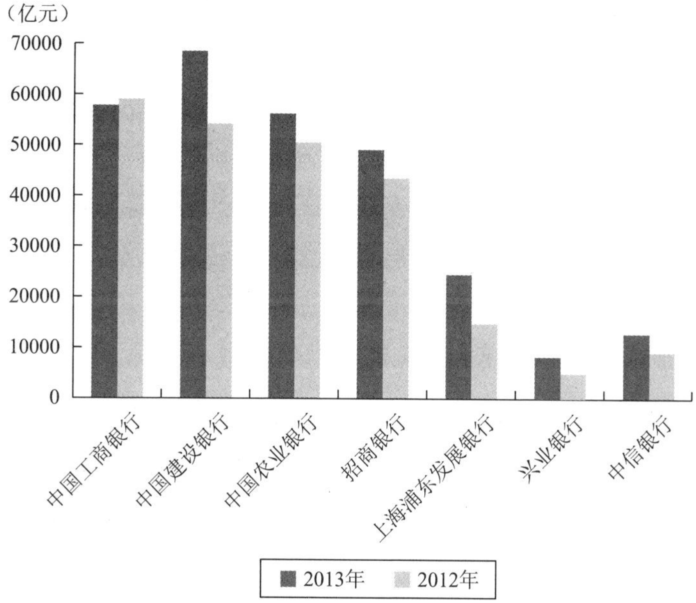

图7　十大上市银行理财产品发行量变化

图7是十大上市银行2012年和2013年理财产品发行量的比较，可见都是增加的。理财产品有两类，一类要纳入并表范围，另一类不纳入并表。大部分银行不纳入并表类的产品总量在提高，除了交通银行。还有一些银行的表外业务，可以看出表外业务的增长非常快，18.6%，表外资产规模相当于表内总资产规模的38.12%，另外委托贷款、委托投资增速都比较快，银行融资性结构也增长得非常快。

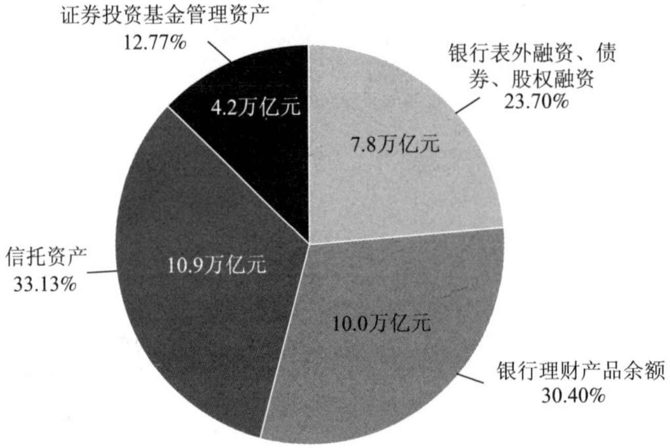

图8　2013年末中国影子银行资产分布（按广义口径估算）

图8是上海浦东发展银行做的2013年末中国影子银行资产分布情况，共33万多亿元，其中银行和信托两块加起来不到2/3。互联网金融方面，像P2P的网贷、理财通等增速都非常快。

三、 金融服务和产品需求变化带来的风险和影响

根据以上数据，可以从结构的变化倒推出需求端在发生变化，那么这种变化会给管理带来什么样的挑战？例如，其中涉及的理财业务。理财业务的第一个问题是披露方式并未统一；第二个是刚性兑付，这一点银行和监管都存在需要改善的地方；除了刚性兑付之外，还存在规避监管、规避调控和在不同监管制度之下套利的问题。

金融服务和产品需求的变化给监管也带来一些风险和影响。一是融资性质

的非银行金融机构的发展风险。非银行金融机构的内部管理和监管环节等都存在一些缺陷，机构内部控制不健全，外部不受监管，容易引发群体性事件。表外业务有刚性兑付的问题，也有一些监管问题，如影子银行里的理财和信托等就有刚性兑付的问题。刚性兑付不断地遭到挑战，如果不对其加以控制会引发系统性的金融危机。另外，期限错配、流动性错配都会给监管带来一些挑战，还有小额贷款公司、担保公司以及网上的 P2P 担保平台也都出现过问题。无论是理财产品还是信托产品，刚性兑付能够折射出我们在管理方面、金融机构供给方和购买者这三者之间认识的巨大落差，购买者的认识和产品供应者的认识完全不一样，得到的一个结果（按照央行的说法）是干扰资源配置方式，带来诸多问题。对此，央行的总结是，金融体系风险增加导致产品和收益的不匹配，诱发投资者进行资产不合理配置，抬高了市场风险资金定价，引发了资金在不同市场间的不合理配置和流动等一系列问题。

二是金融机构的道德风险。央行也认识到了这个问题。当预期收益率和实际收益率不一致，购买者就会有意见，就会导致投资者风险承担意愿发生变化，如果过度追求收益而不愿意自担风险，就可能产生社会问题，造成社会不稳定。如果在这个过程中，产品的发行者或者是其他的第三方为了保证收益进行兜底或者出现问题要进行介入，就会加大风险控制的难度，带来新的风险和挑战。

四、 如何应对金融服务和产品需求的变化

从监管的角度来看，现阶段我国金融监管仍然存在一些问题。第一，以往我们更多强调对金融机构的监管，没有很好地根据不同功能的金融活动来进行管理，导致了一个向机构倾斜的监管模式。另外我们现在的监管强调金融服务和产品供应的准入，如怎样销售、生产，如何许可准入等，但是对于需求者、购买者，我们在监管的理念框架、制度设计等方面相对就薄弱了不少，同时在这一方面司法体系也比较薄弱，会加大这方面的矛盾和问题。尽管我们现在谈到了要进行投资者的教育、消费者的教育等，银监会在银行销售理财产品方面也有一些要求，如要测试风险者的忍受能力，但是这个测试几乎没有什么硬性规定。

第二，现在更多强调的是利用行政手段进行监管，金融机构的自律能力较弱。现阶段的金融监管更多强调守成的监管，对现有业务进行管理，而一旦新的机构、新的业务出来了，就不知道如何把它纳入管理，甚至出现三不管的情况，很长一段时间之后，出了问题，管理才介入。所以这些新的机构，新的服务，新的产品出来了以后就是各做各的，没有任何约束，市场也没有约束，购买者也没有任何参考，可见整个创新的管理是比较薄弱的。此外，现在的创新管理过分强调现有金融系统内，即我批准的机构、纳入我现有管理范围框架的机构我可以管理，但是对没有纳入管理框架的机构不知道怎么去管，特别像跨界的创新就很难找到一个管理方式，如互联网这块，不知道怎么管，到真正出问题以后我们的体系没有平台接纳这些创新的东西。记得有一次我到上海去调研，有一个互联网企业叫快钱，想去登记获得金融业务许可，金融部门都说这个他们不负责，最后到工商部门登记，划入了金融服务供应商这么一个类别，而且这个类别是他们现创出来的。我们整个市场体系里很难接纳这些创新的东西。

对于上述问题，央行做了一些工作，如提到怎么来做这些业务，怎么来做管理，怎么来做风险的管理控制等要求。特别是对理财产品，说要打破刚性兑付，但是怎么打破？也提出来互联网监管的五大原则，其中第三条提到要切实维护消费者的合法权益，要维护公平竞争的市场秩序，要处理好政府监管和自律管理的关系。

银监会有一些对影子银行管理的建议，如重新审视现有的监管指标（存贷比、贷款额度等），从而提升商业银行的自主与创新意识，让市场进一步充满活力。化解影子银行风险也要掌握足够的信息，明确影子银行的边界，理清各种影子银行产品，并统计和评估其规模与影响。

要做好投资者教育。香港雷曼兄弟迷你债券风波告诉我们，危机事件发生后投资者、中介机构甚至监管部门之间认识不统一，消耗了巨大的社会成本。金融机构要加强自我管理能力的提升，创新能力的提升，做好投资者教育。如果再往前推，2008 年金融危机以后，包括西方国家在反思危机的时候，也都提到了金融消费者的保护问题，一个核心的观念就是如果在不适当的时候将不适当的产品提供给不合格的金融消费者，则有可能带来金融方面的问题和风险。伯南克在 2009 年讲过有效金融监管的一个基本因素就是保护消费者远离不公平与欺诈交易，美国也出台了一些新的法律制度，成立了一些机构。同时，他也提出在监管机制中对没有被纳入监管的产品怎么进行管理的问题，我国也需要做这个工作，而且我国互联网产品发展情况比美国还要复杂，比任何国家都要复杂。

我国民间借贷也很多，有的甚至是整个区域的现象，这些都困扰着监管者。另外，司法等各方面机制不完善，存在大量利益输送问题，利益冲突越来越多。周小川行长也多次提到，要更加完善金融市场运行机制、深化金融改革、鼓励金融创新和保护金融消费者权益等。目前，我们是从供应端、从金融机构这个角度来考虑监管，是不是需要把考察的思路进一步打开，从供应端和金融机构拓展到消费者、购买者、需求者，这样能够更加全面、更加完整地认识市场、认识供求，认识产品提供和产品的需求，因为只有买卖一致，市场才能顺利运行。

金融产品的买卖跟一般产品不太一样，它除了有收益还要负担风险，要建立风险和收益相匹配的思路，从这个角度来讲，我们以前做的工作相对来说可能就是一头沉，另一头轻，现在需要加强较轻一头的研究。我认为这其中包括三个层次需要考虑：

第一个层次是风险的角度。以前比较多地从金融机构的风险来考虑，如对银行的风险分类非常细，有各种各样的内部管理措施及外部监管措施，包括对最核心的资本充足率的考虑等，这些都是从银行的供应角度来看问题。但是一旦风险超出了银行，从风险这个层面就得把所有金融业务和金融功能包括在内，从金融机构卖出到购买者买入使用的整个过程来考虑。尤其要考虑理性程度不够、专业能力不强的购买群体，如果他们大规模介入某项金融产品消费服务，带来的风险是什么？如何对其进行风险忍受能力的测试，群体性风险如何计量等。

第二个层次是管理和监管层面。监管层面就是要把合适的产品卖给合适的消费者。这个如何做到？就需要适当性管理，或者叫适应性管理，因为金融服务和产品是二维的，它有回报，也有风险，如何对需求方面二维进行匹配？需要从监管角度考虑这个问题。

第三个层次是法律体系方面。主要是从消费者保护的风险管理、监管机制、法律体系三个方面进行思考（见图9）。

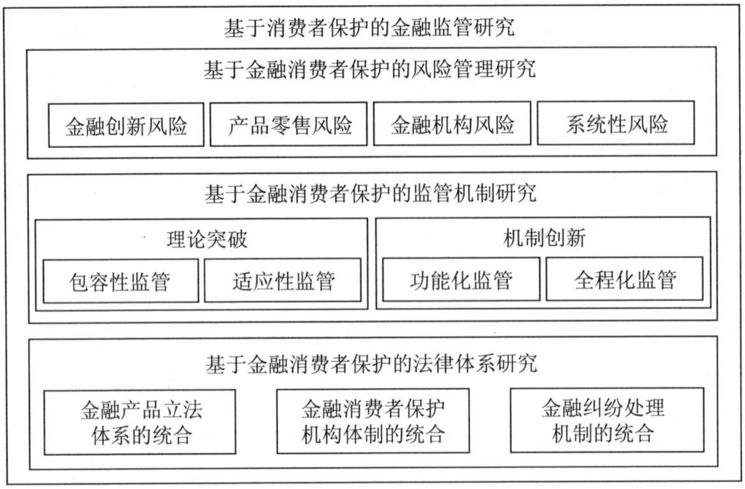

图 9　基于消费者保护的金融监管

【延伸阅读】

为了更全面地展示赵锡军教授的研究成果，我们挑选并综述了以下四篇赵锡军教授近期的研究成果以飨读者。

一、 金融改革与发展需要整体规划①

总结我国过去 30 年改革开放的经验，主要有两点，一是打破过去存在的禁锢；二是借鉴其他国家、其他文明的经验。经过 30 年的改革开放，我们面临的新问题是未来发展方向的不确定性。若继续按照西方市场制度往前推进，政治改革很难与之协调；若进一步打破禁锢，我们还无法找到着落点，这也是为什么当前我国社会存在复古倾向的原因。几千年形成的政治、文化、经济积淀无法成为支撑我国继续发展的基础，也不能给我们指明未来的方向。由于一些条件尚不具备，其他国家尤其是成熟市场经济国家的经济制度与政治制度也不能立即形成我国未来发展的基础。因此，我们需要在突破一定传统约束的情况下，参照其他国家金融体系达到一定阶段后继续发展的现实基础是什么。

① 原文《金融改革发展需要整体规划》，载《经济研究参考》2008 年第 48 期。

就金融领域而言，要将金融行业发展成较其他国家有优势的行业，目前我们离这一目标还有很大差距。例如，如何更加合理、有效地配置金融资源？如何推进人民币的国际化使以人民币计价的资产在全球资产份额里占据一定的位置？金融领域内的改革就技术上而言是有一定方向的，但是目前并没有形成针对这些工作的具有战略高度的规划与思路，如“一行三会”仍然没有形成合力。所以，对金融改革或者解放思想而言，当前的现实选择应该是要形成一个有可操作性、可预期的规划。只有这样，将来才能在中央或者地方都能形成某一个中心，将金融资源集中起来，从而支撑起人民币资产的交易、管理、风险控制以及产品创新。从美国这次次贷危机来看，如果监管不整合到一定程度，即使金融机构风险监管能力再强，也会出问题。我们不能说花旗银行、大通银行内部风险控制不强，但是由于各种业务是隶属于不同的部门来管，放贷款是一个部门管，证券化是另一个部门管，管理权不在统一的部门最后还是会出现问题。这个问题目前也存在于我国的监管体系中，这是我们必须要考虑的。在一些具体的业务如理财业务上，目前经营主体涵盖各类机构，从大的银行到证券公司、基金公司、信托投资公司、保险公司，如果不加强统一监管总有一天会出问题。

二、 投资银行进行内部风险控制必须注意的四个问题①

投资银行的内部控制，是指投资银行为了实现其经营目标，保护资产的安全完整，保证会计信息资料的正确可靠，确保经营方针的贯彻执行，保证经营活动的经济性、效率性和效果性而在单位内部采取的自我调整、约束、规划、评价和控制的一系列方法、手续与措施的总称。国际成熟市场投资银行的内部控制由五大要素构成，即内部环境、风险评估、控制活动、信息沟通和监督。

（一）主要风险管理方法

现行的风险管理方法主要有：第一，风险管理流程中，包括风险识别和风险评估；第二，风险管理主要技术及方法，理论层面有资产组合理论、套利定价理论以及期权定价模型，现实层面中一些大的国际银行开始研究和建立自己的内部风险管理测量和资本配置模型，此外市场风险、信用风险、全面风险管理方面都有相应的分析方法，还有现代的金融工程方法；第三，风险管理模型的内在缺陷，构成了模型风险。

---

① 原文《投资银行进行内部风险控制必须注意的四个问题》，载《IMI 视点》2014 年第 28 期。

（二）引导市场参与者建立完善的内部风险控制体系

我国证券公司的发展可以从国际成熟市场投资银行的内部控制中得到以下启示，即重视公司文化，避免英雄主义，全面管理风险，系统指定决策，完善风险管理架构，匹配经营管理模式，充分利用先进风险管理技术，但不可过度依赖。第一，要提高对内部控制体系的认识，形成组织严密并能实时识别和判断风险的控制框架。第二，动态设定不同发展时期内部控制目标重心。第三，制定内部控制战略目标时，应重视对风险的识别与应对。第四，重视文化对内部控制的作用。第五，适度分散股权夯实内控基础，优化股权结构是完善公司内控结构的基础。

三、 如何理性看待第三方支付新规①

互联网金融的快速发展在方便消费者、优化消费体验的同时，网络支付安全事件也频繁发生。对此，央行于 2015 年 7 月 31 日发布了《非银行支付机构网络支付业务管理办法（征求意见稿）》（以下简称《意见稿》）。

（一）第三方支付新规出台的主要背景

当前，第三方支付机构的无序发展，给市场充分竞争、金融业稳健发展和货币政策的实施效力等带来了负面影响。一是不利于市场的充分竞争。第三方支付业务的特性使其容易形成自然垄断。二是可能导致金融风险积聚。第三方支付处在发展初期，缺乏监管硬约束，加之其涉及客户群体庞大，可能带来较大的社会问题。三是影响货币政策效果。第三方支付市场上流动的大规模资金，往复循环在银行体系之外，难以计入央行的货币统计口径，很大程度上影响了货币政策发生作用的条件和宏观调控的效果。

（二）第三方支付新规的内容及影响

《意见稿》将至少产生以下几个方面的影响：一是将促使第三方支付回归到小额和快捷的行业轨道上来。二是第三方支付机构与银行的关系更加紧密，《意见稿》实施后，行业集中度将大幅提升，并密切第三方支付机构与银行的合作关系，共同促进我国支付行业发展壮大。

（三）第三方支付新规还要进一步完善

整体来看，《意见稿》对第三方支付机构建立了新的规则，满足了对互联

① 原文《如何理性看待第三方支付新规》，载《国际金融》2015 年第 9 期。

网金融企业依法监管的迫切需要，有利于促进我国互联网金融规范和健康发展，但还有进一步完善的空间。

一是要适应移动支付的需要。《意见稿》要求电子证书与电子签名，这是适应 PC 时代的验证方式，但在移动支付已成主流的今天，很难运用到手机上。二是要完善当前的网络支付清算体系，充分考虑互联网支付在整个网络支付体系中的角色和地位。三是要切实落实协同监管，第三方支付不仅自身涉及综合性账户，而且在其账户基础上也形成了一些混业经营模式，容易形成监管空白。因此，应在坚持分业监管的前提下，加强不同监管部门监管的协同性，提高监管效率。

《意见稿》从规范支付行业健康发展的角度出发，对第三方支付行为做了详细规定，具有前瞻性和合理性。相信随着监管规则的不断完善和付诸实施，必将进一步推动我国第三方支付行业和互联网金融产业朝着规范、有序和健康的方向发展。

附：赵锡军教授近期主要研究成果

1. 赵锡军：《中国经济下一阶段增长的动力》，载《金融论坛》2016 第 12 期。

2. 赵锡军：《私募基金的宏观经济意义》，载《中国金融》2014 第 22 期。

3. 赵锡军：《资本市场国际化都来》，载《中国金融》2015 第 12 期。

4. 赵锡军：《互联网时代的金融中心建设》，载《中国金融》2015 第 18 期。

5. 赵锡军：《亚投行为什么不用人民币作为结算货币》，载《中国对外贸易》2016 第 3 期。

6. 赵锡军：《全球经济仍将保持低速增长》，载《中国金融家》2014 第 2 期。

7. 赵锡军：《全球金融危机下的人民币国际化：机遇与挑战》，载《亚太经济》2009 第 6 期。

8. 赵锡军、郑志刚、许荣、徐向江：《公司章程条款的设立、法律对投资者权利保护和公司治理：基于我国 A 股上市公司的证据》，载《管理世界》2011 年第 7 期。

9. 赵锡军：《依靠政策配合，拉动农村需求》，载《中国金融》2009 年第 3 期。

10. 赵锡军、顾苏秦：《美国经济刺激方案分析》，载《中国金融》2011 年第 4 期。

涂永红，中国人民大学财政金融学院教授，中国人民大学国际货币研究所副所长，中国人民大学财政金融政策研究中心研究员。

先后毕业于中国人民大学国际金融、财政学、货币银行学专业，分别获经济学学士、硕士、博士学位。

2005—2006 年任美国弗吉利亚大学访问学者。主要研究方向为国际收支及汇率理论、外汇风险管理、商业银行管理、结构性金融。

近年来出版的主要著作有：《人民币国际化报告》《大国货币》（政治、军事、文化等三卷）、《外汇风险管理》《银行信贷资产证券化》《汇率波动的经济效应》《人民币作为计价货币》等；发表论文《RII——衡量人民币国际化真实水平的新指标》《来自东盟区域内外的 FDI 技术溢出效益分析》《国外如何开发落后地区》等数十篇。

【演讲实录】

丝绸之路经济带建设对人民币国际化的影响

□ 涂永红

涂永红教授指出，丝绸之路经济带建设为人民币国际化带来贸易计价结算、项目融资与直接投资、货币互换和人民币离岸市场建设的机遇。中国与丝绸之路经济带国家的合作面临政治风险、文化冲突、法律制度三个方面的挑战，应将能源和大宗商品以人民币计价结算、扩大人民币投资和贷款份额作为人民币国际化的突破口。

一、引言

丝绸之路经济带建设重启。在2000多年前的西汉王朝，张骞两次出使中亚，著名的丝绸之路就此开启。2013年9月初，国家主席习近平首次出访中亚四国土库曼斯坦、哈萨克斯坦、乌兹别克斯坦、吉尔吉斯斯坦，与四国元首会晤后分别签订了建立战略伙伴关系的联合宣言，并在哈萨克斯坦的纳扎尔巴耶夫大学发表演讲，全面阐述中国对中亚国家的睦邻友好合作政策，倡议用创新的合作模式，共同建设丝绸之路经济带，丝绸之路再度起航。

人民币国际化成为国家战略。人民币国际化是为了防御外部不利冲击，维持中国经济持续发展，实现人民币国际地位与中国经济国际地位相匹配的国家战略。人民币国际化绝不是中国的一厢情愿，而是国际贸易格局变化及国际货币体系改革的内在要求。尽管人民币已被中国周边国家或地区广泛接受，但人民币国际化仍处于初级发展阶段，离充当主要国际货币并发挥重要作用的最终目标还有很大差距，需要抓住目前有利的战略窗口期大力推进。

二、丝绸之路经济带建设对中国具有重要的战略意义

丝绸之路经济带是世界上最长、最具有发展潜力的经济大走廊。丝绸之路经济带横跨亚洲和欧洲，既包含发展中国家也包括发达国家，除了美国和日本，现有的大国基本被丝绸之路经济带囊括。陆上丝绸之路的终点在法国的南部，整个中亚、西亚还有东欧、南欧都在丝绸之路经济带上，经济带包含欧洲最强的经济体、军事超级大国和重要的新兴经济大国，中国、俄罗斯、印度等国全都包含在丝绸之路经济带建设的范围内。

通过推动丝绸之路经济带建设，中国可以开辟一种全新的区域合作模式。在欧洲经济共同体以地缘为纽带的合作模式下，共同体由欧洲的一些发达国家组成，这些国家具有相同的文化背景，存在相同的市场模式，有着共同的宗教信仰，国家之间经济关系紧密，遵循共同的市场准入规则，有规范的合作机制。在美国主导的亚太经济圈即亚太合作模式下，亚太经济圈中的亚洲和环太平洋国家及地区比较多，各经济体关系相对松散且结合度不太紧密，未形成相应的秩序和正规的合作机制。目前正在酝酿的“跨大西洋贸易与投资伙伴协议”（TTIP）模式和“跨太平洋战略经济伙伴关系协定”（TPP）模式，也是基于西方的价值观及特定的利益建立而将中国排除在外。在国际贸易格局发生巨大变化的新形势下，区域合作成为国际经济发展的新载体和新动力，丝绸之路经济带建设是由中国主导建立的一种国际经济合作新秩序，是中国尝试探索和努力实现一种新的区域合作模式，是中国向西发展的伟大战略。

通过推动丝绸之路经济带建设，中国可以与美国、俄罗斯、欧盟一道，在中东和中亚经济中发挥重要作用。中东和中亚是全球的能源基地，是最大的能源库，美国、俄罗斯、欧盟三大巨头均看重这一区域，并相互争夺能源开发、定价、运输的主导权。在太阳能和其他能源还不能够完全替代或者很少替代现有石油能源的前提下，能源对各国经济健康发展具有重大影响，因此，中东、中亚各国多多少少成为当今大国的必争之地。美国已经提出新丝绸之路战略，俄罗斯提出亚欧合作模式，欧洲也提出了专门的欧洲与中亚的战略联盟，在这

样的情况下，中国必须有所作为，建立与中国经济关系更加紧密的命运共同体，为中国经济的稳定健康发展赢得新空间。

通过推动丝绸之路经济带建设，可以促进中国西部边疆地区的经济发展，增加地缘安全，解决中国长治久安的问题。目前，国际政治多元化，恐怖主义抬头，维护国家安全成为各国政府重要的任务。由于西藏和新疆地区在清朝时期才真正纳入中央集权统治，存在不同的语言、宗教和文化，境外还存在一小撮蠢蠢欲动的民族分裂分子，试图破坏边疆的安定团结。通过推动丝绸之路经济带建设，与沿线国家实现“五通”，建立更加紧密的全面战略伙伴关系，分裂分子将无处藏身，这将大大增强西部边疆的安全性。此外，西部地区具有得天独厚的优势，共建丝绸之路意味着打开了西部通道，可推动西部地区发展为对外贸易的前沿阵地，实现西部地区的产业升级，为经济发展注入巨大的新动力。更多的就业机会、更高的收入，无疑为西部地区实现真正的和平安定奠定了经济基础，也有利于促使中国东西部均衡发展。

三、 丝绸之路经济带建设给人民币国际化带来的机遇

一是能源贸易计价结算。上海合作组织（简称“上合组织”）成立以来，中国和其他五个国家的贸易呈现飞速增长。此前上合组织成员国与俄罗斯的经贸关系紧密，现在有些国家与中国的双边贸易额已经超过其与俄罗斯的贸易额，而且中国已成为这些国家的最大贸易伙伴。从利益最大化角度来看，与中国进行贸易，没有必要使用卢布、欧元、美元进行计价结算，使用人民币最划算。因为美国实施量化宽松政策导致美元大幅贬值，与中国进行贸易的国家收取美元非常不利，如果使用币值坚挺的人民币，就可以增加他们的购买力。对中国而言，使用人民币计价结算则可以避免汇率波动，降低汇率风险。换言之，在石油和天然气等能源上使用人民币计价结算，不仅是人民币国际化的一个质的飞跃，也是互利共赢的一种理性选择。

世界能源市场格局已经发生重大改变。以前美国、欧洲尤其美国是最大的石油进口国，在石油贸易计价结算货币选择方面具有较大的话语权，现在由于页岩气革命以及美国开采墨西哥湾的石油，美国已经成为石油输出国，中国则成为最大的石油进口国。在这种形势下，为避免汇率波动带来的价格变化，中

国对中东和中亚地区进口石油和天然气时，要求使用人民币计价结算具有一定的可行性。当然，石油定价机制很复杂，货币选择和价格通常不是由真正的供应和需求来确定，而是由全球流动性和石油期货市场来决定。中国虽然是最大的石油进口国，但在金融市场尤其是期货市场不发达，缺乏强大的有国际影响力的石油远期价格定价平台。应该加快发展人民币计价的石油期货市场，建立国际化程度较高的人民币石油交易市场，完善该市场的价格发现、风险管理机制。

二是项目融资与直接投资。共建“一带一路”的重点是基础设施的联通，道路、管路项目建设是重中之重。高速公路、高铁等基础设施建设为中国经济高速发展提供了保障，也为其他国家树立了榜样。高铁逐渐成为21世纪中国对世界做出新贡献的亮点。中国充分吸收了日本、法国和意大利的高铁技术，将其整合创新并发扬光大，形成了独特的中国品牌。强大的建设和管理能力、相对低廉的价格，使中国高铁具有其他国家难以匹敌的竞争优势。除了高铁项目，“一带一路”建设还需要产业园区的支撑。中国在产业园区建设方面也积累了不少成功的经验。例如，可将苏州工业园区的模式复制到沿线国家，并考虑其充分就业以及长远发展，因地制宜地建立双边共赢的工业园区。以“一带一路”建设为契机，中国的对外直接投资成倍增长，基础设施项目、产业园区建设成为新的投资热点，一些以中国贷款、投资为主的项目，为人民币跨境使用创造了条件，增强了人民币的国际金融交易功能，成为人民币国际化的一大突破口。

三是货币互换。中国实行资本项目有序开放的策略，在人民币资本账户不可完全兑换的情况下，要保证向国际社会提供足够的人民币流动性，需要有关各国的中央银行之间签署货币互换协议。截至2013年底，中国人民银行已与23个国家和地区的中央银行签署了货币互换协议，总规模达2.57万亿元，其中包括不少丝绸之路经济带上的国家。货币互换为金融市场和金融机构提供了流动性，使双边贸易使用人民币结算更加便利、更有保障。

四是人民币离岸市场建设。人民币流向境外以后，要发挥其国际货币的功能，需要一个发达的、能够自由使用而且能够保值增值的离岸金融市场。较少受本国以及市场所在国政府监管的离岸市场，具有批发性质，存贷款利差较小，是国际机构投资者、跨国公司青睐的市场。从长远来看，人民币要成为一种富有影响力、重要的国际货币，分布合理、发达的人民币离岸市场必不可少。随着“一带一路”建设的推进，在沿线国家建立人民币离岸市场的需求将越来越大，目前中国在哈萨克斯坦已经建立霍尔多斯离岸市场，在中亚具有一定的影响力。中资金融机构在人民币离岸市场建设中具有引领作用，只要在“一带一路”沿线国家设立更多分支机构，人民币离岸业务就会较快发展。

四、 丝绸之路经济带建设面临的挑战

政治风险。国际政治代表国际权力和国际秩序，各个国家在国际政治中扮演不同的角色，寻求国家利益最大化。首先，面临来自美国的压力。美元是国际货币，中东和中亚国家和地区的贸易传统上主要使用美元计价结算，美国的货币政策对这些国家的影响较大。在丝绸之路经济带建设中推进人民币国际化，如使用人民币对大宗商品进行计价结算，美国会认为这是对美元国际货币地位的挑战，有可能会采取针对中国的打压行为。其次，可能导致俄罗斯不满。中亚地区是俄罗斯的传统势力范围，俄罗斯提出的复兴之梦，就是想把原来的独联体都收回。中国加强与中亚地区的基础设施联通以及能源合作，在一定程度上就要与俄罗斯进行竞争，需要处理好与俄罗斯的利益协调关系。此外，日本是世界第三大经济体，20 世纪 80 年代日本开始实施日元国际化战略，到 80 年代末日元在全球外汇储备的份额一度高达 19%，日元国际化比人民币国际化早 20~30 年，当时也取得了不错的业绩。加之日本是仅次于美国的一个石油进口大国，一直与中东地区保持着紧密的能源合作，因此中国在沿线国家进行南南合作与推进人民币国际化时，还需要处理好与日本的合作竞争关系，不树敌，力争共赢。在处理大国关系上，如何避免此消彼长的零和游戏，做到游刃有余，需要中国智慧。

文化冲突。丝绸之路经济带涉及世界三大文明古国和三大宗教，在共建中无疑会面对现实生活中的文化冲突。例如，阿拉伯帝国有过非常辉煌的文明，曾经建立起横跨亚欧的庞大帝国。然而，中国普通民众对阿拉伯文化了解较少，往往是从《一千零一夜》中这部文学作品中了解阿拉伯的历史、社会和习俗，对于穆斯林的宗教信仰、沿线国家人民的生活方式、价值观也不熟悉，

这使中国与沿线国家进行贸易、产业合作、资金融通时遭遇很大困难。此外，“一带一路”一些沿线国家的伊斯兰金融模式具有特殊性，以“不收利息、不准投机”的参与投资方式进行，与中国的金融模式大不相同。

法律制度。中亚、中东地区的一些国家的法律制度并不健全，很多问题往往不是通过法律来解决的，行政干预、宗教力量在解决经济纠纷中有很大的影响力。在这种情况下，中国在与“一带一路”沿线国家合作共建的过程中，一旦发生经济纠纷，如何通过司法程序来妥善解决和保护权益是一大难题，需要建立更多的政策协调和司法合作机制。

五、 政策建议

丝绸之路经济带建设给人民币国际化带来了十分难得的重大机遇，但也面临诸多风险和不确定性，如果不能采取有效措施，多渠道实现突破，不能切实控制各种风险，“一带一路”建设推动人民币国际化的美好愿望就会落空。本着“一带一路”建设与人民币国际化共同发展、相互推进的原则，应该在以下三个方面有所作为：

第一，分阶段、有重点地共建丝绸之路经济带。“一带一路”建设是需要几代人共同努力的宏大工程，必须实事求是、分阶段建设。从共建条件和现实可行性来看，第一阶段应该以巴基斯坦和中亚国家为主，第二阶段推进与南亚、伊朗和伊拉克的合作，第三阶段覆盖西亚和欧洲。

第二，构建金融支持“一带一路”建设的机制。从共建内容和任务目标看，应该把基础设施建设放在首位，同时推动全方位贸易合作，加大直接投资和产能国际合作。这些目标的实现，需要强有力的金融支持。必须强调金融支持实体经济，与沿线国家共同建设资金融通的平台，建立能够引导国际资金、社会资金参与建设的金融机制，构筑畅通的贸易、重大基础设施和项目以及产业园区建设融资渠道。

第三，以丝绸之路经济带建设为契机，推动人民币国际化在以下两方面取得实质性突破。一是在双边贸易中积极推进能源和大宗商品人民币计价结算，同时在国内提升大宗商品期货交易所的国际化程度，强化人民币计价商品的价格发现功能和风险规避功能。二是在互利共赢的前提下，放松管制，增加人民币跨境投资、贷款的便捷性，扩大人民币在沿线国家对外直接投资和国际贷款中的使用规模和份额。如果这两个突破口能够逐步实现并稳健推进，人民币国际化就有可能走出东亚和东南亚，成为亚洲区域的主要国际货币。

【延伸阅读】

为了更全面地展示涂永红教授的研究成果，我们挑选并综述了以下四篇涂永红教授近期的研究成果以飨读者。

一、促进“一带一路”贸易发展，推动人民币国际化①

涂永红教授指出，中国贸易格局发生了新变化。在全球经济金融秩序面临重构的关键时期，我国2013年提出的“一带一路”倡议，为世界经济增长注入了新动力，也为我国贸易构筑了新的发展空间。我国贸易量在全球居首的同时，贸易结构也在不断优化，机电产品已成为出口主力。

涂永红教授通过分析英国、美国、日本等国家的历史经验后认为，贸易格局变化必然会导致国际货币格局变化，我国应抓住贸易主线推动人民币国际化。本币在国际贸易计价中的份额是衡量一国货币国际化程度的重要指标，而稳定出口销量，降低生产成本波动性、实现利润最大化又是一国出口企业选择计价货币的出发点。理论研究及国际实践表明，国际贸易格局的变化首先会导致贸易计价货币替代，然后蔓延到金融领域，加速和放大这种货币替代，经过一段时间的发酵，最终表现为国际货币格局的重构。她进一步指出，由于人民币已经纳入特别提款权（SDR），且具有长期坚挺的经济基础，因此在中国与“一带一路”沿线国家的贸易中使用人民币计价结算，对进出口双方而言都是一种双赢的理性选择。当然，我国要在贸易计价货币选择上拥有话语权，必须具备强大的贸易竞争力。

涂永红教授认为，由于国际货币体系存在很大的惯性，在发达国家，特别是美元、欧元、英镑发行国及其传统的势力范围内，短期内人民币国际化很难

① 原文《促进“一带一路”贸易发展，推动人民币国际化》，载《海外投资与出口信贷》2017年第2期。

取得实质性进展。但是，2008 年以来国际贸易格局发生了显著变化，“一带一路”沿线国家对中国的贸易依赖度越来越高。如果中国能够在扩大与“一带一路”沿线国家双边贸易的基础上，采取有效措施加以引导，提高贸易人民币计价结算的比例，人民币国际化就可获得巨大的推动力，实现新的突破。

最后，她指出将人民币作为“一带一路”沿线国家的国际货币，实际上是中国向全球提供公共产品的一种实践，对推动区域经济发展、实现互利共赢具有积极作用。我国金融机构应抓住新的机遇，进一步完善金融服务实体经济的能力，促进贸易的纵深发展。

二、推动人民币在“一带一路”沿线国家成为关键货币①

涂永红教授认为，“一带一路”建设为人民币的国际使用创造了历史机遇，人民币国际化也为“一带一路”建设提供了制度保障，二者之间具有战略协同效应。一方面，中国是“一带一路”沿线国家最重要的贸易伙伴，经济发展和金融发展在区域内处于先进水平，政府宏观经济管理能力强，没有发生过系统性金融危机，国内政治稳定，敢于承担大国责任，有能力也有意愿为“一带一路”沿线国家提供经济持续稳健发展所需的全球公共物品。另一方面，“一带一路”沿线国家在贸易和投资中更多使用人民币，既有利于与中国的经济金融实现更加便捷的对接，加快国际大通道、经贸产业园区和国际经济合作走廊的建设进程，也有利于防范和降低区域内金融风险，提升区域经济发展的整体稳定性和竞争力。

涂永红教授通过分析认为，人民币在“一带一路”建设中的使用前景广阔。未来可在以下几个方面出现突破，即人民币国际支付与结算稳步提升，跨境与离岸市场投融资持续发展，各国官方储备中人民币资产比例提高，国际金融合作迈入更加紧密的新阶段，人民币国际化的配套体系进一步完善。

最后，她指出，国际货币的使用具有强大的惯性，人民币要在“一带一路”沿线国家中替代美元成为关键货币，需要在三个关键领域实现卓有成效

① 原文《推动人民币在“一带一路”沿线国家成为关键货币》，载《财经智库》2016 年第 2 期。

的突破。一是推动人民币成为大宗商品的计价货币，这需要中国在增强人民币的国际使用便利性和降低交易成本方面做出更大的努力，尤其是需要大力发展商品、金融期货交易所，增强人民币计价商品的价格发现功能和避险功能。二是推动人民币在“一带一路”沿线国家的基础设施建设融资中成为一种主要国际货币，充分发挥亚投行、金砖国家开发银行和丝路基金等开发性金融机构的示范效应和杠杆作用，带动各国金融机构、社会资金共同投入“一带一路”建设，使用货币逐渐从美元转向“美元—人民币”双币计价，并逐步发展为以人民币计价为主。三是推动人民币成为电子商务计价结算货币，应该利用我国网购的巨大市场和优势，鼓励国内通信、网络、计算机技术等企业在“一带一路”沿线国家进行信息管道直接投资，支持交通、物流等硬件设施建设，逐步完善通关便利、信息安全、金融及法律方面的配套服务，营造有利于跨境电子商务活动使用人民币计价结算的良好环境。

三、中国在“一带一路”建设中提供的全球公共物品①

涂永红教授指出，经济全球化需要许多公共物品作为基础支撑，但是全球公共物品对其他国家的使用不具排他性，其他国家的公民也可以享用本国生产、提供的产品或服务，存在“搭便车”现象，因而使得全球公共物品的供给者在增加供给时瞻前顾后，比较审慎，供不应求成为一种常态。本轮全球金融危机凸显了国际货币供给方面的重大缺陷，国际社会强烈呼吁国际货币体系改革，在这样的背景下，中国加入了全球公共物品供给者行列。中国在政府强有力的组织和领导下，经济总量持续30多年快速增长，已成为世界最大贸易国、最大国际储备国和第二大经济体，作为崛起的新兴市场国家和发展中国家的代表，中国必须有大国担当，增加全球公共物品供给，在全球经济治理机制中发挥更重要的作用，尽更多义务。

涂永红教授认为，共建“一带一路”肩负着重大的历史使命，可在五个方面增加全球公共物品供给。第一，产生国际合作新理念和新模式。“一带一路”建设作为21世纪中国全方位对外开放的宏大战略，实际上是中国在国际

① 原文《中国在“一带一路”建设中提供的全球公共物品》，载《理论视野》2015年第6期。

社会推动包容性发展或共享理念的伟大实践。第二，高效便捷的设施互联互通。“一带一路”建设将重点落在基础设施建设和各国基础设施的互联互通上，为沿线国家的长久发展注入了新动力。第三，提供新的国际货币。“一带一路”建设是推动亚洲区域经济合作并惠及世界各国的长期战略，中国将大力提供金融支持，包括金融合作机制、资金支持体系、技术援助和支付清算体系等。第四，建立新型国际金融组织。中国倡导建立金砖国家开发银行，筹建亚洲基础设施投资银行，设立丝绸之路基金，以实现基础设施联通和贸易畅通目标，增加国际金融领域的全球公共物品供给。第五，为消除局部战争和恐怖主义提供新的手段。“一带一路”建设秉承共商、共建、共享原则，推动打造人类命运共同体，有利于铲除战争、极端主义和恐怖主义的根源，推动地区热点降温，加快区域一体化进程，推动建立持久和平、普遍安全、共同繁荣的和谐世界。

四、 丝路经济带与人民币国际化①

涂永红教授认为，丝绸之路经济带建设是中国构建新的国际贸易秩序、向西拓展国际空间的伟大举措。以道路相通为基础，以双边贸易为重点，以能源、产能与设备制造合作、科技园区为依托的丝绸之路经济带建设，离不开强有力的金融支持和资金融通，这就为推动人民币国际化提供了难得的机遇。首先，可扩大能源、大宗商品贸易人民币计价结算规模。其次，可增加人民币跨境投融资渠道，提高人民币在全球金融交易中的份额。再次，可扩大货币互换范围，促进沿线各国政府在外汇储备中增持人民币资产。最后，可适应市场需要，在更多国家开展离岸人民币业务，改善人民币离岸市场布局。

同时，涂永红教授又指出了丝绸之路经济带建设中人民币国际化所面临的挑战。第一，多国货币博弈加剧。人民币在中亚、中东地区地位的提高，可能会引发不同经济体的货币竞争，增加货币战的风险。第二，我国商品、金融期货市场不发达，难以满足石油、粮食、矿产品等国际大宗商品人民币计价的价格发现和市场风险管理需求。第三，我国金融机构国际化程度较低，不能有效

① 原文《丝路经济带与人民币国际化》，载《中国金融》2015 年第 3 期。

地为企业在沿线国家投资、发展提供足够的金融支持。第四，存在多元文化挑战。“一带一路”沿线各国包括主要的文明古国，涉及三大宗教，政治制度、商业模式、劳资关系、法律、社会管理等方面的差异较大，一些阿拉伯国家与中国的金融模式相差甚远，需要较长的时间来接受中国模式和人民币。

在分析人民币国际化所面临挑战的基础上，涂永红教授给出了推进人民币国际化的四点战略思考与突破口。一是明确人民币国际化的战略定位，要实现中国货币的国际地位与经济的国际地位相互匹配的目标。二是分阶段有重点地推动人民币国际化。人民币国际化是需要几代人努力的长期进程，从国际货币的功能实现看，应该按照贸易人民币结算—金融交易货币—官方储备货币的顺序推进人民币国际化；在地理上则应首先实现人民币使用的周边化，其次是亚洲化，最后才是全球化。三是以能源和大宗商品计价结算和贷款作为突破口，发挥贸易结算和金融交易在人民币国际化中的双轮驱动作用，同时实现金融服务实体经济、防止金融脱实向虚。四是创新金融合作模式，加强与沿线各国金融机构的合作，组建国际银团共同对基础设施、重大项目提供资金，建立有效的金融沟通平台和协调机制，清扫文化障碍，加大资金融通力度，使人民币国际化水到渠成。

附：涂永红教授近期主要研究成果

1. 涂永红、李胜男：《促进“一带一路”贸易发展，推动人民币国际化》，载《海外投资与出口信贷》2017 年第 2 期。

2. 涂永红、赵雪情：《推动人民币在“一带一路”沿线国家成为关键货币》，载《财经智库》2016 年第 2 期。

3. 涂永红、张文春：《中国在“一带一路”建设中提供的全球公共物品》，载《理论视野》2015 年第 6 期。

4. 涂永红：《丝路经济带与人民币国际化》，载《中国金融》2015 年第 3 期。

5. 涂永红：《以供给侧改革夯实人民币国际化的基础》，载《国际金融》2016 年第 7 期。

6. 涂永红：《中国特色的货币国际化》，载《金融博览》2015 年第 1 期。

贲圣林，1966 年出生，江苏泰兴人。现任浙江大学管理学院教授，浙江大学互联网金融研究院创始院长，兼任 EMBA 中心主任。同时担任中国人民大学国际货币研究所创始人、执行所长以及歌德大学中德经济金融中心（Sino-German Center）理事。

历任荷兰银行高级副总裁兼流动资金业务中国区总经理，汇丰银行董事总经理兼工商金融业务中国区总经理，摩根大通银行（中国）有限公司行长及摩根大通环球企业银行全球领导小组成员。目前主要社会兼职有全国工商联执委，浙江省人民政府参事，浙江互联网金融联盟联合主席以及有关企业独立董事等。

主要研究方向包括国际金融（金融体系与金融机构全球化、国际货币体系与人民币国际化）、新金融（互联网金融、金融科技、创业金融）、跨国经营与中国企业“走出去”等。

论新经济常态与新产融结合

□ 贲圣林

贲圣林教授从“新常态”的形成路径切入，通过梳理产业经济的变革脉络，分析传统金融与产业经济的关系，提出了对新经济常态下产融结合模式的构想。他指出，在信息化和全球化的趋势下，新经济具有差异化、个性化、网络化、速度化的特征；新常态需要市场择优机制与新思路，更需要我国引领潮流，开拓成熟的新经济产业路径；与此同时，政府应创造良好的产业生态和竞争环境，合理激励、激发企业创新精神。

一、引言

党的十八届三中全会以来，我们国家开启了新的经济纪元。新经济呼唤新的金融模式，其中金融机构和行业如何服务经济、支持产业转型升级是当下十分重要的话题之一。

二、新常态：开启新经济纪元

2013 年，我国经济增长率虽然只略高于 7 个百分点，但我们的 GDP 增量是土耳其的 GDP 总量，而土耳其是新兴国家，也是世界第 17 大经济体。即使我们 2014 年和 2015 年经济增速放缓，两年的增量仍然可以达到世界第 10 大经济体——澳大利亚 GDP 总量的水平。从前重数量、轻质量的这种单纯追求超高速增长的模式对于我们这样一个大体量的经济体首先不可持续，其次这样的模式也需要改变。现在我国经济真正进入了中高速增长时期，这其实不是坏事，这个痛苦的转型应该来临，这也就是我称之为是新纪元的原因，这是个分水岭，是个转折点。

为何是分水岭？过去大多数时间对我国的发展来说相对容易，我们国家有非常明确的方向和目标，知道亚洲四小龙和日本是怎么做的，知道怎样避开类似于阿根廷或者其他国家在发展过程中走入的误区和歧途。以前的产业相对来讲也都是较为成熟的，方向很明确，如我国的汽车产业是传统产业，是第二次工业革命的产物。20 世纪 80 年代中国市场上为数不多的小轿车是上海牌小轿车，当时国家迫切需要提升制造业，我们提出引进德国大众的桑塔纳生产线，这是大众公司在 20 世纪 80 年代就要淘汰的产品，那时候，我国确实需要相对低端的产品。那时我们知道先造桑塔纳，几年后再造奥迪，这是发达国家走过的成熟路径，它是清晰的。尽管我们先从低端的桑塔纳开始造起，但时间证明我们是正确的。如今一汽大众每年可以生产 170 万辆汽车，包括顶级的奥迪（Audi）品牌系列产品。在这样一种有成熟、清晰的产业发展路径的传统行业，政府比较容易制定相应的产业政策，国家计委（发改委）工作相对容易，我们集中力量干大事的制度优势也比较容易发挥出来，因为行业和整个产业形势路径都比较清晰。这个路径不仅适用于汽车行业，同样也适用于其他传统行业，这些行业在世界范围内的发展模式、发展路径比较类似。

但是，我们现在进入了一个前方无路标、无人引领的新经济和“新常态”时期。这不仅是因为目前我国 GDP 排世界第二位的经济总量使我们无法向过去或向其他国家学习相应经验，更因为我们步入了新经济的时代。我将从企业的层面与角度来和大家分享为什么在新经济时代我们进入前方无路标、需要自己引领潮流的时代。在这个新经济时代，国外很多东西也在探索之中，没有成熟的新经济发展的政策经验，相关的技术路径也正在摸索之中，我们面临一个不确定的未来，面临前面无人领路的局面，面对较高失败率和较高的风险。在这样一个“信息不对称”的时代，决策机制就不能把所有鸡蛋放在一个篮子里，要有更为分散化的决策过程。我这里提到的信息不对称是指产业层面，过去成熟的产业信息很对称，可以先预知步骤再往前走。但新产业不同，因为对未来不确定，所以需要市场提高反应速度，以更加灵敏的反应机制来做决策。

第三次工业革命与新经济时代

新经济是与旧经济或传统经济相对的。这里简单回顾一下过去传统经济发展的历程（见图 1），第一次工业革命的标志是 1769 年在英国发明的蒸汽机，人类历史上第一次用机器代替人工，那段时间也发生了其他很多历史大事，包括 1776 年美国建国，同一年拿破仑出生。回想一下 18 世纪 60 年代我国处于什么阶段，当第一次工业革命正如火如荼地在大英帝国进行的时候，我国几乎无人关心国外发生了什么，也几乎不接待到访的外国来使。一百多年后我国才造出第一个蒸汽机，也就是 19 世纪 60 年代，但当时第二次工业革命已经开始了，发电机、电灯、电话等接二连三地出现了。而与第一次工业革命不同的是，第二次工业革命的中心不仅在英国，也发生在德国和美国，德国西门子、美国通用电气公司等都是诞生于第二次工业革命，时至今日依旧屹立不倒。而我国第一台发电机的制造是在 1929 年，也就是说无论第一次工业革命还是第二次工业革命，我国无论从时间上还是空间距离上（和发达国家）相隔甚远。始于 20 世纪 40 年代的第三次工业革命以计算机、生物技术为核心，且工业革命源头都在美国，第一台计算机是 1946 年 IBM 生产的。

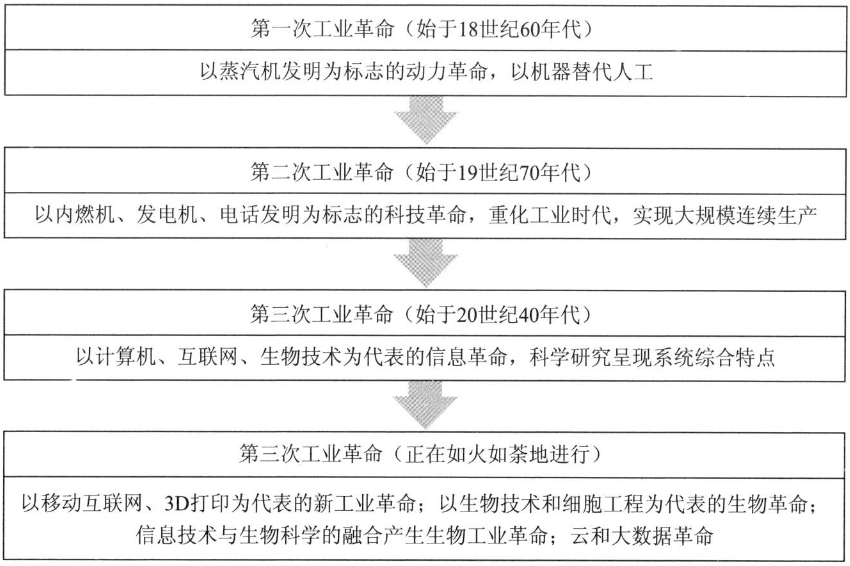

图 1　历次工业革命：科技革命加快，工业革命加速

第一次工业革命的中心在英国，第二次工业革命中还是英国发展第一，但是德国、美国已逐渐赶上，甚至在第二次工业革命后期，电灯电话都是美国人发明的。第三次工业革命到目前为止基本上全是美国人主导了，大家知道互联网构建于 1969 年，而 1969 年的时候我国尚处于“文化大革命”时期。当下的技术革命浪潮可以说是在信息化、全球化的基础上第三次工业革命的延续，以移动互联网、3D 打印、生物细胞工程以及新能源等为标志。可以说中国与第一次、第二次工业革命以及第三次工业革命的前期没什么关联，时间上、空间上我们与世界先进国家的距离都比较远，而如火如荼正在发生的第三次工业革命却给了我们全方位参与和融入的历史机遇，我们局部的一些行业甚至可以引领这轮工业革命的发展。此外，即便我们与一些最先进的新经济、新产业有一定差距，但差距已不像过去的几十年般无法逾越。

那么新经济时代开始的标志是什么？1996 年美国“商业周刊”提出新经济概念后不久即发生互联网泡沫破裂，令人们认为新经济有些虚无缥缈。现在回过头来看，以信息化与全球化这两个最主要趋势为特征的新经济时代（这两个趋势本身是相连的，因为信息化会拉近我们与世界的距离，全球化也使我们得到更多的全球信息）却是实实在在地到来了。在新经济时代，一些基于传统产业的经济学理论受到质疑和挑战。比如，经济学里最简单的边际成本上升，但在新经济时代有些边际成本是趋于零的。所以一些传统经济学理论在新经济时代可能不完全适用。那么新经济是什么？新经济追求差异化、个性化、网络化、速度化。新经济与传统经济的特点不一样，传统经济中如发电厂，要提高产量才能分摊成较低的单位成本，所以企业追求的是标准化、规模化、模式化，而企业的组织形式则是以层次化，或者层级化为特征。可以想象我们是汽车公司的一个车间，你若做一个技术人员或者一般的工人，你与董事长之间层级很多，股份公司副总下面再管研发，再到小组、小班。我以前做了很多年传统金融，其中一个机构仅中国业务部就分了 24 个员工层级。在新经济时代，去中心化、去层次化则是未来的发展趋势。

政府要有所为有所不为

政府的角色应该是创造环境，包括反垄断，减少审批环节，要创造良好的产业生态和竞争环境（见图 2）。营造创业环境，激发创新精神，包括舆论导向和政策导向。换言之，政府应该起到导演作用，营造良好环境，让企业和个人在这个舞台上尽情地演出。那政府不要做什么？所谓“有形之手闲不住”的状况到新经济时代应该有所改观，政府不能代替市场做出选择。移动互联网，政府根本搞不清楚未来发展方向，所以不要代替市场做选择。此外，不要扭曲新兴产业应有的相对成本关系，进行过多的无偿资助。我觉得过多的无偿财务资助从某种意义上来讲是有害处的，现在不少企业，面对许多优惠的招商条件，拿一个概念到处圈地圈钱，借以从政府优惠政策赚钱，因为这样赚钱比较容易，这样他们更加难以真正潜心研发核心技术。所以太多的钱真的不好。另外，政府不要赋予新兴产业过重的 GDP 短期目标。企业发展有自身内在的规律和时间表，不能一味求快。

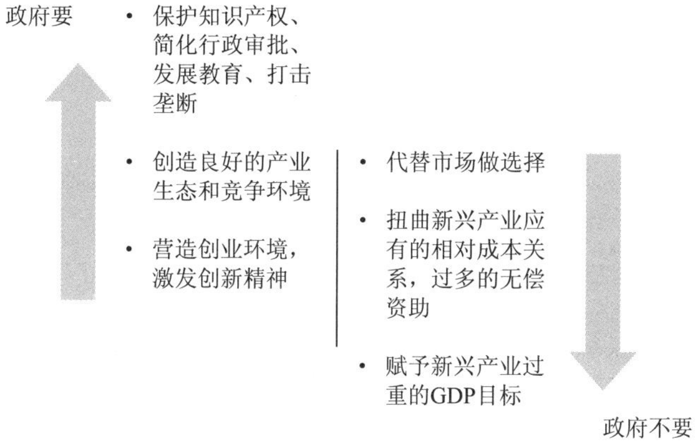

图 2　政府职能：有所为、有所不为

三、 新经济： 新资本市场宠儿

讲了宏观的理念，再谈谈市场。为什么要让市场做选择？资本市场如何选择企业？资本市场跟新经济之间是什么关系？

传统产业与资本市场的纠结

例如，航空公司属于相对比较传统的企业。这里分析一下中国的四大航空公司，包括中国香港的国泰航空（见表 1）。表 1 中第一列数字是这些企业的市值，第二列是市盈率倍数（这两个数字一除可以得出企业每年的盈利），第三列数字是市净率，是市（场价）值与账面值之比。大家试想一下国航 0.93 市净率是什么含义？我们知道企业资产负债表的左边是资产，右面是负债和企业自有资本金，0.93 表明它的市场价值低于自有资本账面值（企业自有资本账面值是 502 亿元除以 0.93，即 540 亿元）。造成这种状况的因素虽然没有统一的答案，但至少说明，首先，航空这个行业不被看好；其次，国航本身整合资源的能力不被看好。通俗一点来说，账面上有 540 亿元的净资产，公司将飞机和办公楼等资产卖掉再还完债务后理论上能得到 540 亿元，市场上却认为你只值 502 亿元，这是资本市场对企业和所在行业的不认可，对于管理层和股东这都是一个非常严峻的问题。第四列数字是总资产规模，学产业经济的做企业都会谈到企业重资产或者轻资产，我们可以看出国航拥有 2039 亿元人民币的资产，但只驱动了 502 亿元的市值。

表 1　传统行业基本指标

	市值（亿元）	市盈率	市净率	总资产（亿元）	净资产回报率 ROE（%）
国航	502	19	0.93	2039	0.88
南航	276	48	0.84	1777	-3
东航	368	23	1.3	1506	0.06
国泰	579	20	0.95	1662	0.56

资料来源：万得资讯。

再看部分民企（见表 2，此部分基于我最近在大连高级经理学院给民营企业主要负责人学习班讲课的部分分析）。以资产规模为例，亿达是大连的企业，拥有 371 亿元的总资产规模和 62 亿元的市值，资本市场似乎在告诉我们企业盈利的可持续性不是很强。该公司的 ROE 0.59%，账面上有 100 亿元以上的自有资本，但是资本市场认为该公司只值 62 亿元。伊利是做快速消费商品的，它的总市值 778 亿元，市盈率 21，市净率 4.7，说明跟消费者直接打交道的龙头企业往往会受到资本市场相对高一些的认可。以上这些企业都是属于相对优秀的民营企业。万科做得比较好，它作为一个房地产开发企业（当然它现在已经定位自己不是开发商而是社区运营商），拥有 1000 亿元市值，本身行业是重资产，市净率 1.3，应该算是比较好的，万科是全世界最大的房地产开发商。

表 2　民营骨干重点企业基本指标

	市值（亿元）	市盈率	市净率	总资产（亿元）	净资产回报率 ROE（%）
亿达中国	62.8	4.7	0.59	371	4.85
东岳集团	66	12	0.99	119	3.61
传化股份	44.7	23	2.6	38.5	4.69
伊利	778	21	4.7	394	13.97
红豆	28.9	58	2.1	71.1	1.64
金花股份	41.6	90	4.1	12.21	1.83
泰豪科技	44.9	-78	2.2	62.6	-1.8

资料来源：万得资讯。

快销品方面，以中国企业与个别国际企业做对比（见表3）。青岛啤酒拥有532亿元人民币的市值，292亿元人民币总资产规模，3.6倍市净率，净资产收益率（ROE）为9.74%。茅台则拥有4倍市净率，1800亿元人民币的市值，这些企业因为是行业龙头，所以都相当赚钱。若将这两家企业与先前提到的企业相比，可以称得上很优秀了。但是我们若放眼国际，如表3所示，可口可乐市值1832亿美元，百事可乐市值约1400亿美元，单纯一项数据都比这两家优秀的本土企业高，市净率分别为6倍、5.4倍，依旧高出我国的优秀企业。理论上讲不应该是这样的情况，因为中国是快速发展的市场，伊利也好、青岛啤酒也好、茅台也好，在中国都是龙头企业，专注于中国的市场，而中国有更快的发展速度，那估值倍数应该更高。但是，资本市场似乎不这么认为，这可能与我刚才说的资本市场对企业整合能力、管理能力、品牌和价值的释放能力的认可有关。

表 3　快消品基本指标：品牌价值的驱动

	市值（亿元）	市盈率	市净率	总资产（亿元）	净资产回报率 ROE（%）
青岛啤酒	532	27	3.6	292	9.74
伊利	778	21	4.7	394	13.97
茅台	1798	12	4	552	16.5
	市值（亿美元）	市盈率	市净率	总资产（亿美元）	净资产回报率 ROE（%）
可口可乐	1832	22	5.4	954	12.5
百事可乐	1398	20	6	804	13.4%
百威英博	1844	-	-	-	-

资料来源：万得资讯。

新经济时代的资本选择

在新经济时代，情况会出现变化（见表 4）。先看第二次工业革命的产物通用电气（GE），它现在仍然是一个工业型的集团企业，拥有 2634 亿美元的市值。虽然是以制造业为基础，但其 20 倍市盈率、市净率 2 倍的估值令人尊敬。与其相比，我国的上海电气市值只有 441 亿港元，也就是说 70 亿美元左右，与 2634 亿美元相比完全不在一个量级，中国与世界先进水平的差距明显。对第三次工业革命初期的电脑行业也做一个简单的分析，如表 4 所示，惠普于 1938 年在硅谷车库里成立，现在拥有 676 亿美元的市值，这两年做得不好，且处于相对重资产经营，仍有 1000 多亿美元的资产，676 亿美元的市值。IBM 是 20 世纪初创立的企业，在信息化大潮洗礼中这个企业表现出色，现在仍然有将近 2000 亿美元的市值和 12 倍市盈率，很好的 ROE 表明现在也很赚钱。我国和这两家企业处于相似行业的是联想，联想市值为 1214 亿港元，与这些企业比较依然有非常大的差距。

表 4　新经济科技行业基本指标

	市值	市盈率	市净率	总资产	净资产回报率 ROE（%）
GE	2634（亿美元）	20	2	6518（亿美元）	4.95
上海电气	441（亿港元）	15	1.1	1344（亿港元）	4
惠普	676（亿美元）	13	2.4	1031（亿美元）	13.2
IBM	1928（亿美元）	12	11	1243（亿美元）	32.5
联想	1214（亿港元）	18	4.8	207（亿港元）	6.8
英特尔	1703（亿美元）	17	2.9	917（亿美元）	8
微软	3854（亿美元）	17	4.3	1723（亿美元）	26.2
苹果	6020（亿美元）	16	5	2225（亿美元）	25.4

资料来源：万得资讯。

那么，新经济时代的企业呢？我们把世界最优的企业思科（美国）和中国相似的企业华为进行比较分析，它们均成立于 20 世纪 80 年代，最初两者之间并无交集，但华为如果上市，其市值及其他指标也许比思科还要好。再看亚马逊和阿里，亚马逊在中国发展得不错，拥有 1548 亿美元的市值，投资规模相对较大，投资者认可创始人，给予非常高的估值倍数；阿里上市后大约有

2200亿美元的市值，超过了亚马逊。此外，还有谷歌与百度，二者成立的时间差两年，数据却非常惊人，很难设想传统产业能得到资本市场如此认可（虽然资本市场并不是万能的，估值也不一定准确，但至少给了我们很强的信号和很好的参照点）。可见，第一次工业革命、第二次工业革命，甚至第三次工业革命前半段，我国企业都错失了机会，但今天新经济新技术的革命正在如火如荼地展开的时候，中国企业有机会迎头赶上。

三流企业做产品，二流企业做品牌，一流企业做平台

在新经济时代，企业将来选择处于价值链的哪一端？这个问题可以放在国家层面也可以放在个人层面，因为新经济时代是个创新驱动经济、知识驱动经济的时代。联想做智能手机需要高端装备，高端装备制造业是德国最好，即使把德国的技术加入中国制造依旧是广义的低端。最近微信圈有个玩笑，讲的是中国人所从事的加工产业，即我们排队把苹果手机组装好送出国，然后中国人再排队买从国外进口的iPhone。大家可以看出，相对比较受资本市场追捧的是打造平台型的企业。阿里、腾讯都是打造一个平台，万科要做一个社区开发商，也是打造一个平台。这些企业是整合资源型的，苹果其实也是在整合资源，围绕苹果建立了一个基于APP系统的相对独立的社区。资本市场对这些企业的可扩展性、可扩容性也给予了充分认可，即相对较高的估值倍数。

四、新经济：呼唤新金融模式

传统银行的江湖对中国银行业的警示

银行也是传统行业，但因为不属于工业所以没在上面提及。表5是英国《银行家》杂志上一级核心资本的排名，可以看到，20世纪70年代基本都是美国的银行，好几个后来都合并了，如大通曼哈顿等。20世纪80年代由于美国当时出现了一些问题，欧洲的法国、德国银行开始有所崛起。20世纪90年代初，日本银行大出风头，侧重资产扩张。但到了2010年的时候，日资银行基本不行了，中国的工商银行开始出现在了前十的行列。

表 5　20 世纪 70 年代以来的世界前十大银行

1970 年	1980 年	1990 年	2000 年	2010 年
美国银行（美）	农业信贷（法）	住友银行（日）	花旗集团（美）	美国银行（美）
国民城市（美）	美国银行（美）	第一劝业（日）	美国银行（美）	摩根大通（美）
大通曼哈顿（美）	花旗银行（美）	富士银行（日）	汇丰银行（英）	花旗集团（美）
巴克莱（英）	巴黎银行（法）	农业信贷（法）	东京三菱（日）	苏格兰皇家银行（英）
汉诺威（美）	德意志银行（德）	三和银行（日）	大通曼哈顿（美）	汇丰控股（英）
摩根大通（美）	里昂信贷（法）	三菱银行（日）	第一劝业（日）	富国银行（美）
国民威敏斯特（英）	兴业银行（法）	巴克莱（英）	农业信贷（法）	工商银行（中）
西部银行（美）	德雷斯纳（德）	国民威斯敏（英）	樱花银行（日）	巴黎银行（法）
国民拉沃洛（西）	巴克莱（英）	德意志（德）	富士银行（日）	桑坦德（西）
纽约化学（美）	第一劝业（日）	工业银行（日）	工商银行（中）	巴克莱（英）

资料来源：按照一级资本排名，英国银行家杂志（The Banker）。

创新在深圳，创业在浙江

为什么说新经济成为一个新常态的时候，新经济呼唤新的金融模式，而传统银行、保险、证券可能解决不了问题呢？表 6 是全国各省市的两种排名，一种按国内生产总值（GDP）排名，另一种按中小板和创业板上市公司数（作为创新创业因子或活跃程度的一个指标）排名。其中，广东 GDP 在全国排名第一，中小板和创业板上市公司数也是排名第一；浙江 GDP 在全国排第四，但中小企业和创业板上市公司数排名第二，从这个意义上讲浙江是我国创新创业最活跃的地区之一；江苏和浙江相比，这方面就要弱一些；再比如河南，GDP 在全国排名第五，创新创业指标只排第九名。单从“创新创业因子”这个指标来看，浙江现有 GDP 里创新创业的比重较高，而未来基于创新创业的新经济增长更快，那么在新经济时代，浙江有可能会走得更远，走得更快。

表 6　主要省（区、市）中小板和创业板公司数（截至 2013 年 8 月 30 日）与 2012 年的 GDP

省(区、市)	公司数	在全国的排名	GDP 排名	省(区、市)	公司数	在全国的排名	GDP 排名	省(区、市)	公司数	在全国的排名	GDP 排名
广东	221	1	1	湖北	21	12	9	广西	6	22	18
浙江	155	2	4	辽宁	20	13	7	贵州	6	22	26
江苏	134	3	2	河北	15	14	6	海南	5	25	28
北京	91	4	13	新疆	12	15	25	内蒙古	5	25	15
山东	75	5	3	天津	11	16	20	山西	5	25	21
上海	55	6	11	江西	10	17	19	黑龙江	3	28	17
福建	42	7	12	陕西	10	17	16	西藏	2	29	31
安徽	32	8	14	云南	8	19	24	宁夏	1	30	29
河南	30	9	5	吉林	7	20	22	青海	1	30	30
湖南	30	9	10	重庆	7	20	23	—	—	—	—
四川	30	9	8	甘肃	6	22	27	—	—	—	—
公司数合计：1056											

数据来源：万得资讯、深圳证券交易所。

关于城市这个层面。如表 7 所示，深圳的 GDP 在全国排名第四，中小板创业板上市公司数在全国排名第一，夺得中国最具创新创业活力的城市称号。为什么今天中国很多的标杆企业，从万科、华为、腾讯、招商银行等都在深圳？它们也曾经是中小企业，创新创业型企业。我们有理由相信，今天深圳的这些中小板企业中的一些也会成为明天的行业标杆。与深圳相比，表 7 中所列的中小板、创业板上市公司数排名前 9 位的城市里有 4 个是浙江的城市，可见浙江的创新创业前景看好。

表 7　主要城市中小板和创业板公司数（截至 2013 年 8 月 30 日）与 2012 年的 GDP

城市	中小板公司数	创业板公司数	公司总数	公司总数排名	GDP 排名
深圳	69	41	110	1	4
北京	38	53	91	2	2
上海	27	28	55	3	1
苏州	33	16	49	4	5
杭州	27	17	44	5	7

续表

城市	中小板公司数	创业板公司数	公司总数	公司总数排名	GDP 排名
广州	24	10	34	6	3
绍兴	22	2	24	7	37
台州	21	2	23	8	42
宁波	12	7	19	9	15
……					
天津	6	5	11	25	6
……					
重庆	3	4	7	38	8

资料来源：万得资讯、深圳证券交易所。

推进新产融结合，推动资本市场发展

我国需要做什么？我国需要大力发展多层次的资本市场（见图 3），这里是广义的资本市场，不一定是上市，我国有主板市场，都是比较成熟的企业，有中小板，创业板，最近比较热门的是新三板，和创业板差不多。再往下包括私募股权（PE）、风险投资（VC）、天使，你们可能在想银行在哪里，保险在哪儿，证券在哪儿，在图 3 中可能看不见，因为往下风险相对高一点，或者所谓不确定性高一点，而商业银行作为传统行业在我国金融市场体系里偏偏占据过高的比重。

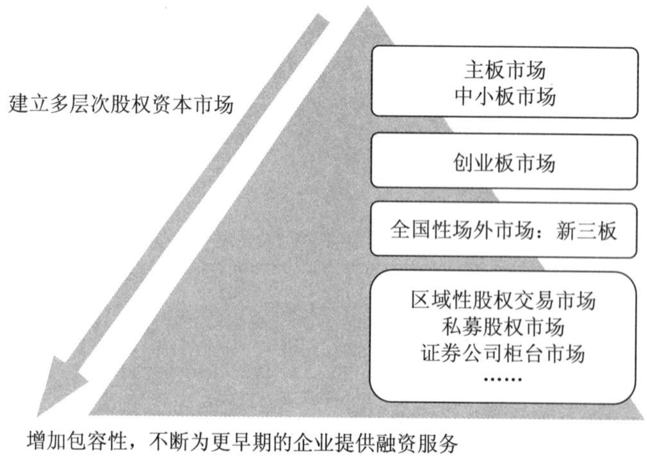

图 3　多层次股权资本市场

摩根大通是传统产融结合的鼻祖，曾经是以金融来控制产业。在中国，产融结合目前更多泛指产业参股/控股金融公司，如入股银行、保险，成立财务公司等，这是目前传统的产融结合在中国的主要表现形式。

那么新产融结合是什么？就是要把创新创业与金融融合，就是要发展多层次的股权投资与资本市场，这样高风险或不确定性和高收益才更加对称。许多人总是在说银行不支持中小企业，但事实上即便是在美国也有这样的情况。无论是英特尔成立的时候，还是乔布斯创业的时候，美国的（传统）银行也拒绝了它们的融资要求。因为传统银行和传统金融所承担的风险与收益实在是不对称，即存在固定封顶的利息收入和本金全部损失的无限风险之间的矛盾（见图4）。

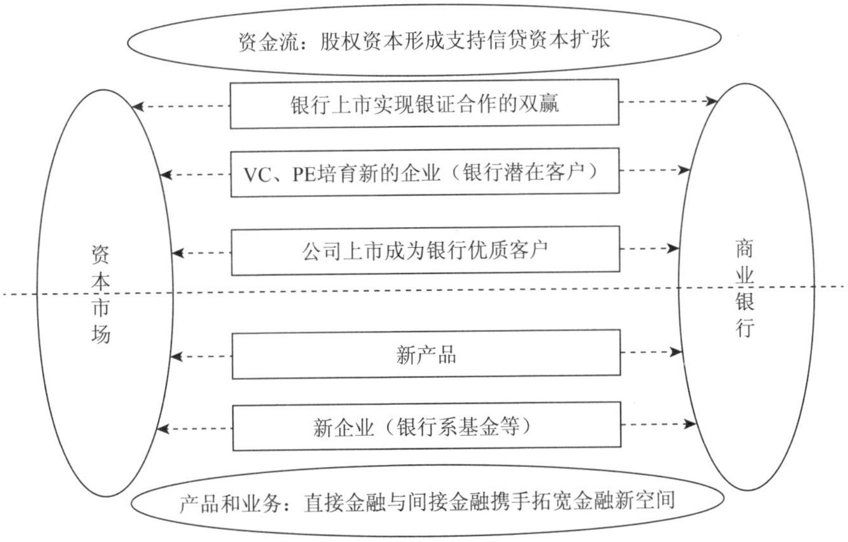

图4　拓宽金融新空间：直接金融与间接金融携手

有很多企业太小的时候没有资金，请了天使、创业私募基金，他们能够以股权的形式进入，能够跟你共同分担比较高的风险，与此同时也能分享更好的收益。但是，有一些企业的高增长都是依赖借钱，而借钱的时效很短，这个风险非常大。新产融结合可能是金融对实体经济最直接的帮助了，直接帮助创新创业。传统信贷有很多产能过剩，传统信贷是什么，很多时候用一块土地拿去抵押，中国的银行喜欢有抵押，而只有传统行业等重资产的行业也才有那么多资产可抵押，也喜欢抵押。

尤金（Eugene Kleiner）可能是新产融结合的鼻祖。在自己参与创业英特尔等公司过程中深刻感觉到了传统金融的不足，所以在20世纪70年代开启创新资本（中国人更多翻译成风险投资，其实应该是创新资本）之先，专注高科技项目投资，成功投资包括美国在线、亚马逊、谷歌等一大批企业，为人类迎来新经济时代作出了重大贡献，而这些要靠传统银行是不可能做到的。

传统银行与互联网金融的未来

我们看看传统银行，中国工商银行市值为12400亿元人民币，市盈率4.6。可能是世界上最好的两家银行的汇丰和摩根大通，前者在新兴市场做得最好，后者则在金融中心做得最好，两家的市值都已经超过了2000亿美元。最值得注意的是富国银行，美国旧金山的一家银行，他们不做大生意，服务的都是中小企业和个人，但它却是世界最大的银行，拥有2657亿美元的市值。所以，传统银行不能说没有未来，没有机会，而是要看你怎么服务广大中小企业和个人。

再看互联网金融，可以说是国外开花国内香。是中国的金融抑制成就了互联网金融在中国的火热，中国的监管限制银行对支付的（乱）收费多少成就了支付宝，中国的存款利率限制与零售银行缺乏市场化产品则造就了余额宝的成功。同时，互联网金融在中国这么热门也是因为传统金融不以中小企业和个人客户为中心，并且服务效率低下。可以说余额宝推动了中国金融民主化的进程，虽然它现在已经进入发展的成熟期。当中国经济在往消费拉动转型时，中国13亿人口或者说全球70亿人口的金融需求怎么得到有效和充分的满足？这个时候得靠整合能力、服务大众群体的能力，因此我对互联网所带来的革命寄予厚望。

但是，我个人对互联网金融的“后生”多多少少有一点小的问号。当占据主体的金融产业能够更加市场化、更加网络化的时候，互联网企业做金融的生存空间会受到很大挤压。P2P在英国的发展也许会给我们一些启示，P2P是英国发明的，但是到现在这么多年下来英国只有20几家所谓P2P的企业，且整个规模非常小。

五、 结论与建议

世界范围内正在发生的重大产业革命将人类送入新经济时代，在这个时代，国家与国家之间的格局也在发生巨大变化，中国无法、也不能继续做一个“小弟弟”。中国正在走向世界舞台的中央，我们有引领世界的责任与机遇。

与此同时，中国经济发展的模式将会发生翻天覆地的变化，新经济的到来是一个难得的机遇，将加快促使我国经济发展从量到质，从追求传统的GDP到追求GNP，从制造、创造再到智造等一系列的转型升级。中国经济发展的主要力量也将从20世纪90年代的外企、过去十年的国企转向未来的民企，从政府主导转向以市场为主导，从出口、投资拉动到内部消费为主要驱动的增长。

对于中国企业而言，我们面临很多机遇，面对很多挑战：如何服务中小企业与服务个人需求？如何从服务国内市场到关注全球市场？如何从追求单纯规模、低成本的粗放型发展到追求高价值的精细化经营？如何实现从模仿到自主创新的跨越？我们正走向靠能力、靠实力的新经济时代，企业需要以创新创业引领、培养自身新的核心能力、技术能力或者是整合资源的能力。

中国的金融体系与服务模式也必须随之改变，完成从间接金融为主到以直接金融为主，从传统金融到新金融，从（民间、银行）信贷为主到大力发展风险与收益更加对称的股权融资及创新资本，从服务大客户为主到服务广大中小企业、服务个人为主等多个领域的变革，而在此过程中应该充分发挥互联网金融的推动性作用。

面对如此深刻的变化，企业的资本战略甚至在座各位的个人职业规划都应该做一个调整。世界进入新经济时代，进入创新创业资本的时代。中国进入新常态更是指新经济正在逐渐成为一个新常态，新经济是我国产业转型升级的一个机遇，而支持产业升级的新产融结合模式的推广发展则显得刻不容缓。（本演讲参考了中国农业银行首席经济学家向松祚、深圳证券交易所研究所所长何杰、同创伟业董事总经理黄荔的部分演讲/研究内容，特此表示感谢）。

【延伸阅读】

为了更全面地展示贲圣林教授的研究成果，我们挑选并综述了以下四篇贲圣林教授近期的著作以飨读者。

一、 英国脱欧对全球治理的损害①

英国脱欧的后果正在全球范围内发酵。这一事件表明，英国人仍遵循传统智慧的指引——即认为全民公投才是终极意义上良性且有效的民主治理体系。英国向来被认为是“西式民主”的先锋与典范，而脱欧公投本该是一次民主体制优越性的彰显。

当今，发达国家和发展中国家间的主要分歧从表面上看在于经济体制不同，但事实上还有一种分歧在于对全民选举权的不同看法。在许多西方国家，民主时常被认为是经济发展的灵丹妙药。但在脱欧一事上，民主似乎擦枪走火。如果民主在英国有可能误入歧途，对民主制度的生存土壤还不那么完善的威权政府领导和人民来说，实施民主的风险会高的无法承受，在此情况下民主议程很有可能被搁置乃至背弃。

当然，有些人会说，脱欧公投及其政治余波所暴露的并不是民主制度本身的问题，只是制度运行的缺陷。一个可以引用的例子是政治上的“代理问题”，即政治家们将某项议题诉诸全民公投，以此逃避责任。事实上这类议题并不适合直接投票，而应由选举产生的代表决定。再者，如果全民投票是必需的，政治家们应该对机制进行调整，确保像脱欧这类关键性议题不是由简单多数决定，还要设立更为严格的程序，并使之受到制衡。

面对严酷的现实，我们需要回答一些颇具挑战性的问题。第一个问题是，英国目前的国家形态能否延续？苏格兰和伦敦这些地方的离心力是否会聚集起势，从而引发英国分裂并导致其影响力大减？历史是否会重新轮回到“前大英帝国时代”？英格兰是否将成为一个独立的国家？这些答案不仅会决定历史学家如何评判“倒霉”的前首相戴维·卡梅伦，还将会有更深远的影响。

第二个问题是，欧盟本身是否会分崩离析，回归其“核心国家”联盟的

① 原文《民主信念被动摇了吗？——英国脱欧对全球治理的损害》，载国际货币网 http://www.imi.org.cn/viewpoint/22610。

原本形态？届时欧盟的规模和全球影响力将会大减，但这也许能增强其内部凝聚力。可以说近几年欧盟扩张的速度一直很快，过分注重合并规模，而忽视成员国之间的内部协调。现任欧盟领导人比以往任何时候都更迫切需要重新检视外部扩张与内部凝合之间的平衡，确定欧盟形态的最佳规模，并找到一条合适的战略发展路径。

第三个领域是地缘政治。无论第一个问题和第二个问题的进展如何，“欧洲”不管作为一个概念还是一个实际运作的国家联盟，其全球影响力都将被削弱。这将改变世界的格局，对美洲来说将因此获得较大利益，亚洲其次。

二、 谈全球经济与结构性改革①

综观全球经济趋势，贸易持续低迷、反全球化情绪上升、地缘政治风险加大等因素令当今世界经济处于复杂的情形之中。正在艰难前行的世界经济，呈现四个较为鲜明的特点。首先是不确定性，包括地缘政治、各个国家内部政治生态逆转、恐怖主义、难民问题等都在影响经济前行步伐；其次是不平衡性，即国家与国家之间差距拉大，如新兴经济体里中国和印度较为亮眼，发达国家里则是美国一枝独秀，不同行业之间的发展也各有境遇，新兴产业提升很快，许多传统产业却艰难度日。

不对称性和不稳定性也是目前困扰世界经济的问题。从全球范围来看，虽然各国经济基础和相对实力发生了比较大的变化，但在经济、政治等领域的公共治理及其机制，却与快速变化的经济形势形成反差，造成经济基础与上层建筑的不对称性。

应对世界经济的迷茫时刻，大规模的结构性改革几乎成为各国的共识。但“怎么改”恐怕是在经济持续放缓、政策日益谨慎的背景下，各方都需要研习的课题。中国自2015年起，以“去产能、去库存、去杠杆、降成本、补短板”为重点的供给侧改革已拉开大幕，这一行动方案实施至今受到全球关注，成为各方尤其是近年困顿的新兴市场观察和学习的样本。但毫无疑问，供给侧改革的持续也非常需要国际合作才能发挥更好的效果。结构性改革能为萎靡不振的全球经济

① 原文《透视G20峰会，谈全球经济与结构性改革》，载国际货币网 http：//www.imi.org.cn/viewpoint/20962。

注入新的活力，但是否能成为通行良方，则是“家家有本难念的经”。近年来，G20峰会也推出了约800项结构性改革政策。然而，经济发展与合作组织（简称经合组织，OECD）此前发布的报告显示，国际金融危机后，各国虽然意识到深层次结构问题是危机的主要根源，但改革的进程却十分缓慢。

三、 金融的责任与未来①

金融行业目前的名声不太好，甚至有点过街老鼠、人人喊打的意味。在国际上，据彭博新闻社报道，2008年全球金融危机爆发以后，欧洲八大银行光是罚款或者和解缴款就花费了630亿美元，而市值蒸发了4200亿美元。同样，据不完全统计，美国六家主要银行在2008年金融危机以来被罚款或者用于和解的金额将近1000亿美元。

2015年中国金融行业的利润达到19708亿元，占到中国所有上市公司利润的63%。其中，五大国有银行即所谓的“工农中建交”五家银行，虽然与往年相比被某些媒体称为“比惨”的一年，但五家银行的利润总额仍然高达12100亿元，占所有上市公司利润总额的39%。

这一方面体现出我国实体经济的压力确实很大，另一方面也体现出我国行业结构失衡，利润分配机制存在严重问题。

我们经常说中国股市的表现和实体经济几乎没什么关联。那银行业呢？我们五大国有银行81万亿元的资产规模有多少是真正作为贷款，从而直接支持实体经济的呢？答案是只有52%，也就是有大约一半的资产是作为客户贷款。汇丰银行的这一比例是35%，即100元的资产规模只有三分之一（35元）是真正给客户、非金融企业贷款，那么别的是在干什么？这跟我们近几十年来经济金融领域的一些“独特的”或者说是令人焦虑的趋势有关。

金融和金融从业人员的责任应该是什么？金融行业的未来在哪里？我想我们首先就是要统一思想，反思一下我们金融的初心是什么？金融是要服务实体经济的，如果实体经济是主人，那么金融更像是客人，所以我们应该想到金融存在的基础是实体经济。中小企业融资难是长期的、世界性的难题，在地区间、行业间、群体间的差异非常大，我们有非常多的弱势群体得不到金融服

① 原文《金融的责任与未来》，载国际货币网http：//www.imi.org.cn/viewpoint/17989。

务。金融本来应该是推动社会向善的，但是过去几十年来在世界范围内有一种盲目相信自由市场经济、片面强调“股东利益最大化”、偷换“股东利益最大化”、目标短期化、投机化的倾向。

中国广大的农村、全球广大的发展中国家、世界上很多的弱势群体因为金融科技的进步现在能够随时随地低门槛，甚至无门槛享受到金融的服务。我们要充分发挥新阶层在推动金融服务经济过程中的作用；因为金融市场跟所有市场一样，其健康发展需要更好的律师、会计师、评估师等中介机构，需要更多的正能量的网络界人士，需要更多的有责任感的企业家、有使命感的科技人才，这些都是我们广大的“新阶层人士”群体。我们需要不忘金融的初心、回归金融的本源，我们需要找回金融本来的意义，履行金融应尽的责任，借用金融科技的力量。只有这样我们才能迎接金融的健康未来，才能引领、推动社会的进步。

附：贲圣林教授近期主要研究成果

1. 贲圣林、俞洁芳、顾月、吕佳敏等：《2015 中资银行国际化报告》，中国金融出版社 2015 年版。

2. 贲圣林、俞洁芳等：《2016 中资银行国际化报告——对标国际一流》，中国金融出版社 2016 年版。

3. 贲圣林、杨小虎、俞洁芳、郑小林等：《砥砺前行，守得云开？——中国 P2P 网贷行业 2016 年度报告》，浙江大学出版社 2016 年版。

4. 贲圣林、俞洁芳等：《扬帆起航——走向国际的中资保险公司》，浙江大学出版社 2018 年版

5. 贲圣林、张瑞东等：《互联网金融理论与实务》，清华大学出版社 2017 年版。

6. 贲圣林、陈雪如等：《创业金融实践》，清华大学出版社 2017 年版。

7. 贲圣林：《人民币国际化，路漫漫其修远兮》，载《开发性金融研究》2016 年第 1 期。

8. 贲圣林：《建立战略互信，破解国际货币体系困局》，载《金融博览》2014 年第 7 期。

9. 贲圣林：《带着镣铐起舞，金融业的未来如何?》，载《经理人》2016 年第 9 期。

向松祚，中国人民大学国际货币研究所理事兼副所长，中国农业银行原首席经济学家，国际货币金融机构官方论坛（OMFIF）顾问委员会副主席，《环球财经》杂志总编辑，CCTV 特约财经评论员。

主要著作有《新资本论》《伯南克货币理论和政策哲学》《汇率危局——全球流动性过剩的根源和后果》《不要玩弄汇率——一位旁观者的抗议》《张五常经济学》《五常思想》（主编）、《蒙代尔经济学文集》（1-6 卷，译著）、《欧元的故事：一个新全球货币的激荡岁月》（译著）、《金融危机和国家利益》等。曾荣获吴玉章奖学金、中国图书奖、全国十佳经济读物奖等奖项。

人类经济体系面临的根本问题和出路

——《新资本论》的四个基本主题

□ 向松祚

向松祚教授指出，人类经济已经进入全球金融资本主义的新时代，这个时代形成了虚拟经济和实体经济两极分化、信用资源分配两极分化、真实收入和财富分配两极分化的“三位一体”两极分化的世界，从而造就了2008年金融海啸之后国际经济中的新问题。在此背景下，理解新的经济体系需要新的经济思维方式和政策哲学，包括改革和重塑国际货币体系，充分开放劳动力和投资市场，从全球化发展角度给贫穷国家提供更多援助，重新认识自然和人类的关系等。

一、引言

1971年布雷顿森林体系崩溃以来，全球经济体系的内在结构终于从“量变”实现“突变”。以全球性货币金融市场、全球流动性金融资产、全球范围内虚拟经济与真实经济相背离为显著特征的全球金融资本主义，已经成为支配整个人类社会的经济体系。人类经济已经进入全球金融资本主义新时代。

全球金融资本主义时代的新特征造就了2008年金融海啸之后国际经济中的新问题。为什么世界各国采取了所能够采取的一切宏观经济政策后，经济复苏却依然疲弱乏力？为什么量化宽松不断增加货币供应量和全球流动性，真实经济的信用供给和需求却依然萎靡不振？为什么购买力平价理论和利率平价理论几乎完全失效？这些都是《新资本论》的出发点和试图回答的问题。

二、 全球资本主义经济体系的历史演变

全球金融资本主义时代来临的一个基本标志是1971年布雷顿森林体系的崩溃。布雷顿森林体系的崩溃标志着人类货币体系与物质货币的最后一点联系彻底被摧毁了，人类完全进入信用货币时代，货币发行没有任何的约束，整个人类经济结构、资本结构、产业结构、财富结构都发生了变革。人类已经从商业资本主义、工业资本主义过渡到了全球金融资本主义，其主要方面包括人类财富理念的深刻改变，虚拟财富和虚拟资本成为支配性的财富和资本理念；国际货币体系崩溃，完全信用货币（无锚货币）和浮动汇率时代来临；以信息科技和互联网为核心的第三次工业革命，重塑了全球产业链和产业分工体系。

全球金融资本主义时代，全球资本和财富版图已经和正在发生革命性变化。天使投资、风险投资（VC）、私募股权投资（PE）、产业引导基金、共同基金、对冲基金、主权财富基金等，共同构成了全球资本和财富版图的完整谱线，它们主导着全球资本市场和产业分工体系，决定着科技和产业的发展方向，主宰着公司的兴衰成败乃至国家的经济政策和发展战略。

人类经济体系的逐渐演变，尤其是人类货币、金融和信用体系的逐渐演变，已经演变出一个“三位一体”两极分化的经济体系。第一是虚拟经济和实体经济的两极分化，第二是信用资源分配两极分化，第三是真实收入和财富分配的两极分化。

三、“三位一体” 两极分化的世界经济体系

在“三位一体”两极分化的世界经济体系中，三个两极分化互为条件，相互强化，形成一个虚拟经济暴涨、信用资源集中、收入差距扩大、贫富分化加剧的恶性循环，解释了当今世界最重要的经济和社会现象。“三个两极分化假说”具有如下重要含义：

第一，收入差距和贫富分化导致信用两极分化，信用分化导致虚拟经济增长，虚拟经济增长反过来推动收入差距和贫富分化。收入差距扩大和贫富两极分化让财富越来越多地集中到少数人手中，而金融行业天生就具有“嫌贫爱富”“锦上添花”的特性，金融和信用资源相应地就越来越多地集中到少数富人手中；富人将掌控的信用和金融资源越来越多地运用到虚拟经济，包括股市

投机、地产投机、期货投机、外汇买卖、兼并收购、对冲基金等，必然推动虚拟经济快速增长，虚拟经济快速增长的收益也绝大部分落入富人的腰包。

第二，虚拟经济与实体经济的背离，是经济体系各个分系统相互循环和相互强化的逻辑起点，也是三个两极分化的逻辑起点。货币信用资源分配的两极分化，则是加剧真实收入分配两极分化、实体经济和虚拟经济两极分化的导火线和催化剂。原因很简单，经济体系里的少数富裕阶层和人士、大金融机构、大企业，必然获得信用资源的绝大部分，他们决定了投机性需求和虚拟经济的快速膨胀，而占人口绝大多数的低收入阶层和普通百姓则极难获得金融和信用资源，但他们却是决定实体经济需求的绝对主体。

第三，虚拟资本或金融资本的积累规律，与物质资本和人力资本的积累规律不同。如果人类的经济增长完全来自物质资本和人力资本的积累，收入差距和贫富分化会呈现逐步下降的态势，这就是经典的库兹涅茨曲线所揭示的道理，也为19世纪20年代至80年代世界各国的经验所证明。虚拟资本或金融资本积累本身，并不创造真实财富，而是协助物质资本和人力资本创造真实财富，虚拟资本则参与财富的分享或分配。在某种程度上，金融资本或虚拟资本是从物质资本或人力资本那里“剥削或剥夺”真实财富。这实际上是全球金融资本主义时代里，收入差距和贫富分化加剧的本质，实际上是一种新的剥削形态。

第四，金融资本主义产生之前，特别是货币发行受到外部自然力量制约的时代（有锚货币时代），金融资本或虚拟资本的积累往往是一种例外或短期现象，金融资本、虚拟资本、流动性金融资产的增长与物质资本的增长大体协调一致，金融资本或虚拟资本对实体经济或物质资本的“剥削”还不显著。金融资本主义产生之后，尤其是无锚信用货币时代来临之后，虚拟资本、金融资本可以完全脱离物质资本的积累，自我膨胀、自我循环、自我衍生、快速增长，虚拟资本或金融资本参与“分配”或“剥削”真实财富的比例和速度相应快速增长。这一现象其实就解释了为什么20世纪80年代之后各国收入差距和贫富分化急剧恶化，也解释了为什么在金融投机最疯狂的时期收入差距和贫富分化恶化的速度最快。

第五，虚拟资本或金融资本并非被动参与真实财富的分配或分享，而是通过各种方式主动参与真实财富的创造。尤其重要的是，虚拟资本、金融资本或金融资产的分配和价格，往往决定了物质资本和人力资本的价格和分配。现代金融资本主义时代，货币和金融的作用与日俱增，货币市场和金融市场所决定的利率水平，对实体经济投资具有决定性。因此，虚拟资本或金融资本脱离实体经济、脱离物质资本和人力资本自我循环和快速积累，所形成的利率水平和金融资产价格也就能够完全脱离实体经济的供求关系，从而严重扭曲物质资本和人力资本的积累。

四、 人类经济需要崭新思维方式和政策哲学

新的经济思维方式和政策哲学的核心问题是解决上述“三位一体”的两极分化问题。其要点包括：

第一，改革重塑国际货币体系。包括对国际货币金融体系实施重大改革，并根据某些重要原则，对全球宏观经济政策进行协调和调整。自 2008 年金融危机爆发至今，以美国为首的发达国家从来就不愿意进行国际货币金融体系改革，国际宏观经济政策的协调几乎没有任何进展，各国国内的结构性改革由于政治风险太高而无法真正实现。没有国际货币体系的改革和重塑，没有主要大国宏观经济政策之间的有效协调，就不可能实现全球经济的再平衡。一个真正全球化的经济体系确实需要一个全球治理结构。

第二，充分开放劳动力市场和投资市场。各国尤其是西方发达国家应该更加充分地开放本国劳力市场和投资市场，创造更加公平和完善的移民政策和投资政策环境，妥善保障外来投资者和移民的合法权益，鼓励外来移民和外国企业家到本国投资兴业，以激活本国投资和消费，同时刺激本国劳动力市场的改革。全球化不能只是贸易和金融的全球化，必须是全方位的全球化，包括移民、劳动力和投资的全球化。欧洲及其他一些发达国家面临的根本性难题是人口老化和消费弱化，若不能实施富有远见的重大改革，全身心拥抱移民、劳动力和投资的全球化，反而固守僵化的保护主义政策和民族主义政策，这些国家的经济将陷入长期甚至永久的衰退或低速增长。

第三，从全球化发展角度给贫穷国家更多的援助。发达国家应该拿出更多资金，援助和支持世界上极端贫穷国家和地区的经济发展和民生改善。在一个流动性金融资产高达数百万亿美元的全球金融资本主义时代，极少数人每天的收入高达数万美元乃至数十万美元，极少数人每时每刻都有能力穷奢极侈和肆意挥霍，而与此同时，地球上却还有至少 10 亿人每时每刻面临着饥饿和传染病的威胁，这是人类共同的耻辱。许多极端贫穷的国家，正是今天那些发达资本主义国家曾经肆意掠夺和凌辱的殖民地。无论从人道角度来看，还是从全球

发展角度来看，发达国家都应该大幅增加对极端贫穷国家的援助和支持。

第四，重新认识自然和人类的关系，用崭新的理念重塑经济学概念。人类需要重新认识自然，重新认识自然和人类的关系，重新认识经济增长和财富积累的本质。经济学应该从自然科学、哲学和宗教里面充分汲取营养，尤其需要引入物理学的“熵增”理念、物质不灭定律和能质转换原理以改造成本、收益、财富、资本等经济学的所有理念、概念和方法论，引入“经济生态链”理念来改造我们对产业分工体系和价格机制的认识。

五、 结论

全球金融资本主义经济体系正以排山倒海、雷霆万钧之力，猛烈冲击着封闭经济模型和旧的思维方式。如果不站到全球产业分工体系、全球商品服务市场、全球货币金融市场体系的新视角和新高度，我们就完全无法理解当今人类经济体系所面临的根本性难题，更无法找到改革全球经济治理、实现全球经济持久复苏的正确方略。

【延伸阅读】

为了更全面地展示向松祚教授的研究成果，我们挑选并综述了以下四篇向松祚教授近期的研究成果以飨读者。

一、 利率市场化：理论、实践和政策①

利率是经济体系最重要的价格。利率市场化或市场化利率，长久以来都是经济学和金融学的重要话题。根据费雪利率理论，可以推导出有关利率市场化或市场化利率的几个重要结论：

第一，从真实经济角度来看，利率市场化或市场化利率与货币及货币政策没有关系，甚至与金融市场亦没有关系。只要真实经济体系充分自由竞争，代际最优行为决策所决定的利率就是市场化的最优利率。因此，真实经济的充分自由市场竞争，才是利率市场化的核心条件。更深一层地讲，假若真实经济体系存在垄

① 原文《利率市场化：理论、实践和政策》，载国际货币网 http：//www.imi.org.cn/viewpoint/17178。

断、寡占、准入限制等各种限制竞争的行为和政策，放松货币市场利率管制的效果也许更糟。这一点对于我们理解今天中国的利率市场化改革的效果尤其重要。

第二，如果真实经济体系没有交易费用，所有工资和价格皆灵活变动或自由调节，那么经济体系就会形成唯一一个最优均衡市场利率。这个基本视角让我们恍然大悟，要理解现实生活里千差万别的利率水平，尤其是不同行业、不同地区、不同国度、不同时代的利率水平之差异，我们就需要探讨究竟是哪些力量阻碍了资源在不同地区和不同行业之间自由转移，尤其是资源配置背后的各种制度和合约安排。

第三，经济体系一旦引入货币，假如货币完全没有人为操控，货币供给和货币需求皆是经济体系内生变量，没有货币当局和中央银行人为改变货币供应量，那么经济体系的利率形成机制和利率水平则完全取决于真实经济体系的资源总量和资源配置机制即价格调节机制。从这个意义上说，货币中性假设可以完全成立。

第四，一旦引入中央银行和货币当局，情况就变得非常复杂。中央银行可以改变货币供应量、基准利率（短期利率）、汇率等，这些变量的改变反过来会改变长期利率水平和不同期限的利率水平、各种资产价格、个人资产组合决策、消费和投资决策等。那么，在这样的环境下所形成的各种利率水平算不算是一个市场化的利率水平呢？算不算是利率的市场化呢？严格说应该不算。然而当今之世，中央银行位高权重，能量非凡，对利率上下其手无日无之。如何定义中央银行制度下的利率市场化或市场化利率，还是一个没有得到很好解决的重要课题。

第五，与此密切相关的一个问题，就是中央银行若要调节和操控短期利率（基准利率），他们依照什么标准来决定基准利率水平呢？当今世界有许多利率准则，譬如美国学界著名的利率准则有泰勒准则和伍德福德准则，尽管中央银行家们其实并不用，他们有自己的一套准则。严格地说，只要有中央银行强有力的“看得见的手”来操控基准利率，就不能说是真正的利率市场化。

二、 负利率暴露货币万能主义短板[①]

当前，全球货币金融市场出现了一个前所未有的现象，即很多发达国家都

① 原文《负利率暴露货币万能主义短板》，载国际货币网 http://www.imi.org.cn/viewpoint/17219。

启动或考虑启动负利率政策。除日本外，欧洲央行2014年6月已将隔夜存款利率从零降至-0.1%，并进一步下调至-0.3%。瑞士、丹麦、瑞典的名义利率也在零以下。美联储主席耶伦最近暗示，如果美国经济复苏低于预期或出现逆转，不排除实行负利率政策的可能性。

低利率和负利率的流行充分说明，国际金融市场的风险偏好已经极度保守，投资者已极度厌恶和担忧风险，全球货币金融和整体经济的不确定性急剧上升，国际经济体系已整体陷入流动性"陷阱"。

尽管这么多国家的利率都降低到历史最低水平或为负利率，但通货收缩（通货紧缩的前期）、投资萎靡、消费疲软、出口下降、增长弱化，仍然成为全球经济的现状。负利率政策预示着全球经济可能已经陷入长期衰退或低增长。目前最乐观的估计，2016年全球真实GDP增速将低于3.5%，全球贸易增速将低于3%。新兴市场经济体增长将继续普遍放缓，发达经济体复苏缓慢。负利率政策的普遍实施，说明一些国家的宏观经济政策尤其是货币政策，对于刺激实体经济增长可能基本失效，也说明"货币万能主义"的政策思维已经破产。唯有回到真正的经济基本面，矢志推进结构改革，激发创新活力，全球经济才有望真正走出衰退，实现强劲复苏。

三、新兴市场国家主动或被动融入全球金融市场①

20世纪70年代之后，越来越多的国家开始逐渐开放资本账户，包括一些新兴市场国家的资本账户也开始迈向自由化，尽管它们当时还不知道资本账户自由化蕴含着多么巨大的风险。日益宽松的国际流动性造成国际债券市场的利率（或成本）低于许多国家，也刺激了许多国家逐渐开放资本账户、走向国际金融市场为本国经济发展融资。拉美国家是先行者，国际大银行将大笔便宜资金输入拉美各国，总额接近1000亿美元。许多借贷和债券是浮动利率债券。众所周知，1980年沃尔克出任美联储主席、大幅提高利率之后，拉美国家立刻陷入大规模债务危机。

不断创新的科技手段，是刺激各国金融市场国际化和日益开放的核心力量。或许是历史的巧合，布雷顿森林体系崩溃和浮动汇率时代来临，恰好适逢

① 原文《新兴市场国家主动或被动融入全球金融市场》，载《新资本论》（卷二）第一章，中信出版社2014年版。

信息科技革命大潮兴起。个人电脑技术尤其是移动通信和互联网技术的突飞猛进，从根本上改变了人类金融交易的模式，开启了人类金融历史的光速革命、高频交易模式和金融中心之间 24 小时的无缝对接。科技革命推动金融革命，是人类金融历史的一个基本规律。

如此快捷和准确的金融技术科技手段，让数学金融模型大放异彩。复杂的理论模型终于可以异常迅速地得到验证。金融市场成为金融理论的最佳实验室。20 世纪下半叶，数学金融理论连续取得重大革命性突破，先是马克维茨的最优资产组合理论，以严谨数学逻辑深入阐释“不要把鸡蛋放到一个篮子里”的投资基本原理，推演出著名的“双基金投资分离定理”，启发无数投资者去尝试寻找最优投资组合。紧接着是威廉·夏普等人的“资本资产价格理论”石破天惊，进一步从数学逻辑上证明最优资产组合的本质。随后是布莱克、斯科尔斯和莫顿等人发现期权定价公式（业界俗称“金钱公式”），为数之不尽的衍生金融产品奠定了坚实的理论基础，迅速开发出数十万亿美元的全球衍生金融交易。

四、 全球金融危机频繁爆发的六大机制①

总体来看，国际货币体系崩溃导致金融全球化和金融快速扩张的机制（同时也就是全球金融危机频繁爆发的内在机制）有六个。第一，浮动汇率体系来临及外汇市场高速扩张（包括外汇市场衍生金融工具）。第二，全球流动性急速扩张导致全球低利率和浮动利率，与利率相关的各种衍生金融产品快速兴起。第三，低利率和浮动汇率的衍生金融工具相互融合，所谓结构性金融产品和结构性套利金融产品的兴起和快速扩张。第四，全球货币体系崩溃刺激全球金融自由化浪潮的兴起，撒切尔和里根经济学革命也是重要推动力量，即所谓“华盛顿共识”的兴起。金融自由化浪潮极大地改变了整个金融版图。商业银行的脱媒化趋势导致各种新型金融工具和产品的勃然兴起。金融资本跨国流通，各国不断开放金融市场。第五，信息科技手段的勃兴促进了金融大众化，普罗大众开始日益参与金融市场。第六，信息科技手段极大地推动了金融专业化分工的深化。

① 原文《全球金融危机频繁爆发的六大机制》，载《新资本论》（卷二）第一章，中信出版社 2014 年版。

那么国际货币体系为什么会崩溃呢？基本原因有四。第一，内生的流动性需求增长假说。所谓特里芬悖论的本质就是内生流动性需求增长假说。货币必然会从物质货币过渡到信用货币，并最终过渡到无纸化的电子信用货币，从非弹性的物质货币过渡到具有高度甚至无限弹性的信用货币。第二，各国经济增长失衡假说，国际货币体系的内在调节机制之所以无法正常运作，是因为各国经济增长不可能完全均衡，失衡或不平衡才是常态。第三，财富形态的内生变化，刺激各国投资者（个人和企业）天然具有跨国配置资产的内在需求，最终必然迫使各国开放金融市场，即风险分散的内在机制必然是超越国界的。此内在机制包括储蓄资产的日益货币化和金融化（债券化和货币化）。第四，科技进步大幅度降低了金融工具创造和交易的成本。

附： 向松祚教授近期主要研究成果

1. 向松祚：《新资本论》，中信出版社2014年版。

2. 向松祚：《反思经济学的道德基础》，载《金融博览》2017年第2期。

3. 向松祚：《从三大经典货币理论看量化宽松政策》，载《金融博览》2016年第4期。

4. 向松祚：《金融内在不稳定性和金融危机本质》，载《清华金融评论》2016年第2期。

5. 向松祚：《强调供给侧改革的深意》，载《理论学习》2016年第2期。

6. 向松祚：《德国模式的启示》，载《企业研究》2016年第10期。

7. 向松祚：《人类经济将陷入长期萧条和衰退吗》，载《中国证券报》2016年7月9日。

8. 向松祚：《“三个两极分化”是世界经济动荡根源》，载《人民日报》2015年10月25日。

9. 向松祚：《货币新思维》，载《中国金融》2013年第8期。

10. 向松祚：《量化宽松货币政策：根源、机制和效果》，载《中国金融》2012年第20期。

11. 向松祚：《中国金融业国际化的机遇与挑战》，载《21世纪经济报道》2012年6月8日。

丁志杰，经济学博士，对外经济贸易大学教授、博士生导师、校长助理兼研究生院常务副院长。

北京市教学名师，中国金融40人论坛成员，教育部新世纪优秀人才计划学者；兼任中国金融学会、世界经济学会理事，中国国际金融学会、中国农村金融学会、中国国际经济关系学会常务理事。主要研究发展金融与国际金融。享受国务院特殊津贴。

国际货币体系改革与SDR

□ 丁志杰

丁志杰教授首先从不同层级国家资本流动和利益分配的视角分析了现行国际货币体系的弊端，其次讨论了由发展中国家推动国际货币体系改革的可能性，最后阐述了当前SDR应用存在的主要问题以及如何有效提高SDR在国际货币体系中的作用。

一、 现有国际货币体系的弊端

正如地平线不是平的，国际货币体系也存在诸多不公平、不合理之处。现行的牙买加体系依然是以美元为主导的国际货币体系。尽管它在一定程度上克服了之前布雷顿森林体系所难以逾越的“特里芬难题”，在保持全球流动性、调节国际收支和促进经济一体化发展等方面发挥了积极作用，但随着世界各国经济发展多极化和全球金融一体化进程不断深入，现行国际货币体系的弊端逐步显现。“特里芬难题”描述的是在布雷顿森林体系下保持美元信心和国际清偿力充足的两难，实质上是美国的难题。随着20世纪70年代布雷顿森林体系的崩溃，美元与黄金脱钩，全球转向浮动汇率体系，同时资本流动开始加快，即进入牙买加体系。在牙买加体系下，特里芬难题不复存在。如果说现行国际货币体系下依然存在两难问题，那么它不再是美国的难题，而转变为发展中国家的难题，即汇率稳定和资本流动的双难。在牙买加体系下，尽管不同的发展中国家在不同时期面临的问题表现有所不同，但结果都使这些国家的经济发展举步维艰。

这一点从不同层级国家资本流动和利益分配的角度来看，显得尤为突出。进入21世纪，发展中国家成为净资本（其实是净储蓄）输出国，这是历史上从未出现过的局面。根据国际货币基金组织（IMF）的数据（见图1），所有发达国家在2005—2015年净输入储蓄11.49万亿美元，不仅没有付费还获取了巨额的投资收益。发展中国家情况正好相反，如图1所示，2005—2015年发达国家免费使用发展中国家储蓄的同时收取“保管费”，获得投资收益4.32万亿美元。把发达国家分为美国和其他发达国家两个部分，其中美国净输入40.26万亿美元储蓄，投资收益为2.2万亿美元，获得巨大的国际经济利益，这源于美元的国际货币地位以及华尔街对国际金融体系的控制力。其他发达国家输出储蓄28.77万亿美元，投资收益是2.11万亿美元，对外输出储蓄的收益率偏高。如果把时间截至2013年末，其他发达国家对外输出储蓄收益率在5%左右，2014年和2015年这一数值则迅速上升到8%以上。一个重要原因在于欧债危机的爆发，国际投资者在欧洲投资受损从而使欧洲的净国际储蓄收益率呈现上升态势。同期中国主要通过贸易顺差对外输出15万亿美元储蓄，但投资收益为-1.3万亿美元。尽管中国是高储蓄国家，货币供应量和投放量都居世界第一位，利率也较高，但对外输出储蓄的收益率却是负的，导致国内使用的储蓄价格（利率）较高，即所谓的“价格歧视”，用国内资金的高利率补贴国际储蓄的负利率，最终造成高利率、高利差和融资难、融资贵的问题。其他发展中国家的储蓄净流入是3.5万亿美元，成本在8.5%左右。如果流入的外国资本的经济贡献小于这些国家付出的成本，就可能导致“利用外资引致的贫困增长”的现象，即资本流入越多越贫困。这种现象已经在一些国家出现。综合考虑这些数据，2005—2015年美元作为国际货币给美国带来的利益是40万亿美元的免费储蓄和2万亿美元的投资收益，这对于美国来说或许不是一笔特别巨大的收入，但对于像中国这样的发展中国家来说，成本负担却是巨大的。

根据货币是否是国际货币和国际资本流动格局两个维度，可以将世界各国分为四个层级。第一个层级是美国，依托美元的国际货币地位，其他国家向美国输入储蓄，美国再将其变成资本对全世界输出，充当“世界银行家”角色，但要注意美国是一个“没有资本的世界银行家”。第二个层级是其他发达国家，其货币是国际货币，可以绕过美元使用自己的货币输出资本。第三个层级是中国这样的新兴市场国家，其货币不是国际货币，必须使用美元进行国际交易，因此输出储蓄的同时输入国际货币和国际资本，即中国作为净储蓄国输出储蓄，这部分储蓄由美国变为资本后，一部分配置到其他国家，另一部分回流到中国。第四个层级是其他发展中国家，输入国际货币和储蓄、资本。从当前的情况来看，获益最大的是第一层级的美国，处于最不利地位的是中国所在的第三层级。这是当前国际货币体系不合理、不平等的重要表现。

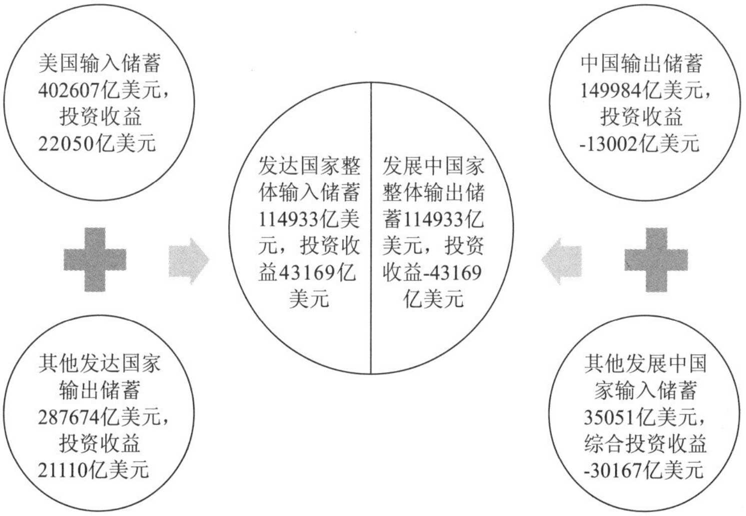

图 1　2005—2015 年全球净国际储蓄与投资收益格局

总体来看，当前国际货币体系下国际资本流动格局对发展中国家的发展是极其不利的。考察三个典型的发展中国家集团或者区域。首先看金砖国家，其在 2005—2015 年输出 7.43 万亿美元储蓄，其中做出最重要贡献的是中国。其次看亚洲“四小虎”印度尼西亚、马来西亚、泰国和菲律宾，在 2005—2015 年输入了 3.32 万亿美元储蓄，付出成本 9640 亿美元。从净额角度来看，利用国际资本的成本高达 25%。最后是拉美四个最大的经济体阿根廷、巴西、墨西哥和哥伦比亚，输入 11 万亿美元储蓄，但付出成本不到 5000 亿美元，这主要是最近两三年其货币急剧贬值导致外国资本的收益率下降。虽然拉美四国利用外资的成本下降，但却是以经济危机为代价的。

中国的情况更为堪忧。2009 年以来中国对外开放效益低下的状况日益凸显，对外开放模式亟待转型。中国在过去七年经常账户顺差累计 1.58 万亿美元，但顺差却没有变成等额的债权，对外净资产只增加 1 千亿美元，原因在于对外输出储蓄付出了巨大成本。这期间，中国对外资产累计达 31.32 万亿美元，收益率却只有 2.78%；对外负债累计达 20.93 万亿美元，但成本却高达 10.2%。尽管中国有大量的净资产，但过高的负债成本和杠杆率导致了巨额亏损。若中国不改变这种状况，就意味着对外开放尤其是金融开放还会导致国民财富源源不断地流失。对比 2005—2008 年，中国对外净资产收益率为 0.2%，虽然不高但还是正数，对外资产收益率是 3.58%，负债成本为 6.08%，杠杆率也不高，因此这一时期对外净资产的增加基本和经常账户顺差相当。

最近几年中国经济下行得比较厉害，现在还没到底，超过大多数人的预期。主流观点认为这是中国经济进入新常态，是由客观规律决定的。事实上，有三个重要的原因被普遍忽视了，首先是 2009 年后对外投资的巨大亏损。其次是中国的对外开放度下降。2005 年中国的进出口与 GDP 之比是 64%，2015 年这个比重下降到 36%。主要发达国家如美国、德国、英国、日本在次贷危机后的外贸依存度都是上升的，德国已经超过 70%，中国却从最高的 64% 下降到 36%。中国外贸依存度下降的一个重要原因在于 2008 年危机之后，中国按照国际上的再平衡要求减少了贸易顺差，但却不是在扩大贸易规模的基础上减少贸易顺差的。这点值得中国在未来国际经济博弈和政策协调中反思。最后是中国金融业过去的畸形发展。2015 年中国的金融业增加值占 GDP 的 8.5%，除去我国香港地区以及新加坡、瑞士等以金融业为主的经济体，美国、日本、英国、法国、德国都未超过这一比重。8.5% 也是历史上第三高，仅低于英国 2007 年和 2009 年的金融业增加值占 GDP 的比重。金融业增加值不是越高越好，高也不代表中国的金融业发达，其另一面就是实体经济投融资的成本。2008 年后的一些政策包括金融发展模式需要检讨。

二、 发展中国家推动国际货币体系改革的可能性

需要改革不意味着就能改革。国际货币体系的主导者，同时也是既得利益者，是改革最大的阻力，不能奢望其主动改革。以人民币加入特别提款权

（SDR）货币篮子为例，早在2011年的审查中，中国就满足全球最大4个出口经济体这一核心条件，但是以“人民币不是国际自由使用货币”为由被拒之门外。经过深化改革开放和斡旋妥协等艰苦努力，5年后人民币入篮成功，权重是10.92%，在五种篮子货币中居第三位。本轮SDR调整还包括确定权重的方式，扩大并提高了国际金融交易的范畴和权重，结果美元的权重为41.73%，与上一轮的41.9%几乎没有变化。人民币的权重主要来自欧元、英镑的权重减少。

发展中国家不能因此无所作为。发展中国家不能主导改革，但具备推动改革的能力，可以通过改变自己来改变世界。发展中国家“抱团取暖”，区域化和集团化，是撬动国际货币体系变革的可能途径。以金砖国家为例（见图2），2005—2015年对外输出7.43万亿美元储蓄，却缴纳2.24万亿美元的“保管费”。在金砖国家中，中国、俄罗斯是净输出储蓄者，巴西、印度、南非输入储蓄。大家都是现有不公平的国际货币体系的受害者。例如俄罗斯，输出1万亿美元储蓄，却付出将近八千亿美元的利息。如果金砖国家加强货币金融投资合作，大力发展直接的经贸投资往来，即使只能达到以不倒贴的方式对外输出储蓄，也意味着把2.24万亿美元“保管费”留在了有关国家，金砖国家都受益。那么受损的是谁呢？只能是“剪羊毛”的美国。这有助于把美国拉到谈判桌上。

摆脱对美元的依赖是重要的一步。发展中国家货币不是国际货币，对外经贸往来都得借道美元，就得交保管费和中介费，被“剪羊毛”。美元的垄断性越强，就可能被剪得越狠。打破桎梏的途径有两种：一种是发展自己的国际货币，包括有限度的国际化，如双边本币支付等；另一种是开发超主权储备货币，降低国际铸币税，其中就包括发挥和扩大SDR的作用。

发展中国家的经济实力上升也促使目前国际货币体系主导者的妥协成为可能。过去一直讨论美国的溢出，现在开始讨论中国的溢出，这一话题也成为2015年国际货币基金组织（IMF）春季年会的重要议题。事实上，中国的问题很大部分是美国造成的，问题积聚到一定程度后开始回溢，发展中国家的问题也会成为发达国家的问题，最后相互造成负面影响。前面提到拉美四国货币贬值，阿根廷贬值2/3、巴西贬值近1/3、墨西哥和哥伦比亚贬值近1/4，使这些国家近两年利用外资的成本下降，其实也造成美国这两年对外投资收益下降和对外净债务上升。发展中国家“城门失火”，也会殃及发达国家“池鱼”，即“末日博士”鲁比尼所说的美国“回补”发展中国家。这种“坏的均衡”是国际货币体系缺陷的表现，是大家都不乐见的，在客观上促成各国对国际货币体系改革进行认真的讨论。

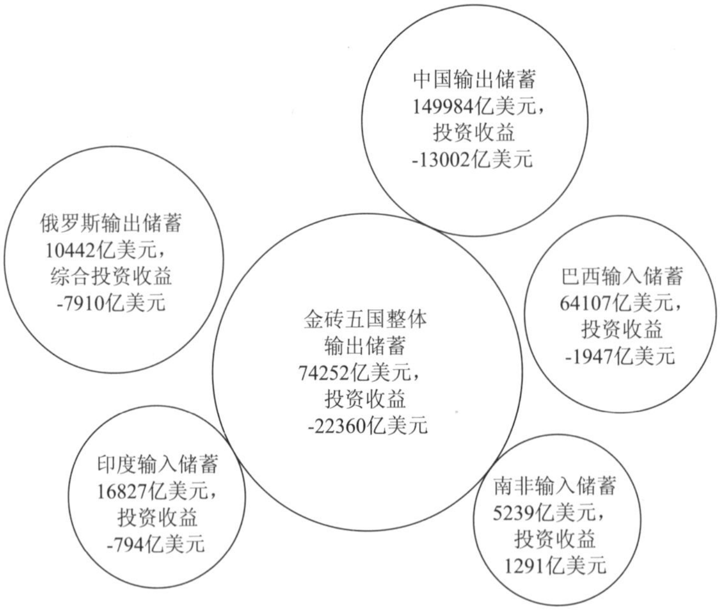

图2　2005—2015年金砖五国净国际储蓄与投资收益状况

三、发挥扩大SDR在国际货币体系中的作用

由于人民币入篮，SDR受到前所未有的关注。SDR是IMF创立的记账单位，最初以黄金定值，与美元含金量相等。随着布雷顿森林体系崩溃，1974年改用一篮子货币定值，最初是16种货币，1981年改为5种货币，欧元在启动后取代德国马克和法国法郎变为4种，2016年10月1日人民币正式成为第5种篮子货币。SDR是一种复合货币，汇率和利率都是计算出来的。现在1SDR大概等于1.5美元，如果人民币对美元汇率在6.2左右，一个SDR包含的人民币数量将超过1元人民币。SDR利率是篮子货币短期利率的加权，选择

的是3个月国债利率，新篮子生效后中国3个月国债收益率会成为SDR利率的计算基准。欧洲情况比较特殊，欧盟并非政府，因此用欧洲央行三个月票据的利率作为基础。

SDR创立后有过三次分配。第一次在1970—1972年拨付了93亿SDR，第二次在1979—1981年拨付了121亿SDR，第三次在2009年拨付了1612亿SDR，同年进行了215亿SDR特别分配。目前SDR的分配的依据是份额，在分配的2041亿SDR（约合2801亿美元）中美国是最多的。各国分配到的SDR，和黄金、外汇、IMF一般提款权（主要是缴纳的份额）一起构成各国国际储备。实际上，SDR本质上只是IMF给成员国提供的一个融资便利，SDR只能在政府之间使用。动用SDR有两个途径：一是采取自愿的方式，如中国和某一个国家签署交易SDR的协议，在对方需要时中国可以买入对方的SDR并为其提供自由使用货币；二是没有自愿购买SDR的投资者时，IMF有个强制性机制，要求国际收支比较强劲的国家买入SDR贷出国际自由使用货币。到期（一般是短期）使用国必须购回SDR。因此，实际上分配的SDR只是一种多边融资安排，是借入储备，说是自有储备有些“名不副实”。

由此可见，SDR还只是一种记账单位，IMF以此为记账单位创立了一种多边官方融资安排，所以说SDR经过40多年后还处于婴儿期一点也不过分。SDR长不大，并非因为SDR是先天性的“侏儒”，而是受到来自美国的打压。如果SDR还一直是这个样子，人民币入篮没多大实质意义，更多是象征性和标志性意义，是“面子”而不是“里子”。其实20世纪80年代初有11种货币被踢出SDR，也没见有什么实质性影响。要使人民币入篮有实质性意义，必须发挥扩大SDR在国际货币体系的应有作用。2009年中国人民银行行长周小川提出超主权储备货币的构想，引起了热烈讨论和反响。

作为回应，IMF发表工作论文“Enhancing International Monetary Stability—A Role for the SDR?”，该论文总结SDR在新国际货币体系的三大定位：一是官方SDR所代表的一种复合储备资产；二是由IMF或部分成员国支持的投资机构所发行的可交易的SDR债券，作为一种潜在的新型储备资产；三是一种计价单位，可用于交易资产的定价。然而，实质性进展不大。究其原因，首先是官方 SDR 所代表的一种复合储备资产，现在看来并不成功。其次是由国际货币基金等支持发行 SDR 债券，但一直未能发行，其关键在于没有合适的利率。总体来看，围绕 SDR 的“记账单位”做文章，不触及美国的利益，但将其发展成为一种超主权储备货币行不通。SDR 不是一种现实的支付手段，这决定了其难以被广泛接受。持有 SDR 更多地用于记账，而非定价，而真正成为一种国际货币必须拥有定价功能。

中国在这方面做了积极探索。2015 年 12 月，中国推出三种人民币汇率指数，其中包括 SDR 篮子货币汇率指数，用于人民币汇率管理。2016 年 4 月，中国央行开始同时报告以 SDR 和美元为计价单位的银行业外币资产和外汇储备。中国还积极研究发行 SDR 计价的债券事宜。由于 SDR 只有 3 个月短期利率，而且现在利率水平极低，一度是负的，这也是 SDR 债券迟迟未“面世”的技术原因。

国际货币发挥定价功能，不应在微观层面，应该是给各国货币定价。这就涉及汇率安排。一旦 SDR 在汇率安排中起作用的话，其就能够充当其他国家对外价值，即汇率的定价基准，只有这样它才有可能成为一种支付手段被广泛接受。要提高国际货币体系中 SDR 的作用，一个重要的方面是要充分发挥 SDR 在全球汇率管理中的作用，即尝试建立以 SDR 为基础的全球有管理的浮动汇率体系（特别是发展中国家）。一旦 SDR 能够在汇率管理中起到定价的作用，将会带动它成为国际货币，即所谓的超主权储备货币。

SDR 在各国汇率管理中发挥作用有现实基础。亚洲金融危机以后，相当多的新兴市场和发展中国家实行了中间汇率制度。造成这些国家危机的原因之一，就是汇率过度浮动。由于固定汇率存在风险，一些国家根据 IMF 和美国的建议选择了浮动汇率，但汇率浮动后，汇率震荡带来的冲击更大，所以如今很多国家又回归了中间汇率制度，发展中国家选择中间汇率制度的占比最高超过 62%，2014 年有 96 个国家实行中间汇率制度，而实行真正自由浮动汇率制度的中等收入国家只有墨西哥。SDR 或许能够满足发展中国家管理汇率的需求，因为 SDR 的汇率指数相对稳定，避免了“把鸡蛋放在一个篮子里”的风险。SDR 汇率指数波动远远低于美元、欧元等单一货币，这意味着发展中国家如果把自己的货币与 SDR 进行某种程度的挂钩而进行管理，可能会带来价值的相对稳定。

延伸到中等收入陷阱问题，能够保持货币稳定——物价稳定和汇率稳定的国家都实现了快速赶超。即使某国的物价稳定而汇率浮动，汇率的不稳定也会导致物价的不稳定。SDR 作为发展中国家货币的一种“锚”，实际上具有重要的意义和价值。考察各种货币的波动性情况，发现 SDR 的波动性比美元和欧元小，具有一定的稳定性作用。SDR 本身就可以作为一个指数，作为全球汇率稳定判断分析的一个工具。同时，对一些新兴市场国家和发展中国家而言，将 SDR“一篮子”货币作为货币锚也可能有利于货币管理。以中国为例，1998—2010 年是中国发展赶超最快的时期，只经过 12 年，中国就从中低收入国家变为中高收入国家。因此，汇率稳定对发展中国家的发展很重要。

国际社会如果鼓励其他国家参考“一篮子”货币并对这些国家提供一定的技术指导和融资便利，包括中国在内的发展中国家的汇率面临的很多棘手问题都会大大缓解。最后，大国货币之间应建立稳定化汇率安排机制。SDR 篮子的五大货币之间，应建立以 SDR 为中心的一个稳定安排，各国能够不断以 SDR 为基准进行汇率协调。

当然，没有危机就没有动力改革。“建立以 SDR 为中心的一个稳定化安排，基于规则进行汇率协调”这一改革是艰难的，但是未来具备实现的基础，需要极具勇气的政治家与根植于中国实践的经济学家们共同努力才有可能实现。

【延伸阅读】

为了更全面地展示丁志杰博士的研究成果，我们挑选并综述了以下四篇丁志杰博士近期的研究成果以飨读者。

一、 国际金融理论反思与创新①

经济发展和崛起过程中新现象、新问题不断涌现，为包括国际金融领域在内的经济研究提供了更多的素材和命题。丁志杰博士认为随着中国在全球治理中的地位和作用显著上升，中国应积极参与全球治理，既要充当正确秩序规则的维护者，又要做好全球治理变革的推动者，但这几乎是一个全新的问题，这些新问题难以在主流理论中找到答案，需要进行国际金融理论的反思和创新。汇率制度选择和国际资本流动是国际金融的两个核心问题。文章从评述、反思有关主流理论入手，剖析理论与实践割裂的窘境，提出我国国际金融研究理论创新的方向和原则。

首先，丁志杰博士对当代汇率制度理论进行了反思。当代汇率制度理论从不同角度论证中间汇率制度是新兴市场与发展中国家遭遇危机的关键原因，然而，现实却朝着相反的方向发展。中间汇率制度不仅没有消失，反而吸引了越来越多的国家加入。特别是2008年金融危机后，超过60%的新兴市场与发展中国家选择中间汇率制度，而选择浮动汇率的国家继续减少，而且只有零星国家选择的是自由浮动。丁志杰博士指出回归中间汇率制度的实质是对汇率进行管理，并对实践中汇率过早或过度浮动产生的恶果进行了分析。当代汇率制度理论错了，根本原因是其出发点并非站在新兴市场与发展中国家的角度，完全美元化和浮动汇率实质上都是巩固发达国家的利益。

其次，研究了国际资本流动理论。资本自由流动是主流国际经济学的一贯政策主张。丁志杰博士从“21世纪国际经济学之谜”的资本逆向流动入手，即资本从收益率高的新兴市场与发展中国家流向收益率低的发达国家，指出资本流动的收益存在严重不对称。美元是最主要的国际货币，美国对外输出国际货币，征收国际铸币税，从国际资本流动获得巨大利益。新兴市场与发展中国家以倒贴的方式输出储蓄，为此付出了沉重的代价。同时对主流理论进行了反思，指出主流理论让发达国家占据道德制高点，让那些试图管

① 原文《国际金融理论反思与创新》，载中国金融2016年第10期。

理资本流动的新兴市场与发展中国家处于被动地位，直接促成其资本项目的不当开放。

最后，丁志杰博士对我国实践的理论创新进行了分析。指出符合我国经济发展诉求的国际金融研究需要创新，这是机遇也是挑战。国际金融研究出现了与现实脱节的困境，理论难以指导实践。唯有植根于我国实践，才能产生有价值的理论创新。具体来看，第一，要学习研究主流经济学，为我所用；第二，理论研究要以问题为导向；第三，理论研究要以价值为导向。

二、美元过度特权、经济暗物质与全球治理变革①

美元是否存在过度特权一直是一个有争议的话题。作为世界头号债务国，美国是国际储蓄的最主要使用者。美国在成为债务国以后，其国际收支平衡表中投资收益一直为正值，且美国还有巨额的表外投资收益。

首先，丁志杰博士文章研究了美国1986年成为债务国后获得的巨额国际经济利益，引入经济暗物质证明美元过度特权是存在的，并否定了流行的世界银行家说和风险资本家说。他指出，美国获得国际经济利益的根本在于美元的国际货币地位以及国际货币体系等制度性因素赋予的美元过度特权，这使美国在特定条件下得以实现其国家利益最大化。此外，金融全球化为美国实现美元过度特权价值提供了契机。

其次，通过数据证明，在当代全球化背景下，美元过度特权价值的来源主要是来自发展中国家，是对发展中国家的“剪羊毛”行为，集中体现了国际经济秩序的不公平。凭借美元的国际货币地位，美国输出货币、输入储蓄，并以输出资本的方式将其配置成高收益的对外资产；发展中国家输入货币、输出储蓄，换取美国低收益的货币性金融性资产，并以输入资本的方式让与自己的资产。中国、俄罗斯和巴西等金砖国家有较大的负的存量估值效应，对外输出经济暗物质，造成这些国家被严重“剪羊毛”。在快速发展阶段被“剪羊毛”，

① 原文《美元过度特权、经济暗物质与全球治理变革》，载《国际金融研究》2014年第11期。

可能导致一国经济发展后劲不足，增加掉进中等收入陷阱的风险。

最后，丁志杰博士认为，目前全球治理改革的条件还不成熟。尽管发展中国家改革全球治理的要求一直没有停止过，关于全球治理改革也取得广泛共识，但要实现根本性改变还不现实。美国作为美元过度特权的既得利益者，依然主导着国际规则的制定，拥有国际经济秩序的控制权。2008 年国际金融危机后全球治理改革收效甚微，没有实质性变化。加强南南合作尤其是金融投资领域的直接对接是发展中国家维护自身利益的现实选择。对南南合作他给出了几点建议：第一，南南金融投资合作中大国应发挥领导者和建设者的作用，构建利益共享机制；第二，南南金融投资合作要努力实现投资创造效应；第三，推进南南合作需要构建区域性、集团性治理框架。

三、 全球金融治理改革的中国主张①

中国作为第十一次 G20 峰会的主席国，恢复了国际金融架构工作组，将完善国际金融架构作为杭州峰会议题的重中之重，就全球金融治理改革进行了广泛讨论。丁志杰博士认为杭州 G20 公报彰显了中国作为国际金融架构建设者的作用和智慧，标志着全球金融治理改革在中国主导推动下破题，国际货币体系改革从应对危机转向建设长效机制。

文中分析了从 2008 年金融危机后国际货币体系艰难的改革进程，指出中国应主动承担起推动全球金融治理改革的重任。推动全球金融治理改革，完善国际金融架构，符合世界尤其是发展中国家的利益。中国应该积极在扩大 SDR 的作用、国际资本流动管理、全球金融安全网深化、主权债务重组机制完善、推动国际开发性机构改革五个方面发挥推动作用。

丁志杰博士指出，杭州峰会之所以能就完善国际金融架构达成广泛共识，是因为中国并不是仅仅局限于自身利益，而是站在发展中国家利益乃至世界整体利益的高度。这表明中国正在成为全球治理改革和建设的一支重要力量，同时也凸显中国的世界角色逐渐成熟。中国应以杭州峰会为新起点，继续发挥其

① 原文《全球金融治理改革的中国主张》，载《中国金融》2016 年第 18 期。

应有的作用：第一，积极倡导资本项目有管理可兑换；第二，择机将汇率管理纳入国际金融架构；第三，进一步拓展 SDR 功能。

四、人民币加入 SDR 的意义①

2015 年 11 月 30 日，国际货币基金组织执董会决定将人民币纳入特别提款权（SDR）货币篮子，成为 SDR 的第五种篮子货币。丁志杰博士认为，人民币入篮标志着国际社会对中国金融改革开放的认可。人民币入篮意味着人民币已经是可自由使用货币，且被国际组织和世界上绝大多数国家所认可。他指出，尽管人民币入篮对中国的短期实质性影响很小，但人民币入篮对提升人民币的国际接受程度、更好地融入全球化、促进中国更自主地进行资本项目可兑换等金融改革开放具有重要作用。

从国际上看，人民币入篮反映出人民币正在成为越来越重要的国际货币，这对国际货币金融经济秩序的优化、完善和变革具有促动作用。第一，有助于形成均衡的国际货币格局。第二，极大改善世界的发展环境。第三，纠正国际货币基金组织救助的内在扭曲。丁志杰博士同时认为，由于现阶段 SDR 既不是货币，也不是对国际货币基金组织的债权，更不是超主权国际货币，这直接限制了人民币入篮对 SDR 和对中国的意义。因此，为了进一步发挥 SDR 在国际货币体系中的作用，可以从完善 SDR 货币属性角度努力。具体来看，包括改变 SDR 的分配方式；发展 SDR 的计价功能；拓展 SDR 在国际汇率安排中的作用三方面。

附：丁志杰博士近期主要研究成果

1. 丁志杰：《发展中国家金融开放：效应与政策研究》，中国发展出版社 2002 年版。

2. 丁志杰：《次贷危机与国际金融秩序重建》，载《中国外汇》2008 年第 11 期。

---

① 原文《人民币加入 SDR 的意义》，载《中国金融》2015 年第 24 期。

3. 丁志杰、郭凯：《重启人民币汇率改革路径选择：去美元化》，载《国际贸易》2010 年第 4 期。

4. 丁志杰：《东亚区域货币联盟实践、前景与对策》，载《国际贸易问题》2005 年第 1 期。

5. 丁志杰、郭凯、闫瑞明：《非均衡条件下人民币汇率预期性质研究》，载《金融研究》2009 年第 12 期。

6. 丁志杰、田园：《国际金融理论反思与创新》，载《中国金融》2016 年第 10 期。

7. 丁志杰、田园：《构建互利共赢的货币合作模式》，载《中国金融》2016 年第 21 期。

8. 丁志杰：《IMF 汇率新规考验国际货币体系改革》，载《中国外汇》2007 年第 8 期。

9. 丁志杰、李少昆：《艰难的 IMF 治理改革》，载《中国金融》2015 年第 9 期。

10. 丁志杰、杨伟、黄昊：《境外汇款是热钱吗——基于中国的实证分析》，载《金融研究》2008 年第 12 期。

11. 丁志杰：《均衡与稳定的协调——转向钉住一篮子货币难胜其任》，载《国际贸易》2005 年第 7 期。

12. 丁志杰、李庆：《金融主导的全球化新趋势与我国应对》，载《国际贸易》2014 年第 2 期。

13. 丁志杰：《金融全球化与发展中国家资本账户自由化所面临的挑战》，载《经济评论》2001 年第 1 期。

14. 丁志杰、谢峰：《美元过度特权、经济暗物质与全球治理变革》，载《国际金融研究》2014 年第 11 期。

15. 丁志杰：《全球金融治理改革的中国主张》，载《中国金融》2016 年第 18 期。

16. 丁志杰、孙小娟：《全球区域货币金融合作实践》，载《中国市场》2012 年第 3 期。

17. 丁志杰、赵家悦：《人民币加入SDR的意义》，载《中国金融》2015年第24期。

18. 丁志杰：《1999—2003年国际汇率体系变迁的统计分析》，载《金融研究》2004年第5期。

19. 丁志杰：《中国应积极推动人民币成为特别提款权篮子货币》，载《现代国际关系》2010年第6期。

裴长洪，中国社会科学院经济研究所所长，第十二届全国政协委员、全国政协提案委员会委员。

国务院学位委员会第七届理论经济学学科评议组成员、商务部经贸政策专家咨询委员会委员、北京市人民政府专家咨询委员会委员。

研究方向为宏观经济、开放经济和服务经济领域，有多项研究成果获得原对外经济贸易合作部、商务部和中国社会科学院颁发的研究奖项。1996 年获得国务院特殊津贴奖励，2005 年入选中宣部“四个一批”人才工程，2015 年入选国家哲学社会科学领军人才。2005 年 5 月 31 日曾为第十六届中央政治局第 22 次集体学习讲解“经济全球化与国际贸易发展的新特点”。曾参加中央经济工作会议和政府工作报告的起草工作。

世界经济形势与中国应对：G20杭州峰会

□ 裴长洪

裴长洪所长指出，当前全球经济复苏依然乏力，多数国家货币政策宽松，美联储放慢加息步调，中国实行稳健的货币政策。在此背景下，全球负债率上升，国际投资量下降，全球过剩产能加大，贸易摩擦冲突风险增加，各国呼吁支持增长和稳定市场。他详细分析了杭州峰会构建“创新、活力、联动、包容的世界经济”的会议主题，以及创新增长方式、更高效的全球经济金融治理、强劲的国际贸易和投资、包容和联动式发展的四大议题，以及其对G20转型的新贡献。

一、“中国宣示”——本次G20峰会的背景

（一）中国经济成为世界经济的重要动力

中国已经成为世界第二大经济体，中国占世界GDP的比重已经达到15%。这是本次G20峰会举办的第一个重要的背景。

2015年中国经济中消费占国内生产总值已经达到66%，服务业比重超过55%，投资比重下降，但社会投资和技术设备投资仍然增长较快，支撑了全年6.9%的增长。这是在10万亿美元基数上的增长，2015年中国经济对世界经济增长的贡献率在30%以上，仍然是拉动世界经济增长的动力之源。

可以预见的是，中国经济未来依然具有非常强劲的增长动力。2016年上半年中国国内生产总值340637亿元，按可比价格计算，同比增长6.7%。2016年全年的增长可以保持在6.6%~6.7%。在2016年至2020年的第十三个五年

规划期间，中国经济的平均年增长率将在6.5%以上。上半年，全国居民人均可支配收入扣除价格因素实际增长6.5%。城镇居民人均可支配收入实际增长5.8%；农村居民人均可支配收入实际增长6.7%。2016年上半年新增就业人数达到717万人，6月末31个大城市城镇调查失业率为5.0%，比第一季度末回落0.12个百分点。

目前中国正处在转型升级的关键时期，面临一定的经济下行压力。为此，我们采取了多方位的“供给侧改革”。习近平主席指出：“在适度扩大总需求的同时，着力加强供给侧结构性改革，着力提高供给体系质量和效率。”当前供给侧结构性改革的主要任务和要解决的主要问题可以总结为——去产能、去库存、去杠杆、降成本、补短板。与之相适应，我们正在积极推进五大政策，一是产业政策，即去产能（钢铁、煤炭等）、去库存（房地产）；二是宏观政策，即降成本（财政税收政策）、去杠杆（货币政策，降低企业债务）；三是微观政策，即国有企业改革、PPP（政府和社会资本合作）模式；四是社会政策，即补短板（增加公共产品和公共服务）；五是改革政策，即价格改革和扩大开放。从目前的情况来看，这五大政策已经不同程度地开始发挥作用。

（二）世界经济复苏依然乏力

次贷危机之后，世界经济陷入深度调整。美国经济虽然已经出现复苏迹象，但复苏迹象并不稳定；欧洲、日本经济增长依然乏力。世界经济在整体上依然复苏乏力，是本次G20峰会举办的另一个大的背景。

IMF 2016年7月19日调整世界经济预期，将2016年的世界经济增长率预期下调至3.1%。IMF认为受英国决定脱离欧盟影响，世界经济“不透明感增强”。较2016年4月的预期下调了0.1个百分点。IMF同时警告称，根据英国脱欧所产生的影响程度，世界经济增长率有可能减缓至2.8%。

2016年美国第一季度增长率为1.6%，第二季度GDP年化季度环比增长初值为1.2%，低于预期的增长2.6%。2016年欧元区第一季度同比增长为1.7%，第二季度降为1.6%；日本经济第一季度同比增长1.7%，第二季度降为0.2%。20个最大新兴市场经济体近年为全球增长作出近3/4的贡献，2000—2015年平均经济增长速度为5.5%，人均GDP从2000年约为美国的16%跃升为28%。但在未来10年，国际机构预测这些新兴市场经济体的增长速度将放慢，低于5.5%。

为了刺激经济增长，各国央行纷纷采取宽松的货币政策，有些甚至开始实施负利率政策。持续宽松的货币政策所造成的一个直接后果就是全球范围内的债务持续增加。IMF估计，2015年全球发达经济体债务率（政府总债务与GDP之比）从2014年104.6%升至2015年104.8%，2016将继续高位。新兴市场与发展中经济体的总债务水平从2014年的41.0%上升到2015年的45.1%，2016年上升至46.2%。

同时，全球FDI已经连续四年出现10%以上降幅，尽管2015年FDI有38%上升，但预计今年FDI将再次出现10%到15%回落。2015年全球资本流动规模为1.7万亿美元，仍低于2007年。其中流入美国3840亿美元，比上年增长4倍；流入发达国家9360亿美元，比上年增长90%。净流出新兴市场和发展中国家达7350亿美元。全球资本流动的拐点性变化，带来了全球汇率、利率、价格的剧烈波动。

二、“中国看法”——本次G20峰会的议题

在上述背景下，各国政府开始呼吁支持增长和稳定市场。2016年4月14~15日在华盛顿、7月23~24日在中国成都两次召开了20国集团财长和央行行长会议，通过了会议公报。2016年6月6~7日在北京举行了第八轮中美战略与经济对话。2016年7月15日在中国上海召开了20国集团贸易部长会议，发表了会议声明。这些都为20国集团9月4~6日举行的杭州峰会做了必要的工作准备。

2016年7月10日贸易部长会议批准了三大文件：《G20贸易投资工作组工作职责》《G20全球贸易增长战略》《G20全球投资指导原则》，会议明确提出反对贸易保护主义，G20成员还承诺2016年年底前全部批准《贸易便利化协定》。

本次G20峰会以“构建创新、活力、联动、包容的世界经济”作为本次会议的主题。会议提出四大议题：①创新增长方式；②更高效的全球经济金融治理；③强劲的国际贸易和投资；④包容和联动式发展。

在本次峰会上，第一次把贸易和投资议题作为主要方面单独列出讨论；第

一次在 G20 框架下设立了贸易和投资工作组机制；第一次确认将 G20 的贸易部长会议常规化和机制化；第一次从多个领域深入探讨和推动 G20 的贸易和投资治理问题。这四个“第一次”是本次 G20 峰会的新的贡献。

三、“中国方案”——世界经济的前进方向

在本次 G20 峰会上，中国提出了关于世界经济未来发展方向的“中国方案”。具体来说，分为以下四个方面：第一，创新型世界经济：寻找新的增长动力；第二，开放型世界经济：继续发展贸易投资自由化；第三，联动型世界经济：各国宏观经济政策的协调；第四，包容型世界经济：互利共赢、共同发展的目标。

展望未来，本次峰会之后，G20 的转型也许将有两个明显特征，一是从应急性机制向常设性经济治理机制的转变；二是从协调全球经济事务的平台向更为综合的全球治理平台转变。它面临的挑战是协调效率、落实能力和领导力。杭州峰会将使全球经济治理提高到一个新的水平。

【延伸阅读】

为了更全面地展示裴长洪所长的研究成果，我们挑选并综述了以下四篇裴长洪所长近期的研究成果以飨读者。

一、全球经济治理、公共品与中国扩大开放①

自 2010 年中共十七届五中全会关于“十二五规划”的建议中首次提出中国应积极参与全球经济治理后，党和国家有关对外开放的论述中都反复重申这个提法。2013 年中共十八届三中全会关于全面深化改革的《决定》中进一步提出“增强宏观调控前瞻性、针对性、协同性。形成参与国际宏观经济政策协调的机制，推动国际经济治理结构完善”。这就把我国的对外开放延伸到国内的宏观政策领域。从经济学意义上说，全球经济治理是一种跨国界的公共

① 原文《全球经济治理、公共品与中国扩大开放》，载《经济研究》2014 年第 3 期。

品，它与我国对外开放的发展紧密联系。

在经济全球化深入发展的当今，全球经济治理是稳定和改善国际经济秩序的必然产物。中国在参与和深刻融入经济全球化的情况下，不仅无法回避这种公共品的消费，而且也难以回避为消费此公共品所必须承担的成本。随着中国成为贸易投资大国，中国越来越需要这种公共品的供给和消费。同时，中国还处于社会主义初级阶段，仍然是发展中国家一员，中国对全球公共品的消费特点和需求偏好自然与发达国家不同，只有参与全球经济治理和加入全球公共品的生产，才能使这种公共品更具普适性。而生产和提供这种公共品的能力取决于硬实力和软实力，增强这种硬实力和软实力的途径，不仅需要经济社会发展，更需要进一步扩大开放。扩大开放是中国为全球提供公共品能力建设的重要推动力。

二、 中国特色开放型经济理论研究纲要①

在我国对外开放的长期实践中，中国共产党提出并创立了“开放型经济”理论，成为中国特色社会主义政治经济学的有机组成部分。它遗传了马克思主义优化培育的基因，深深扎根于我国亿万人民对外开放的伟大实践中，经过广大理论工作者的辛勤浇灌，已经成长为参天大树；它创新了马克思主义世界市场理论和国际分工理论，创新了毛泽东三个世界划分的理论，成为中国改革开放 35 年的基本实践和基本经验的理论总结。

裴长洪所长指出，中国特色开放型经济理论框架包括：完善互利共赢、多元平衡、安全高效的开放型经济体系；构建开放型经济新体制；培育参与和引领国际经济合作竞争新优势；完善对外开放战略布局；积极参与全球经济治理和公共产品供给。在建设和发展中国特色开放型经济理论中，我们能够从西方国际经济学知识体系中借鉴的内容并不多，可以直接为我所用的更少，因此中国经济学者应当有这样的使命感和自信心，我们必须走自己的路，创造中国自己的学术体系和理论范式。但是，中国经济学研究在西方经济学学术体系的强烈影响之下，要想走出一条反映中国特色社会主义经济发展规律的、中国风格和中国气派的理论发展道路，确实任重而道远。

① 原文《中国特色开放型经济理论研究纲要》，载《经济研究》2016 年第 4 期。

三、 经济新常态下中国扩大开放的绩效评价①

以贸易投资的数量增长作为“开放红利”的主要标准是过去高速增长阶段以规模速度、扩能增量为特征的发展方式在对外开放领域的折射。在新一轮的对外开放中，如果继续沿袭以往对开放型经济发展的评价思路，即主要以贸易投资增长的幅度和规模作为评价的主要依据，从未来若干年世界分工和贸易投资发展的趋势来看，可能并不能得到满意的结果。相反，如果没有以往那种令人眩目的数据，并不意味着我国开放型经济的发展不成功。裴长洪所长认为，自党的十八大以来，我国对外开放已经形成了一套完整的新思路，从而为如何评价新一轮对外开放的绩效提供了基本依据，目前国家着力实施的对外开放战略蕴含了对外开放的新的价值取向，因此有必要对未来包括“十三五”期间开放型经济的发展指标做出新的研究。

第一，以我国对外开放的三大总体目标为依据。从党的十八大提出的开放型经济发展的三大总体目标来看，我们并不主要追求贸易投资增长的速度和规模，而是要完善开放型经济体系、构建开放型经济新体制和培育参与、引领国际经济合作竞争的新优势。遵循这三大目标，是我们评价开放型经济发展成效并转换思路的根本依据。

第二，以参与未来世界经济构建和人类关怀为价值取向。这可以从近两三年来国家着力实施的对外开放“三大战略”来分析。在以往党和国家的文献中，对外开放举措中被冠以“战略”的名称有两个，一个是“走出去战略”，另一个是“自贸区战略”；从近两年习近平总书记有关对外开放的多次讲话以及中央关于对外开放的决策部署来看，“一带一路”事实上已经成为国家战略。因此，实施新一轮高水平对外开放，实际就是着力实施这三大战略。

第三，评价新思路的指标化研究。裴长洪所长指出，如果需要把新的评价思路指标化，则需要对以往习以为常的指标体系加以改造和补充。在制定“十二五”规划中，涉及对外开放领域的指标在今天虽然仍需保留，但显然应当把我们过去不够重视的问题加以补充，如应当体现对外经济发展方式的转

① 原文《经济新常态下中国扩大开放的绩效评价》，载《经济研究》2015 年第 4 期。

变、体现互利共赢，体现体制机制改革的进展，以及培育新的竞争与合作优势、提供全球公共品的情况。

四、“十三五”：迈向更高层次开放型经济①

“十二五”期间，我国开放型经济发展取得辉煌成就并积累了开放发展的基本经验。党的十八大以来，我国开放型经济发展面临完善一个新体系、构建一个新体制、着力实现合作共赢的新要求、新目标和诸多改革议题。党的十八届五中全会对“十三五”期间我国面临的形势作出了重要判断，即发展仍处于可以大有作为的重要战略机遇期，也面临诸多矛盾叠加、风险隐患增多的严峻挑战，并分析了未来5年国内外环境的挑战。

裴长洪所长首先分析了“十二五”我国开放型经济的巨大成就：对外贸易结构优化；“引进来”与“走出去”相结合；全方位开放格局继续完善；积极参与全球经济治理与区域合作。然后从国际挑战、国内经济社会环境的挑战分析了未来五年国内外环境的主要挑战。最后，指出了“十三五”规划的思路与任务。根据《中共中央关于制定国民经济和社会发展第十三个五年规划的建议》精神，发展更高层次的开放型经济，并不要求我们过度追求贸易投资增长的幅度和规模，而是要完善开放型经济体系和构建开放型经济新体制。这包括：对外开放的内涵要从过去只重视经贸发展转变为战略互信、经贸合作、人文交流共同发展；要从过去只重视出口贸易和引进资金转变为合作共赢、互利共赢；要从过去只重视商品货币转变为也重视技术和智力；要从过去只重视增长硬实力转变为也重视培育国际竞争中的软实力。遵循这个目标，与世界各经济体构建广泛的利益共同体，从而深度融入全球经济。同时还就完善我国对外开放布局提出了七方面任务：完善对外开放区域布局；完善对外贸易布局；完善投资布局；完善开放新体制格局；完善双边和多边合作机制，推进“一带一路”建设；深化内地和港澳、大陆和台湾地区合作发展；积极参与全球经济治理，推动国际经济治理体系改革完善。

① 原文《“十三五”：迈向更高层次开放型经济》，载《经济学动态》2016年第1期。

附：裴长洪所长近期主要研究成果

1. 裴长洪：《中国公有制主体地位的量化估算及其发展趋势》，载《中国社会科学》2014 年第 1 期。

2. 裴长洪、彭磊、郑文：《转变外贸发展方式的经验与理论分析——中国应对国际金融危机冲击的一种总结》，载《中国社会科学》2011 年第 1 期。

3. 裴长洪：《中国特色开放型经济理论研究纲要》，载《经济研究》2016 年第 4 期。

4. 裴长洪：《经济新常态下中国扩大开放的绩效评价》，载《经济研究》2015 年第 4 期。

5. 裴长洪：《全球经济治理、公共品与中国扩大开放》，载《经济研究》2014 年第 3 期。

6. 裴长洪：《进口贸易结构与经济增长：规律与启示》，载《经济研究》2013 年第 7 期。

7. 裴长洪、郑文：《我国制成品出口规模的理论分析：1985—2030》，载《经济研究》2012 年第 11 期。

8. 裴长洪、郑文：《国家特定优势：国际投资理论的补充解释》，载《经济研究》2011 年第 11 期。

9. 裴长洪、杨志远、刘洪愧：《负面清单管理模式对服务业全球价值链影响的分析》，载《财贸经济》2014 年第 12 期。

10. 裴长洪：《从需求面转向供应面：我国吸收外商投资的新趋势》，载《财贸经济》2013 年第 4 期。

11. 裴长洪、杨志远：《2000 年以来服务贸易与服务业增长速度的比较分析》，载《财贸经济》2012 年第 11 期。

12. 裴长洪、郑文：《中国入世 10 周年与全球多边贸易体制的变化》，载《财贸经济》2011 年第 11 期。

13. 裴长洪：《“十三五”：迈向更高层次开放型经济》，载《经济学动态》2016 年第 1 期。

14. 裴长洪：《法治经济：习近平社会主义市场经济理论新亮点》，载《经济学动态》2015 年第 1 期。

15. 裴长洪、郑文：《中国开放型经济新体制的基本目标和主要特征》，载《经济学动态》2014 年第 4 期。

16. 裴长洪：《对未来经济发展取向和增长理念的若干分析——学习理解中央关于经济工作的新精神、新部署》，载《经济学动态》2013 年第 2 期。

17. 裴长洪：《生态城市建设谨防"削足适履"》，载《求是》2014 年第 11 期。

18. 应寅锋、裴长洪：《后危机时期国际发展环境的演变趋势》，载《求是》2011 年第 8 期。

19. 裴长洪：《全面提高开放型经济水平的理论探讨》，载《中国工业经济》2013 年第 4 期。

曹凤岐，北京大学光华管理学院教授、博士生导师，北京大学金融与证券研究中心主任，北京大学曹凤岐金融发展基金常务副主席。教育部社会科学委员会委员，中国金融学会常务理事，北京市金融学会副会长。

长期从事宏观经济管理、股份经济、金融与证券方面的教学与科研工作，在经济体制改革理论与实践方面有很深的造诣。参与了《中华人民共和国证券法》和《中华人民共和国证券投资基金法》的制定工作。主持国家自然科学基金重点项目“中国资本市场发展与管理研究”、国家社科基金项目“中国证券市场发展战略与规范化研究”、教育部重大课题攻关项目“金融市场全球化下的中国金融监管体系研究”等。

编著、主编、合编专著、教材和工具书20余本，发表学术论文200余篇。代表著作有：《货币金融学》《货币金融管理学》《股份经济论》《资本市场论》《中国企业股份制的理论与实践》《证券投资学》《股份制与现代企业制度》《中国证券市场发展、规范与国际化》《中国企业管理教学案例》《中国金融改革、发展与国际化》《中国资本市场发展战略》《中国商业银行改革与创新》《金融市场全球化下的中国金融监管体系》等。

中国金融改革与创新

□ 曹凤岐

曹凤岐教授从中国金融理论创新、中国金融体系改革和深化金融改革与创新三个方面详细分析了中国金融领域的发展情况。他指出，随着我国市场经济的发展，企业融资市场化，对外贸易及国际融资不断扩大，全球经济一体化、经济金融化的发展，世界金融业兴旺发达，金融制度、金融市场、金融技术、金融工具不断创新，金融经济已成为世界经济的重要组成部分。他认为，当前应该创立广义金融学，即现代金融学，并对金融理论进行更为深入的研究。

一、 中国金融理论的创新

金融创新是实践，但需要理论先行。从教学的角度来说，培养金融人才需要理论。这些年来金融学理论在经济改革中得到了长足的发展和创新。在我国计划经济年代，金融不发达，当时的口号是“一切信用归银行”，除了银行融资外几乎没有其他融资形式和融资渠道。20 世纪 50 年代中期，甚至把商业信用全部都去掉，以国务院文件的形式，不允许企业之间的借贷，除了银行之外没有任何其他的信用形式。所以在这种情况下，金融学叫货币银行学。当然货币还是存在的。1958 年有一批学者说社会主义不存在货币，社会主义货币是劳动券，不是货币，但发展到最后货币还是货币。从教学的角度来看，货币银行学就是货币信用学，而且信用就是银行信用，在当时非常简单。

在这个方面，黄达教授对中国经济学理论发展所做的贡献居功至伟，是中国金融理论的奠基者、创始人和领航人。黄达对中国金融的贡献在于发展和完善了金融学本身，走出一条金融教育的新路。1955年，黄达发表《社会主义经济中的货币本质与职能》一文，介绍当时苏联理论界关于货币理论的政策。在这一时期，他主编了《资本主义国家货币流通与信用》一书，这是新中国成立后第一本由中国人改编的金融学教材，是在翻译苏联的《金融学基础》之上编撰的，这本书一直流传很广。后来这本书被普遍使用，一直到改革开放的时候还是使这本书做教材，后来又有《社会主义国家的货币流通与信用》，这两本书是关于信用和货币最早、最成熟的书。

改革开放以后，黄达开始注意财政信贷平衡问题，研究财政信贷中平衡与理论。他主编了《社会主义财政信贷问题》，不但把货币资金、财政金融连接为一个科学体系，而且从经济生活、货币层面宏观、均衡地进行了论证。后来，黄达接连发表很多篇论文讲财政、信贷的综合平衡问题，1983年他又编写了《财政信贷综合平衡导论》，该书收集了他多年从事货币金融研究的成果，建立起完整的财政信贷综合平衡的理论体系。

之后，他开始研究“大金融理论”，也就说所谓“大金融”的思想。2001年，在他发表的一本论文集中的第一篇《金融学学科建设设想》，集中地表达了他探讨金融学发展的思路。在这个文集中他提出宽口径金融和窄口径金融的问题，分为宏观金融和微观金融的层面，把“大金融”的思想完全提出来了。

2000年春夏开始，黄达利用三年的时间带领同事们将《货币银行学》升级为《金融学》，于2003年正式出版，为21世纪初中国金融学学科建设再次贡献一本经典之作。这本书是一个大作，《货币银行学》变成《金融学》，而且将宏观、微观、国际化等内容全都包括进来了。所以2004年《金融学》的出版是金融学本身和金融教育的创新与革命，到现在为止全国很多学校还是用这本金融学的教材。

2008年9月，中国人民大学财政金融学院在海南三亚召开了纪念改革开放三十周年暨中国财政金融体制改革与学科建设大会，83岁高龄的黄达老师不仅参加研讨会，而且还向会议提交了一篇论文——《金融学科建设是否面临攀升一步的转折点》。这篇论文不仅回顾了金融教学发展的历史，更重要的是重申必须发展宏观与微观相结合的广义金融学。会上黄老师赞成将金融学科上升为一级学科。现在金融学涵盖面很广，包括管理都有金融学共性和问题，将之放在应用经济学一级学科下面，已经无法涵盖。

在黄达教授思想的影响下，我本人的“大金融”思想理论也开始形成和完善，主要体现在我的两本书里。第一本是《货币金融学》，这本书影响很大，很多本科生受到这本书的启发。2008年我出版了《货币金融管理学》，那本书是全国第一本叫“货币金融管理学”的书。这本书本人从管理角度去讲金融。从管理角度来看一切都是管理，货币需求、货币供给、银行、外汇、利率实际上都是管理。这本书也是《货币金融学》，但是从管理角度来讲，也可以叫高级货币金融学，但是它是一个管理学。因此，金融理论、金融教学不断在发展、创新，是根据中国和国际金融的实践发展而得来的。这也是改革开放、金融国际化的产物。世界的金融业兴旺发达，金融制度、金融市场、金融技术、金融工具不断地创新，金融经济已经成为世界经济重要的组成部分，没有金融经济或者虚拟经济，实体经济就无法运转，这是现代市场经济的基本特点之一。

我在《货币金融管理学》的前言里，专门提出创立广义金融学，就叫现代金融学。广义金融学和现代金融学包括多种内涵，如从金融市场与企业经营角度应该包括货币银行学、保险学、金融市场学、证券投资学、公司理财学。

二、中国金融体系改革

（一）建立中央银行体系

改革开放初期，中国人民银行既是中央银行又是信贷银行，管农业的都在下属机构、局级单位，但这与改革开放是很不适应的。我们需要多种金融机构，多种银行机构。所以从1979年开始银行改革，首先把农业银行从中国人民银行中分出来。中国银行原来隶属于外汇管理局，独立出来成为一个专门的外汇专业银行。另外还有中国建设银行，但当时事实上不是银行，而是财政拨款预算单位，管财政基金，也独立出来，建设成一个长期信贷银行。这样，改革最初就形成了“四龙治水”——中国人民银行、中国建设银行、中国农业银行、中国银行。但问题是，四龙治水群龙无首，而且中国人民银行自己有工商信贷，又管理其他银行，产生了矛盾和麻烦。所以当时理论界提出建立中央银行体制。但是在当时，有些人认为中央银行体制是资本主义银行体系，同意中央银行就等于同意发展资本主义。所以从 1980 年开始争论，一直到 1983 年 9 月，中央终于下决心将中国人民银行独立出来，变成一个中央银行，只管货币管理，不发放信贷，它的工商业务交给随后成立的中国工商银行。所以中国工商银行现在这几家银行里历史最短，但发展最快。

建立中央银行体制对中国来说非常重要，它把管理和信贷分开了。但是当时还不能够提商业银行，因为商业银行也是资本主义，所以分出来以后都叫专业银行，工商银行管工商信贷，农业银行管农业信贷，中国银行管外汇，建设银行管长期信贷，这是专业。但事实上这种“专业”是“不专业”的，因为工商银行还管理部分农业信贷，农业银行也管理部分城镇信贷。所以叫“农业银行进城，工商银行下乡”，非常不合理。20 世纪 80 年代中期开始进行专业银行企业化管理，一直到 20 世纪 90 年代正式承认商业银行地位。随后又成立了很多银行，包括股份制银行、城市商业银行、村镇银行等，形成了以商业银行为主体、多种金融机构并存的金融体系。

（二）建立多层次的资本市场

多层次资本市场包括货币市场和资本市场。货币市场原来也有，但以银行贷款为主。1990 年开始发展资本市场，到现在多层次资本市场体系已经形成，除了上交所、深交所主板，还有创业板、新三板，以及期货市场等。当时鼓吹发展资本市场是挨批的，因为资本市场是最资本主义的形式。在 1985 年的宏观经济会议对股份制和资本市场进行了否定，认为在落后国家资本市场是没用的，中国要发展资本市场得二十年以后，但中国 1990 年就发展了。

（三）外汇管理体制改革

从 1994 年汇率并轨开始，到现在基本上形成了有管理的汇率制度，人民币逐渐国际化非常明显。今年刚刚加入 SDR，意义十分重大。改革开放前人民币是封闭的货币，不得出国，所以人民币和国际隔绝。后来逐渐开放，发展到周边地区也用人民币互换货币等。但是整个货币体系还是美国在控制，世界结算的 64%、65%都是美元，美元一波动世界货币都波动，不管升值还是贬值、升息和降息都一样，美联储可以决定作用。所以周小川同志几年前提出来要搞“超主权货币”，但实际上历史来说美元就是定价标准，周小川同志没拿出来合适的办法。利用加入 SDR，人民币已经成为世界储备货币之一，大家都可以储备人民币，也可以在国家层面上使用人民币结算，意义非常大。当然现在美国占的份额为 40%多，人民币才 10%，这个是长期的过程。所以真正的金融诞生是货币诞生，很多问题都是因为货币引起的。

（四）形成完整的金融法律体系和金融监管体系

我们起草了很多金融法律，包括商业银行法、证券法。另外，目前形成的“一行三会”监管体系都是非常重要的改革。

三、 继续深化金融改革与创新

（一）深化银行体系改革，加强为实体经济、中小企业服务，发展普惠金融、绿色金融

银行体系改革已经取得了非常大的成绩，我们有多层次的银行体系，但没有解决经济上的很多问题，到目前为止中小企业还是贷款难、贷款贵。在一次金融机构和中小企业座谈会上，中国人民银行的一位领导说，新增贷款 50%以上都给了中小企业，但中小企业代表表示并没有得到贷款。一直强调为中小企业服务，这个“中”的涵盖范围太大了，4 亿元、3 亿元、1 亿元都是中等企业，概念模糊不清。

农村金融不发展普惠金融可以吗？不可以，农村的小额贷款公司很多，但是银行的改革出现贪大求远的问题，往往是先想办法成立小额贷款公司，为农村、中小企业服务，但实际成立以后它就进城了，并不为农村服务。农村逃费概率很高，每笔贷款手续很繁杂、金额小，而工商银行等一笔贷款几十亿元。所以小额贷款公司都会想办法变成农商行，农商行进城变成商业银行，商业银行变成综合以后要向国际发展。所有银行都这样来做，中小企业怎么能发展？

另外是绿色金融问题。现在绿色金融的口号提得非常响，不能发展重污染企业等，那么谁来发展绿色金融，这是非常重要的问题。深化改革要求在贷款服务的对象上必须转变，大银行也要为中小企业服务，为个人服务。实际上，西方国家的银行，包括花旗、渣打、汇丰等很多转到个人金融业务，大有前途。

此外，金融机构如银行如何改革。现在提出银行要综合经营，如资产管理、财富管理，还有信托、保险。现在保税收入很多，发展非常快，都是投资连接保险。保费实际上是一个理财产品，老百姓看到的是投资收益，是真正的长期保险，但是投资理财又出现很多问题，即保险公司给不了承诺的收益。而银行做表外业务、收费业务，这样可以解决贷款收益不好的问题。所以现在银行改革的趋势就是：第一，从小变大、从土变洋。第二，趋同化，大家都变成理财公司了。金融学中讲银行是中介机构，银行存款不完全是自有资本，都是大众的存款，银行拿去投资证券及其他，把信用风险转化为了市场风险。西方的2007年、2008年金融危机就是银行不务正业导致的。银行交易证券，出现市场风险然后管不了。

所以现在的改革要求银行必须在主营业务的前提下发展其他业务，银行可以和证券公司联手，但是不能忘记自己是贷款机构、中介机构。所有这些问题都是要处理好中介与财富管理的关系。中国已经进入财富管理的阶段，老百姓已经很有钱，1978年底，全国储蓄存款余额为110亿元人民币，现在已经达到几十万亿元了。很多有钱人有财富管理的需求，但是相当一部分银行提供的服务还不到位。老百姓除了存款之外没有别的投资渠道，股票市场不完善，这些问题都是我们要考虑的问题。

（二）发挥非银行金融机构的作用，民间金融要合法化、阳光化、规范化

非银行金融机构包括很多，现在的信托、保险、P2P公司，这些都属于非银行金融机构。它不是银行，但在某种程度上起银行的作用。民间金融的定义现在还不清楚，这些都是属于影子银行。并不是影子银行都不对，而是影子银行需要合法化、阳光化、规范化，尤其是民间金融。

另外，民间金融要求利率放开。实际上民间金融是非常古老的金融，中国在公元前两千多年就有民间借贷，但那种民间借贷有自主规律，包括台会、标会、爻会。农村过去婚丧嫁娶要开会，每人出200元，10个人2000元，内部借贷，爻会抽签写十个号，三个月必须还回来，并且收利息，然后换第二个人。这个会可以长期存在，大家都有利息收入，所有的会员分红。过去这就是民间金融，但是利息很高，三分利，有的叫“驴打滚”，这就是民间借贷，在中国一直是存在的，尤其在南方地区很多。改革开放以后在福

建、宁波、温州开会非常多，那时候银行贷不了款，民众都是靠会来借款。这个会没人管就可能变质，变成这些人把钱拿走跑路，或者高利贷，或者变成地下钱庄。中国过去禁止民间金融，打击高利贷，这是标准的教科书化，实际上没有看见民间金融在小农经济条件下起了很大作用，在改革开放初期在浙江等地区起了很大作用。我主张还是要发展民间金融，现在问题在于，正规的银行机构得不到贷款，所以我只有借民间金融。因此不是说当银行和民间贷利率相同就没有高利贷了，恰恰是因为正规金融机构贷不到款，只能在非正规机构贷款，那就是物以稀为贵，利率肯定高。现在民间高利贷利率高达30%~300%。假设我们把渠道放开，真正用到实体经济上，需要首先合法化。

民间借贷，尤其是小额贷款跟过去不一样，过去多是消费信贷，婚丧嫁娶联系起来，现在大多是为了生产，利率也有限制。所以只有民间借贷尤其农村金融做好，民间金融才有希望。

（三）发展资本市场

资本市场不是股票市场，或者说股票市场只是资本市场其中一部分。现在中国的资本市场总体来说并不发达，2014 年 IPO 融资只占社会融资规模的2.9%。去年 IPO 规模差不多，但是有并购、再融资，大概占了4.9%，因此贷款主要靠银行新增贷款。去年银行贷款新增 11 万亿元，但 2009 年以后基本上每年发 10 万多亿元，货币增长很快。中国 M2 增速位居全世界第一，但是贷款、发货币的效益特别低，1978 年创造 1 元 GDP 需要增发 0.32 元货币，到2015 年我们创造 1 元 GDP 需要发 2 元货币。2015 年货币总量（M2）为 139.2万亿元，但 GDP 是 67 万亿元。

所谓的“中国货币之谜”问题，实际上货币是存在的，存在于过剩产业，包括房地产。所以我们主张通过资本市场来投资，资本市场规模得大。去年加上再融资 7000 多亿元，货币却发行数万亿元，差距非常大。今年采取控制发行，还是出现了很多问题。

因此，重点还是要发展股权投资，股权投资不仅仅是股票市场，股票主板、创业板、中小板，新三板也可以。要发展私募股权基金，发展创投，这样才能够调整结构减少杠杆。现在需要银行减杠杆、发展股权融资，但股权融资更大的问题在于要给投资者回报。很多公司不分红，或者象征性分红，去市场一炒就亏，实际道理很简单，如买入股票时是高价，大概是发行价 20 元，涨到四五十元了就放开了。但是放开的时候，是从最高点放开，然后一个一个加，但投资人已经买完了，因此永远到不了最高点，这就是中国股市。西方股市主要靠内部收益，而且提供招股说明书，明确提出比如至少 5%的分红。如果 5%分红不合适，公司筹备自有资本，不还给投资人本金，就只能 20 年以后才拿回来本金，考虑到通货膨胀，老百姓实际上是亏损的。因此发展股权投资可能更好。另外是适当发展债券投资，中国的债券市场实际上不发达、不规范，还要继续发展。

（四）规范互联网金融

互联网金融的发展，尤其是移动互联网金融的发展，是对传统金融模式的挑战和颠覆。实际上今后金融的所有方面都可以通过互联网来进行，包括交易、结算等，使银行反而很害怕。这些发展改变了金融交易方式、金融支付方式，是一个非常大的发展。

互联网金融中有一个重要概念——区块链金融。区块链金融可能最通俗的理解就是朋友圈金融、熟人金融。在我信任的“圈”里可以交易，可以结算，大家互相认识，而且是每人都有固定的交易账户。这一块叫作区块链技术，结合互联网和信息技术，技术性的金融交易刚开始，但是它在互联网金融基础上又进一步了，最大的特点是去中心化。另外它可以发货币，就是像比特币，在内部就可以交易，不通过中央银行。交行的首席经济学家连平总结了它的三大功能，一是支付功能，降低成本，速度很快；二是信用中介，完全通过熟人，代替了银行；三是信用创造以及整体金融服务。现在政府等相关部门都在关注这个问题，北京、上海都成立了区块链金融联盟，学者都在关注它最新的发展。金融形势、金融模式不是一成不变的，而是越来越虚拟化、去中心化，可能速度越快、效率越高。上海成立区块链金融发展联盟，有四个目标，一是区块链技术在实体经济和小微企业中应用；二是区块链技术在股票发行改革中应用；三是区块链技术在完善上海地方金融综合监管中应用；四是区块链技术在人民币跨境支付中应用。区块链金融，就像互联网金融一样，互联网金融实际上最初是银行搞起来的，叫金融互联网，可以网上进行各种业务，但是它没有发展起来。马云异军突起，建立了淘宝网、蚂蚁金融，因此需要抓住时机。

（五）进一步完善金融监管体系

中国目前的监管体系是“一行三会”，过去中国人民银行一家管，后来分成“一行三会”，而且在相当长的历史时期发挥很大作用。但是现在问题来了，第一，几乎金融机构都综合经营，工商银行有信托公司，光大有征信业务，平安保险有平安银行、平安证券、平安信托。中信公司下面有中信银行、中信证券、中信保险。混业经营下，靠银监会、证监会、保监会独立监管是不可行的。第二，互联网金融发展、区块链金融的发展谁来管，互联网金融、P2P 怎么规范。按照道理来说 P2P 只是平台，P2P 不能拿自己的资金，或者收别的资金去贷款，它只是一个代理。这一块银监会的管理比较空白，只能规定不许乱集资，但是乱集资的定义说不清；其次规定必须托管，但有些托管的资金监管机构也无法得知。理论上应该是“谁家的孩子谁管”，但现在金融的发展使很多业务不知道是谁家的孩子，就出现了坏孩子没人管，好孩子大家都去管，给管死了。

金融国际化以及综合经营有很多问题，党的十八届四中全会明确提出建立现代金融监管框架，但什么是现代金融监管框架，如何建立有很多方案。我认为应该合并“三会”，成立中国金融监督管理委员会，保留人民银行，证监会、银监会、保监会都在新的监管委员会下。我还主张在金监会下再增加金融创新管理局，把互联网、区块链金融等都归为这块来管。将“一行三会”变成“一行一会”，一行是指中国人民银行，管货币和外汇，其他的由金监会来管，根据业务或者市场来管理。总体来说是两种改革思路，一种是“一行一会”，另一种是回归大一统（人民银行统领“三会”）。但实际上真正的大一统模式难以在中国实现。以美国最近的改革为例，改革给了美联储绝大部分权利，但它最大的长处在于管货币，所以证券管理出问题了，这些问题都是值得讨论的。

总体来看，金融领域需要进一步深入改革，否则金融发挥不了更大作用，而且会越来越乱，可能出现货币金融危机。

【延伸阅读】

为了更全面地展示曹凤岐教授的研究成果，我们挑选并综述了以下四篇曹教授近期的著作以飨读者。

一、中国金融监管改革路径研究①

传统金融一般指银行金融，银行的职能就是“存、贷、汇”。其主要风险是信用风险。对比之下，现代金融是广义金融，除货币市场外，重要的是资本市场，除股票债券外，还有金融衍生品市场，影子银行、民间金融、互联网金融。混业经营、控股公司是金融机构存在的主要形式。

目前来看，金融国际化是各国金融发展的主要趋势，这也意味着金融风险出现了新的特点。金融风险的主要特征一是金融风险会在国际传播；二是金融风险从传统的信用风险转化为市场风险；三是金融风险更多地表现为系统性风险。金融风险的新特点要求金融监管理念、方式、甚至监管机构都要发生相应变化。近年来，英、美等发达国家都对金融监管体系进行了改革，向集中统一、综合监管的方向发展。

目前业内对于现代金融监管体系基本有两种意见，第一种意见主张恢复由央行“大一统”监管的格局，即撤销“三会”合并到央行中去，由央行进行统一的金融监管（主要借鉴英国模式）；第二种意见是合并“三会”成立新的金融监管机构，与央行共同监管，即“双峰”监管模式。

曹凤岐认为，将中国金融监管重新划归中央银行的“大一统”模式，并不可行，建议合并“三会”，在此基础上建立中国金融监督管理委员会。中国金融监督管理委员会进行综合金融管理，统一制定我国金融业的发展规划，通盘考虑和制定金融法律、法规，协调监管政策和监管标准，监测和评估金融部门的整体风险，集中收集监管信息，统一调动监管资源。通过统一的监管机构，对银行业、证券业、保险业和其他金融部门和金融市场进行监管，以维护

① 原文《曹凤岐：三会合并吗？中国金融监管改革路径研究》，载和讯网 http://news.hexun.com。

金融业的稳定发展。中国金监会可以针对金融监管的真空及时采取相应措施，划分各金融监管部门的职责范围，协调各监管部门的利益冲突以及划分监管归属等。

二、保险姓“保”不姓“投”，应削弱投资功能①

近些年来，我国保险业得到了长足的发展，发挥了支持国民经济发展和保障社会稳定的作用，但与发达国家相比还有较大差距。随着我国进入老龄化社会，完全靠社会福利、社保基金已解决不了问题，需要大力发展长期人身保险，削弱投资功能。必须明确，保险姓“保”，不姓“投”。作者从以下几个方面论述了其关于现代中国保险业发展的看法。

首先，我国与发达国家无论在保险深度和保险密度方面都有很大差距，这也表明我国保险业还有很大的发展和提升空间。

其次，随着我国进入老年社会，人口寿命延长，开放二胎，城镇化，养育教育人口增加，完全靠社会福利、社保基金是解决不了问题的。需要大力发展长期人身保险，作为社会保险和社会福利的重要补充。应当引导大众提高保险意识，让更多的人认识到人身保险在养老、教育、疾病、家庭和社会稳定方面的重要作用。

再次，必须明确，保险姓“保”，不姓“投”。必须恢复保险的保障功能，减少投资功能。近些年，人身保险保费增长很快，主要是投资连结保险，如万能险等，强化了投资功能，弱化了保障功能。有些保险公司把保险险种变成了理财产品，甚至直接卖理财产品。有些人投保不是为了得到人身安全保障，而是为了获得投资收益，保险公司也利用高投资收益吸引人们投保，结果造成真正应得到保障的得不到保障或得到的保障很少，投资收益不高甚至亏本。我认为这是剑走偏锋，应当回归保险的保障功能，弱化投资功能。应取消一些投资功能很强的产品，做出真正提供人身保障的产品、险种。

最后，保险资金必须合理运用，取得必要的投资收益，才能保证保险公司

① 原文《曹凤岐：保险姓“保”，应削弱投资功能》，载“中新经纬”。

正常运营，应付巨额赔付或给付之需。保险资金进入资本市场是必要的，但入市的规模和速度，取决于保险资金运用的风险控制能力和水平。所以在支持保险资金入市、拓宽保险资金投资渠道的同时，必须加强对保险资金运用的风险监控和管理，采取循序渐进的原则，不能一蹴而就。

三、 互联网金融对传统金融的挑战①

以银行、证券、保险业为代表的传统金融模式，最主要的特点一是分业经营和分业管理；二是行业垄断，非金融部门不得从事金融业务；三是产品创新不够，服务中小企业和居民的金融产品和服务有限；四是手续繁杂，很不便利。

以互联网支付、P2P 网络借贷、第三方支付和众筹融资为代表的互联网金融是金融模式、金融理念、金融运营方法的创新。随着互联网金融的发展，未来将出现一种不同于传统间接融资和直接融资的具有革命性的新型金融，将对传统金融带来很大的挑战和新的竞争，同时也将催生了新的合作。

互联网金融是互联网与金融的结合，是借助互联网技术和移动通信技术实现资金融通、支付和信息中介功能的新兴金融模式。互联网金融是随着电子商务的发展而快速发展起来的，是大数据、云计算、社交网络和搜索引擎等互联网技术突破和运用的必然结果，互联网金融的发展同时是对现行金融运营与管理体制的突破，互联网金融是当前中国金融市场效率低下、资金配置错位严重的市场环境的必然产物，其发展对中国的金融改革有着独特的积极意义。

与此同时，互联网金融代表了金融创新的方向，我们应以积极的态度包括在政策措施上为其创造良好的发展环境。对其存在的问题应予以重视并设法解决，提高其防范风险的能力。要把保护投资者的利益放在首位，坚决打击违法犯罪活动，保障互联网金融健康规范发展。监管部门应充分尊重互联网金融发展的自身规律，尊重互联网金融从业人员的开拓创新精神，让市场在金融资源配置中发挥决定性作用，引导和支持互联网金融从业机构通过行业自律的形

① 原文《互联网金融对传统金融的挑战》，载《金融论坛》2015 年第 1 期。

式，完善管理，诚信为本，守法经营。需要注意的是，手机等新型支付方式应当解决密码被盗、资金被盗取、转移等安全问题。

四、 新型城镇化与金融创新①

从我国中长期发展来看，在一个农业大国的基础上推进城镇化，向现代化迈进，这是我们的最大国情。积极稳妥地推进城镇化进程，关系到三农问题解决和全面建成小康社会，关系到国家现代化建设的全局。城镇化在下一步经济发展和结构调整中将扮演拓展发展空间的重要角色。要把统筹城乡区域协调发展与推进城镇化结合起来，大力拓展发展空间。我国城镇化水平每提高一个百分点，就有1000多万名农民转化为城里人。稳妥推进城镇化，将推动基础设施建设带来的投资增长，居民生活水平提高带来的消费扩大，是我国扩大内需和调整经济结构，推动经济持续健康发展的重要动力。

城镇化需要大量资金投入。解决城镇化的资金需求最重要的是建立完善的财政金融支持和保障体系，这就要增加地方财政收入，允许地方政府多渠道筹资，发展县域经济，增加县域经济实力，增加县级财政收入，充分利用政策性金融、资本市场和社会资本为城镇化服务，开展资产证券化。同时，设立基础设施产业投资基金，发展城市信托、房地产信托，吸引民间资本进入城市基础设施、商品房和保障房的建设。此外，还必须发挥商业银行和其他中小金融机构的作用，依靠银行中长期贷款、短期贷款、小额信贷和其他金融服务，解决中小微企业融资难问题及农业生产、创业、就业问题。

附： 曹凤岐教授近期主要研究成果

1. 曹凤岐：《关于“十三五”金融改革的一些探讨》，载《金融论坛》2016年第4期。

2. 曹凤岐：《中国股市真正的敌人是制度缺陷》，载《中国经济导报》2015年6月。

① 原文《新型城镇化与金融创新》，载《金融论坛》2013年第7期。

3. 曹凤岐：《银行业改革需要把握的几个问题》，载《金融论坛》2015 年第 4 期。

4. 曹凤岐：《互联网金融—扶持和防范并举》，载《经贸实践》2015 年第 1 期。

5. 曹凤岐：《互联网金融对传统金融的挑战》，载《金融论坛》2015 年第 1 期。

6. 曹凤岐：《新型城镇化与金融创新》，载《金融论坛》2013 年第 7 期。

大金融
思想沙龙

业界精英

刘珺，1972 年出生，工商管理博士，高级经济师。现任中国投资有限责任公司副总经理。

历任中国光大银行股份有限公司副行长、光大永明人寿保险有限公司董事长；中国光大集团股份公司副总经理，中国光大集团有限公司副董事长，中国光大实业（集团）有限责任公司董事长，中国光大国际有限公司执行董事兼副主席，中国光大控股有限公司执行董事兼副主席及中国光大银行股份有限公司董事。

长期致力于产业结构、金融市场建设、金融衍生品等方面的研究，有着深厚的理论学术修养和丰富的经济金融实践经验。

辨析“逆周期”

□ 刘珺

刘珺指出，第一，“逆周期”是一种时点、时段的概念而非趋势性的概念；第二，“逆周期”作为一种政策工具，是危机后处理机制的组成部分，而危机处理肯定是逆向的、矫枉的过程，一旦趋势成型，新的周期形成，则“顺”与“逆”的区分也不复存在；第三，“逆”的精髓是顺势而为，只有顺势，反作用力才会到位；第四，“逆”的前提是前瞻性，即科学、精确、适时的预测，“预则立，不预则废”；第五，“逆”作用机制的关键是要找准主要矛盾，就现代经济而言，全要素生产率是关键中的关键。对我国来说，坚持改革才是达到真刺激、久刺激目标的着力点。

任何事物都有起落，自然界如此，人也概莫能外，这就是周期。在经济学理论体系中，“周期”是核心概念之一，随着经济社会生活复杂程度的日益深入，经济学意义上的“周期”逐步日常生活化，其学术与实践纹理也渐次丰富，不仅有垂直层面的挖掘，而且有水平层面的拓展，特别是方向的顺逆甄别与取舍，更使其饱满度和政策参考性立体起来。承认周期的存在是研究周期的前提，经济学的周期是多维度的，以时间为主线，有康德拉季耶夫的长周期，如 18 世纪末期之后资本主义经济国家经历的第一个长周期，从 1789 年到 1849 年，以工业革命为特征，上升部分为 25 年，下降部分为 35 年，共 60 年；有朱格拉中周期，如资本主义经济中一种为期约 10 年的周期性波动；有基钦周期，又称“短波理论”，认为经济周期有大小两种，资本主义经济大周期只有 3～5

年，大周期约包括2个或3个小周期，小周期平均长度约40个月。此外，奥地利经济学家熊彼特以创新为主线，根据创新浪潮的起伏，把资本主义经济的发展分为三个长波：①1787—1842年是产业革命发生和发展时代；②1842—1897年为蒸汽和钢铁时代；③1898年以后为电气、化学和汽车工业时代。马克思以生产关系为主线，指出经济周期由“复苏—高涨—危机—萧条”四个阶段组成。以上皆是周期。

在经历20世纪末及始于2008年的两次全球金融危机后，从周期的传统理论框架中衍生出来一个相对应的新概念——“逆周期”迅速上升到新思维的高度，仿佛没有“逆周期”思维的货币政策和宏观调控就是老古董，上不了台面。于是，大家齐刷刷逆向思维起来，“逆周期”成了与“互联网思维”等量齐观的新事物、好事物。众口一词的既新又好的概念更需要既严肃又深入地辨析。

一、 货币政策正与反

先聚焦货币政策，国际范畴先纵后横，纵向以美联储为例，横向则平行比较美国、欧洲、日本，国内范畴则回顾自2000年以来的货币政策演变。

美联储货币政策的变化轨迹就是一张周期图。1979—1987年沃克尔（Pual Volcker）任美联储主席，正值布雷顿森林体系解体、美元危机和恶性通货膨胀并存，沃克尔反其道而行之，将美联储长期奉行的以控制利率为目标的行为方式变为以控制货币供应量为目标，其间联邦基金利率从12%攀升到19%，商业银行优惠利率升至21.5%，而美国通胀率在1981年降为6.5%，再过2年降到4%以下。1987—2006年格林斯潘（Alan Greenspan）任美联储主席，他充分发挥联邦基金利率的作用。自2001年1月开始为了防止美国经济“硬着陆”，避免陷入长期衰退，美联储连续12次降息，用渐进主义的方法把联邦基金利率从6.0%一直降到1.25%，成为41年来的最低点，美国经济出现了创纪录的长达10年的持续增长期，格林斯潘被誉为“过去二十年里美国经济活力之父”。伯南克（Ben Bernanke）自2006年接任美联储主席，主张设定一个明确的通胀目标，以引导市场对通货膨胀的预期，提高其价格稳定目标的可信度，具体政策工具包括2001年8月之前的数次加息和其后的10次降息，特别是全球金融危机后标新立异的量化宽松（QE）。2013年末耶伦（Janet Yellen）

接棒伯南克，“萧规曹随”，但潜移默化地把量化宽松政策退出提上日程，并按计划于2014年10月全部退出。四位联储掌门一紧二松三更松四趋紧，紧得超紧，松得超松，从政策制定的出发点来看，联储政策都是逆向切入的，沃克尔是反通胀，格林斯潘是反通缩，伯南克是先反通胀后反通缩，耶伦是在反通缩将战通胀（目前只是通胀预期而已）。美联储的货币政策时而宽松，时而紧缩，若干松紧结合共同构成完整的周期。

欧洲央行的货币政策主基调是量化宽松，不仅利率接近零甚至出现负利率，而且出台庞大的债券购买计划，对于经济接近通缩的状态而言，其货币政策明显是反向的强刺激。日本较欧洲有过之而无不及，常规货币政策目标是通胀上限2%，政策方向是向下，而日本央行则是不达目标决不罢休，政策方向是向上，且是大强度的宽松，并“青出于蓝而胜于蓝”，实行质化量化宽松（QQE），向市场注入大量的流动性，量化的一面充分展示，甚至将资产购买规模扩大到80万亿日元，但质化的一面却“只闻其声，不见其人”，经济增长率预期不断下调。在经济下行期，欧洲和日本都采取逆周期的货币政策，问题是措施力度大而政策效果均不理想。

中国的货币政策在2008年危机前后出现分野，危机前的2007年居民消费价格指数加速上涨，一年之内央行10次上调存款准备金率，5次调高存贷款利率，危机后的2008年第四季度转而实行适度宽松的货币政策，确保银行体系流动性充分供应，保持货币信贷合理增长，以诸多举措加大金融对经济增长的支持力度，2010年后期稳健的货币政策登场并延续至今。货币政策虽然名曰稳健，但即使在同一年度里，政策效果也不尽相同，如2013年7月钱荒之前体现稳健的“宽松”面，而之后体现稳健的“紧缩”面。在一轮大经济周期中，货币政策发生了由“从紧”到“灵活审慎”、又到“适度宽松”、再到“稳健”的转变。进入2014年，货币政策转向结构性，具体为定向降准加定向工具，定向降准从涉农到小微，定向工具更是包含公开市场短期流动性调节工具（SLO）、常设借贷便利（SLF）、抵押补充贷款（PSL）和中期借贷便利（MLF），前两者针对短期，后两者针对中期。结构性货币政策定向之“向”是逆的，问题是货币政策能否真正调结构，以及定向货币能否“按图索骥”流到该流的地方。

在经济周期中，货币政策遵循过热时紧缩、低迷时宽松的规则，机理是通过反作用力影响经济要素，使热的冷一点，冷的热一点，而反作用力就是逆周期措施。

二、 宏观调控顺与逆

准确地讲，货币政策是宏观调控的组成部分，为使政策案例对周期律的解释力更强，不妨从相对更广阔的角度再观察宏观调控政策的趋势性变化以及相应的政策效果。

先看日本和欧洲。在“失去的二十年”之后，日本的经济政策来了个大转向，“安倍经济学”射出了“三支箭”，宽松的货币政策、大规模的财政刺激政策和一揽子增长战略。从周期的角度看，之前日本是通缩周期，现在是逆之使其产生一定程度的通胀，甚至有居民消费价格指数（CPI）不达2%不罢休的架势，冠名以“刺激通胀”。不过逆周期措施作用机制的根本是生产率和科技创新，即经济的内生活力，也就是说第三支箭才是真箭，其余都是虚晃，缺少根本的任何宏观经济政策组合很难发挥效用。德国的经济政策卓尔不群，欧债危机爆发前，欧洲国家特别是南欧国家沉浸在亢奋中，希腊慷慨的福利政策，西班牙“虚胖”的房地产市场，虽然都嗅到了危险的空气，但谁也不愿意让派对戛然而止。德国却反其道而行之，在经济平稳发展时主动强化财政纪律，缩减福利支出，限制工资增长，于是在欧债危机大、小巨人轰然倒下时，德国岿然不动，鹤立鸡群。欧债危机后，求援于欧洲救助机制的国家被动减支，严肃财政纪律，即使激起民怨也硬着头皮勒紧裤腰带，而德国依然故我，虽有宽松财政的底气，却行紧缩财政的老路。危机前后，日本是一紧一松，方向迥异；德国是量入为出，始终如一。日德两国经济政策的正反例证恰说明周期顺逆交错，孰顺孰逆应时而变，没有定式。

中国的宏观调控政策变化周期特点显著。2005年至2007年，政策组合是稳健的财政政策和稳健的货币政策，2007年末货币政策转向从紧，2008年经济政策一年多变，年初的双防（防通胀和经济过热），年中的“一保一控”（保增长和控通胀），到9月的“保增长”，到11月的“保增长、扩内需”，再到中央经济工作会议定调的“保增长、扩内需、调结构”。2008年美国次贷危机波及全球，使发展中国家的出口与外国直接投资急剧下降，中国经济也面临下滑的风险。2008年11月，国务院常务会议明确提出实行积极的财政政策，会议提出到2010年底投资4万亿元，而且4万亿元只是投资，而减税、价格补贴等其他财政支出还不属于这4万亿元的范围，以此为标志，中国再次全面启动积极的财政政策。2009年，扩张性财政政策的力度进一步加大。2010年货币政策取向在保持经济稳定增长的前提下，加大对通胀预期的管理力度，适度回收流动性。之后，中国经济增长的压力渐强，中速增长甚至中低速增长的迹象频现，而改革红利的释放是个制度变迁的过程，短期经济下行要求出台可操作的“逆周期”措施，于是该不该刺激、如何刺激以及强刺激还是微刺激的争论不绝于耳。目前，中国宏观调控政策在稳增长、调结构、促改革、惠民生的多元目标中寻找平衡，目标本身有相容相向者，亦有相悖相斥者，具体政策措施则有正有反，甚至左右互搏，如房地产政策的“双限”与“松绑”，再如化解产能过剩的“去杠杆”与“为去杠杆而加杠杆”。宏观调控政策在大的周期中时而顺，时而逆，其目标选定之难、力度拿捏之难、出台时机捕捉之难及措施时长把握之难“尽在不言中”。

三、“逆周期” 政策对位

上述货币政策和宏观调控的事件和经验描述出周期的表征，其内在机理如下。

微观主体行为内嵌周期特质，周期不仅是宏观概念，微观世界亦存在周期性。世纪之交，科网盛宴下兼并收购之风日盛，规模越做越大，产业越来越多元化；时至今日，企业仍在危机后的泥淖中寻找重回辉煌的路向，答案仿佛是回归主业、化繁为简。美国在线（AOL）和时代华纳的合并是彼时的扛鼎之作，现在却沿着原来的拼合线进行了分拆；2001年比利登（BILLITON）组成矿业“巨无霸”，现在也要分拆，甚至分拆的标准是同一行业中的不同产品，即铁矿石或其他矿产品。微观主体的周期化行为已然形成趋势，几乎怎么合的又怎么分了，不知未来会否“分久必合”？微观主体顺逆选择的准绳只能是市场，如何在变化的市场中保持核心竞争力才是正道。

逆周期是政策措施而非政策目标，周期本质上是不可逆的。逆周期是具体政策的定语，而非主语本身。针对市场出现的总量和结构问题，科学认识并有针对性地有的放矢是符合逻辑的政策取向，其最终目标也只有一个，即避免系统性风险的全面爆发。因此，逆周期并不是政策本身，只是具体措施的作用力方向，对周期中出现的系统性风险外溢可以进行对冲，可以进行缓释，甚至修复其中的总量或结构缺陷，但周期的根本性转向不是经济政策的目标选项，亦不是政策工具的选择准绳。

逆周期调控是有时效的，再延时的政策措施也会有终场哨声。逆周期调控措施类似于物理学的矢量，并且是偶矢量，既有数值大小和方向，而且有作用产生效果所需的时间。首先启动逆周期调控要“应势”“应时”，2008 年初的“双防”显然不符合该项要求；其次政策工具的选择要精准，运用要有度，2009 年的“四万亿”不在此列；最后调控要有时效概念，政策运用的时长、政策结果的有效期是不可或缺的，而几乎贯穿 20 世纪末至今的稳健的货币政策（其间短暂出现从紧和适度宽松）似乎时间过长，稳态过久，时间维度的效果无法充分表达。逆周期的定位是应急性的，中短期的，切莫拖得过久形成药物依赖。

理性预期非理性，至少不是永远理性。既然周期确实存在并发挥作用，逆周期措施生效的前提就是理性预期。但问题是周期可预期吗？2009 年英国女王在访问伦敦经济学院时提出了“为什么经济学家没能预测到金融危机”，英国社会科学院组织了一次研讨会，以 Tim Besley 教授和 Peter Hennessy 教授为首的 33 位经济学家严肃认真地回信女王，检讨了经济学预测功能的跛足，指出了“将系统视为整体而非具体的金融工具或贷款来看待风险”“全球储蓄过剩”“没有一个单一的权力机构能够管辖的相互关联的不平衡”等几个关键短板。这厢问答有来有往，大洋彼岸的美国理性预期学派代表人物小罗伯特·卢卡斯主动加入讨论，并给出了非理性的理性预期答案，即经济危机是不可预测的，即使预测准了，政府会采取反向抗危机的政策措施，改变经济运行走向，危机或避免或减少烈度，反而使预测失准了。按理说，理性预期是复杂程度较高的经济学派，但其代表人物对危机预测的标准答案却有逻辑死循环的特点，与《第二十二条军规》高度相似，但其实学术的终极道理都是很平实的：预测危机的实质是预测周期，危机是周期的“谷”，若危机不可预测，周期也不可预测，何为顺、何为逆就更无从谈起。

周期本身就是顺逆循环，危机发生不代表周期有问题，更不支持改变周期的政策“猛药”。从技术创新出发，熊彼特认为现实资本主义经济运行中存在着“繁荣”“衰退”“萧条”和“复苏”四个阶段，与马克思的论述异曲同工。经济有周期，周期自然由顺和逆两个方向构成，其中危机是必不可少的组成部分。通过“看得见的手”在一定程度上熨平周期剧烈的波幅是有可能的，但要改变周期甚至消灭周期是不可能完成的任务。1945 年到 1971 年，全球仅发生 38 次小规模的货币危机与金融危机，而 1971 年至今，金融危机的次数超过 150 次，而且波及全球的金融危机不少于 10 次。若进行归因分析，有经济金融复杂性极度增加的成分，但政策的绠短汲深、进退失据也不可免责。加拿大央行行长 Stephen Poloz 在检讨前瞻指引政策（forward guidance）时坦言，经济中蕴含众多的不确定性，与其央行对信息进行解读，不如让市场力量自身去诠释，“我们真正需要的是健康的市场双向波动”，调控的理论和模型经常是错的，既无法捕捉不可测量的风险要素，又难以模拟结果的分布及范式的变迁，政策出错也就在所难免，因此，央行通过货币政策上下其手，倒不如增加政策透明度让市场“自运动”。

宏观经济周期是内生性的、自发的，既有总量要素，又有结构要素。宏观调控的“调结构”其实就是运用“逆周期”的措施作用于经济，以达到特定的政策目标，主要是就业和通胀（现在美欧日在防通缩）。那么，如何调结构？结构是禀赋条件和科技水平等生产力要素自然生成的结果还是可以按人的意志再造的？市场能否自发调结构？如何保证调结构的成本不高于调整后的收益？如何使调结构不扭曲市场资源配置的决定性作用？如何科学评价新旧结构的优劣？其实问题本身就包含答案。周期是有规律的，即便施加反作用力，定位也应是微调和局部性调整，否则就是新的周期替代旧的周期，改弦更张了。新结构经济学强调有效的市场和有为的政府，主张积极作为，但也高举“增长甄别和因势利导”，“势”是周期，“导”可以正向也可以逆向，前者是内因，后者是外力。

综上，“逆周期”是形容词而非名词，是时点、时段概念而非趋势性概念；“逆周期”是政策工具，是危机后处理机制的组成部分，而危机处理肯定是逆向的，是矫枉的过程，一旦趋势成型，那么新的周期就形成了，也就不存在“顺”“逆”的区分了；“逆”的精髓是顺势而为（看似矛盾，但确实如此），只有顺势，反作用力才会到位；“逆”的前提是前瞻性，即科学、精确、适时的预测，“预则立，不预则废”；“逆”的作用机制关键是找准主要矛盾，对现代经济而言全要素生产率是关键中之尤其关键者。“反者道之动，弱者道之用”（《道德经》第四十章），在事物的对立统一中，矛盾双方是相互转化的。因此，无论是狭义的货币政策，还是广义的宏观调控，“逆周期”只能是政策组合和具体措施，必须对位于市场原则，对“逆周期”的理解和运用应该回归到传统智慧中，逆势而为的“人定胜天”恐非正解。

【延伸阅读】

为了更全面地展示刘珺博士的研究成果，我们挑选并综述了以下四篇刘珺博士近期的著作以飨读者。

一、 货币政策是规则主导的，是否应以通胀为单一目标来制定货币政策？①

很多人认为货币政策应该是规则主导的，进而提出中国的货币政策应该是单一规则，即盯住通胀膨胀率，像英国央行、美联储制定的货币政策目标一样。笔者思考这个问题的角度是反向的，想一想西方经济发展的轨迹，会发现西方经济发展到今天，经济是否增长，以什么样的速度增长，好像政府在其中所起的作用微乎其微，经济有其自身发展的轨迹，有其自身发展的动能，有其自身发展的速度，政府想让经济增长6%或7%也是心向往之而力不能及，因此经济增长不可能成为货币政策的核心指标之一。西方中央银行退而求其次，称经济增长本身是带来就业的，是伴生就业增长的，那么既然经济增长管不

① 原文载于《金融论衡》，中国金融出版社2012年11月版。

了，就业当然也管不了，所以货币政策中充分就业的核心指标也被拿掉了。

西方是主张全球化、主张自由贸易的，而主张自由贸易必然配合本币的国际化，必然会形成本地的财政赤字和贸易赤字，所以国际收支平衡也无法成为其货币政策的重要支撑点。

中国的货币政策有四个目标：稳定物价、充分就业、经济增长和国际收支平衡，是多目标，而美联储是一个目标，因为其他三个目标管不了，只能退而求其次，管通货膨胀率。大家不要认为西方注重市场，货币政策比较科学，盯着单一规则，盯着单指标通货膨胀率；也不要认为我国的货币政策不够科学，什么都想管，什么都管不了。对任何一个央行行长来说，巨大的成就是在货币政策的四个重要经济目标之间取得平衡，这才是辉煌的成绩，会在历史上留下一笔，所以大家在理解货币政策目标的时候不能过度偏颇。

二、 危机的发展是否有一定的轨迹？①

国际金融危机说明了市场经济本身存在重大缺陷，是否要通过计划性予以调节？

金融工具的过度衍生化及市场运行的高度杠杆化引发了美国次贷危机，进而演变成声势浩大的国际金融危机。痛定思痛，大家都在热议源于西方发达经济体的这场危机充分说明了市场经济本身的重大缺陷，要借鉴社会主义的管理模式，通过计划性予以调节。仿佛是金融危机才暴露了市场机制的缺陷，才明晰了计划调节的作用，才强调了市场与计划的平衡。而事实上，市场和计划从来都是“组合拳”，西方经济体有计划，社会主义也有市场。

首先，无论所有制属性是什么，计划与市场，或者说政府监管与自由市场从来就相伴而生，是一定程度上的水乳交融，绝非水火不容，因为有政府管理必然蕴含“计划”，有商品交换必然蕴含“市场”。以北欧的经济体制为例，经济领域的市场化与社会领域的计划性有机高效地结合在一起，在经济市场化方面要求企业完全自主创新、通过市场竞争决定生死存亡，而在社会制度安排

① 原文载于《金融论衡》，中国金融出版社 2012 年 11 月版。

方面采取高度计划、以国家干预来实现充分就业及收入均衡。再看我国的经济发展历程，在开始步入平稳发展阶段的最早时期，实行公有制基础上的计划经济，同时发挥市场调节的辅助作用；党的十二届三中全会上，经济政策调整为“在公有制基础上的有计划的商品经济”；随着改革开放的进一步深化，强调在国家宏观调控下更加重视和充分发挥市场在资源配置上的作用。在这个过程中我们看到的依然是计划与市场之间的相互融合。

其次，任何单一的经济制度都带有先天性的不足和缺点，市场的自下而上与计划的自上而下从来都应该是微妙平衡、相互校正的过程，物极必反的哲学原理在经济发展中同样适用。市场经济下的分散决策及价格机制可以优化资源配置，但并不意味着只要推进市场经济就能自动优化资源配置；计划经济下的政府干预便于集中优势实现有效调控，但并不意味着只要实行计划经济社会整体福利就会自动增加。撒切尔—里根模式将新自由主义的自由市场理论发挥到极致，结果是市场如野马脱缰、不平等现象越发严重，引发灾难；斯大林模式将国家权力和指令集中发挥到极致，结果是经济僵死，同样引发灾难。

因此，计划与市场之间是对立统一的关系，是组合相生的概念。危机过后我们需要重新审视的，应该是如何重新调节市场与计划的天平，而不是市场与计划之间争论非此即彼、孰优孰劣。

三、 全球化时代下的资本与劳动关系——理论演进与实践变迁①

恩格斯评价《资本论》时说，“自从世界上有资本家和工人以来，没有一本书像我们面前这本书那样，对于工人阶级有如此重要的意义。资本和劳动的关系，是我们全部现代社会体系所围绕旋转的轴心，这种关系在这里第一次得到了科学的说明。”马克思认为，资本主义生产的本质是剩余价值的生产，这一生产过程的具体形式表现为资本与劳动的交换。政治经济学表述如此，若置于人类发展的历史长卷中，资本与劳动的关系以及二者如何创造价值会呈现出更加复杂幻化的动感画面。

① 原文《资本、价值与劳动创造》，载财经网。

资本与劳动合力创造价值，在价值创造中，资本与劳动的关系蕴含历史性和现实性的相互作用和再平衡，主要体现在：

第一，资本与劳动的边界已趋于模糊。劳动不仅仅是体力劳动或物理性劳动，而且越来越多地转向脑力劳动或虚拟性劳动，资本也不仅仅是货币资本，也越来越多地转向人力资本或由脑力劳动创造的“才智资本”。资本与劳动二者你中有我，我中有你。资本充足率这一微观指标新的注解理应有两个有机组成部分，财务资本充足率和才智资本充足率，而后者的学术延伸和实践应用更为重要。

第二，随着传统工业生产与现代信息技术深入结合，进而实现生产智能化，劳动要素的内在结构正从机械和劳动力向信息和技术转变，衡量它们的指标从力学上的焦耳、大卡等向信息技术的云计算、大数据转化。劳动的产品也从机器设备变成了知识，甚至点子，而驱动这一宏大趋势的不可替代的力量是资本。

第三，在资本投入边际效益趋缓的情况下，传统的经济发展方式难以为继，经济发展向创新驱动转变。新时代全要素生产力的“牛鼻子”是科技创新，是经济的知识化，是软实力促升硬实力，而非硬实力推动软实力，而此时的资本已经隐身于人的身、心、手、脑中，成为劳动的组成部分。

科技是第一生产力，而人是科技的创造者和实践者，资本与劳动的关系是“财”与“才”的交互循环和相互融合，一切价值均统一到人，“人是生产力的第一要素”，特别是在全球化时代。诚然，全球化上半场资本是主角，客观上出现财富分野、阶层分化等现象，但经济增长和科技创新的速度前所未有；全球化下半场绝不是逆全球化或反全球化，而是反思基础上升华版的全球化，公平和劳动者权益必须予以强调和重视，劳动（指重新定义的手、口、心一体的劳动）是否归位舞台中央也未可知，但概率很大。

四、金融、产业、科技周期研判①

不管是自然界，还是人类社会，都存在着规律性的变化，呈现一定程度的

① 原文《金融、产业、科技周期研判》，载国际货币网 www.imi.org.cn。

循环往复，即周期性。特别是经济领域，任何逆周期措施的运用，只能在一定程度减低周期的波幅、缓解负面冲击的烈度，而无法从根本上消灭周期，经济危机的发生印证了这一客观规律。

经济周期的两大维度是产业周期和金融周期，而科技创新作为推进人类社会进步的“第一生产力”，亦存在周期，并与经济周期“你中有我，我中有你”。

突破性的科技创新是产业革新与发展的内生动力，而产业发展构成了实体经济的发展。而在实体经济之外，还有虚拟经济的存在，即金融体系。金融市场存在循环交替的周期性特点，既可以分为短波，也可以分为长波，一般认识是随着经济现代化程度的提高，作为经济晴雨表的金融市场波动的次数和程度应该是“双降”，但现实却是周期波动的次数和烈度均未降低，周期性波幅更未能被有效熨平。

货币政策捕捉科技创新和产业发展的趋势和突破点既不是应然，也不是必然，以货币政策作为产业复苏的发力点更是“蜀道之难”，因此，货币政策中性至关重要，货币政策理应针对金融中介职能发力，构建有深度、有宽度、有厚度并适应国民经济发展质与量要求的流通环境和基础设施，以稳定、可预期、适度的货币流通环境作为货币政策目标，并且应该是核心目标。唯有此，货币政策才能押上科技创新周期和经济周期的“韵脚”，实现波动中的和谐。

附：刘珺博士近期主要研究成果

1. 刘珺：《新金融论衡》，中国金融出版社 2016 年版。

2. 刘珺：《金融论衡》，中国金融出版社 2012 年版。

3. 刘珺：《去产能的辩证思维》，载《企业观察家》2016 年第 9 期。

4. 刘珺：《凯恩斯主义就是干预主义吗?》，载《金融博览》2016 年第 7 期。

5. 刘珺、盛宏清、马岩：《企业部门参与影子银行业务机制及社会福利损失模型分析》，载《金融研究》2014 年第 5 期。

6. 刘珺：《贷款利率定价的现状、挑战及对策》，载《中国金融》2013 年第 22 期。

7. 刘珺、丁棱、马岩：《从股票市场指数高波动性观察虚拟经济发展对新经济周期理论的悖离》，载《金融研究》2010 年第 3 期。

8. 刘珺：《服务价值认知及相关因素的关联性：中外资银行客户的比较实证分析》，载《经济研究》2004 年第 1 期。

鄂志寰，经济学博士，研究员，中银香港首席经济学家。

1991 年至 2003 年 9 月，任中国银行国际金融研究所国际金融研究室副主任、主任。在国际资本流动、国际金融市场等领域取得一系列研究成果，发表经济金融评论及专业论文数百篇，部分研究成果被中国人民大学报刊复印资料等转载，多次获得优秀论文奖项。

2003 年至 2013 年 1 月，任中国银行纽约分行经济研究部资深研究员，总经理办公室主管。重点研究美国金融市场及银行业发展，撰写大量理论研究文章及内部报告，2009 年出版专著《华尔街风暴现场观察——世纪性金融危机与全球金融新格局》。

2013 年 4 月至 2016 年，任中银香港发展规划部副总经理，主管经济分析与政策研究等工作。

2016 年至今，任中银香港首席经济学家，研究重点为人民币国际化及国际金融市场。

离岸市场发展的新特征与人民币国际化前景

□ 鄂志寰

香港离岸市场自2003年建立后，业务范围逐步扩宽，成为最重要的离岸人民币支付中心与资金池。未来，随着各大自贸区建设的逐步展开，跨境人民币融资需求将进一步增加。与此同时，香港离岸人民币市场也面临着人民币流动性扩张速度的减缓、离岸市场香港支付份额的同比下降、市场汇率波动加剧、市场产品体系尚待完善这四个方面“成长的烦恼”。在此背景下，未来香港离岸中心的发展需要完善离岸市场流动性补充机制，提供充足的流动性，同时推动金融产品创新和海外人民币投融资交易，并利用其成熟经验在“一带一路”建设中发挥示范带动作用。

一、引言

离岸人民币业务从2003年中银香港被委任为人民币清算行开始起步，目前已经进入深度发展期。特别是2010年7月19日签署新的清算协定后，海外人民币业务政策变化很快、业务范围大幅扩宽、市场参与主体显著增加，业务量及规模也快速增长，离岸人民币业务深度发展。

总的来说这个发展过程可以划分为四个阶段：第一阶段开始于2003年个人人民币银行服务推出，随后在2004年2月，人民币存款、兑换、银行卡和汇款四项个人人民币业务推出；第二阶段是2007年国内金融机构获准在香港发行人民币债券，离岸人民币债券市场迅速发展起来；第三阶段是2009年跨境人民币贸易结算试点办法实行，从而使人民币跨境贸易结算业务发展壮大；第四阶段是2010年以来对贸易项目下的一些业务管理政策进行了规范和扩展，使人民币离案市场开始加速进入深度发展阶段。

2011年8月，时任国务院常务副总理李克强视察香港地区，公布了一系列促进香港人民币离岸中心进一步发展的政策措施，包括跨境贸易人民币结算范围扩大到全国；支持香港使用人民币在境内直投RFDI；扩大境内机构在香港地区发行人民币债券；在香港地区发行人民币国债作为长期制度安排；允许以人民币合格境外投资者（RQFII）方式投资境内证券市场；继续推动境外机构投资银行间债券市场等。这些措施对香港地区离岸人民币业务发展产生深远影响，使香港地区人民币离岸中心走向成熟。

目前，香港地区已经成为重要的离岸人民币支付中心，依托香港地区人民币清算行建立起来的人民币全额实时支付系统（RTGS）功能强大，去年全年交易金额170万亿元，超出2013年的80万亿元（见图1）。

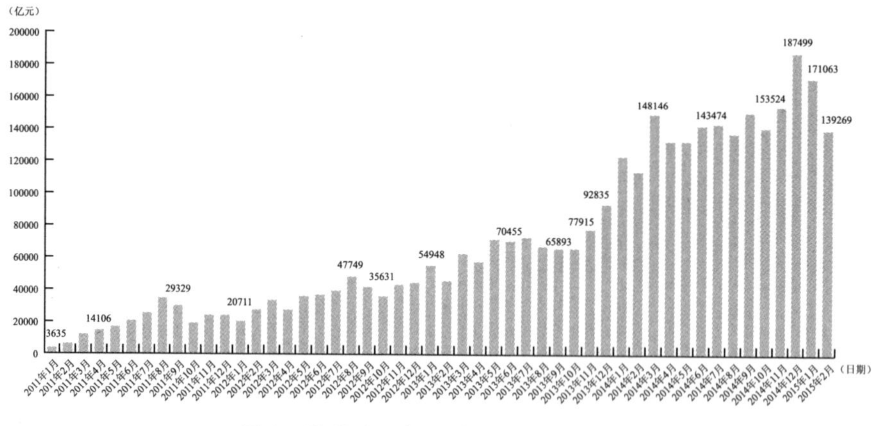

图1　香港地区人民币RTGS交易金额

同时，香港也建立起了离岸最大的人民币资金池（见图2）。2014年底，香港人民币存款连续两个月环比增长3%，首次突破万亿元大关。加上存款证，香港人民币资金池约占全球一半。

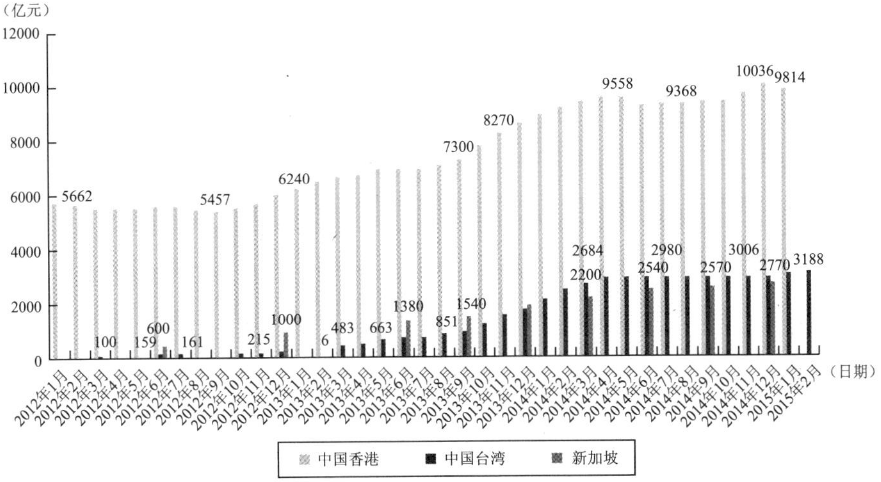

图 2　中国香港、中国台湾、新加坡人民币存款余额

由于香港人民币贷款需求趋于强劲，到 2014 年 10 月底增长近五成，随着前海、上海自贸区建设逐步展开，跨境人民币融资需求将进一步增加（见图 3、图 4）。

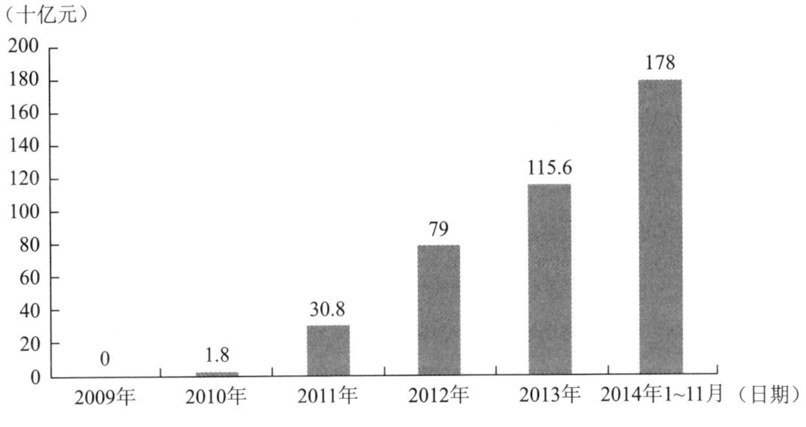

图 3　人民币贷款

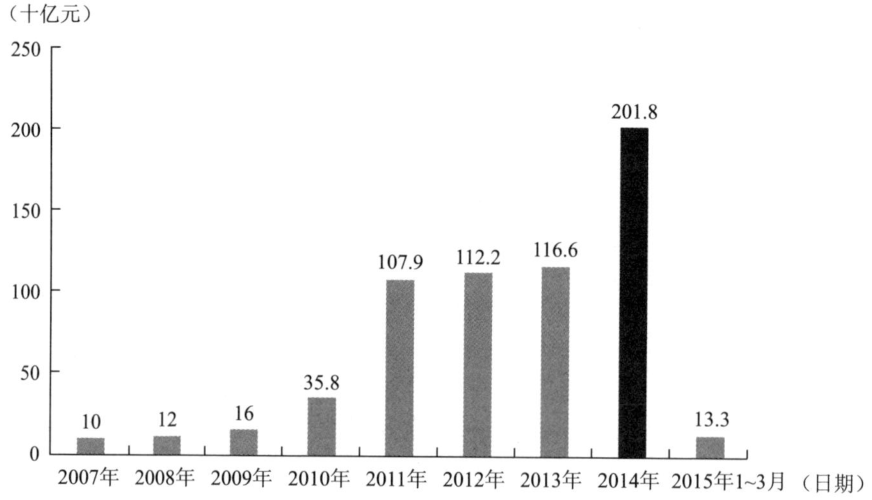

图 4　点心债券发行

二、 香港离岸人民币市场发展现状

目前国家制定的几项重要政策对香港人民币市场发展产生了重要的影响。

一是建立覆盖全球的离岸人民币清算体系。目前，我国已经与 29 个国家和地区签署了双边货币互换协议，总量达到 3. 15 万亿元人民币，多个央行/货币当局经济从互换协议中借出人民币，一些央行和主权财富基金将人民币纳入多样化资产配置当中，帮助人民币获得了类似于储备货币的待遇。同时人民币的清算也拓展到了欧美地区（见表 1）。

表 1　人民币清算网络

国家/地区	中国人民银行指定的人民币清算行	核心竞争力
中国香港	中国银行香港分行（2003 年 12 月）	先发优势/最大的资金池 便利的金融基础设施
中国澳门	中国银行澳门分行（2004 年 9 月）	毗邻中国大陆
中国台湾	中国银行台北分行（2013 年 2 月）	贸易顺差 服务便捷
新加坡	中国工商银行新加坡分行（2013 年 5 月）	拥有商品和外汇交易中心
英国	建设银行伦敦分行（2014 年 6 月）	老牌外汇交易中心 欧洲金融中心

续表

国家/地区	中国人民银行指定的人民币清算行	核心竞争力
德国	中国银行法兰克福分行（2014 年 6 月）	紧密的贸易联系
法国	中国银行巴黎分行（2014 年 6 月）	开拓非洲市场的突破口
韩国	交通银行首尔分行（2014 年 7 月）	紧密的经济和政治联系
卢森堡	中国工商银行卢森堡分行（2014 年 9 月）	欧洲最大的资金聚集地
卡塔尔	中国工商银行多哈分行（2014 年 11 月）	中东地区首个人民币清算机构
加拿大	中国工商银行加拿大分行（2014 年 11 月）	北美地区首个人民币清算机构
澳大利亚	中国银行悉尼分行（2014 年 11 月）	与中国的贸易和金融联系日益密切
马来西亚	中国银行马来西亚分行（2015 年 1 月）	紧密的贸易关系
泰国	中国工商银行泰国分行（2015 年 1 月）	中国在东盟的第三大贸易伙伴

清算行体系可以作为推动人民币国际化的重要抓手，从 2013 年开始的时候着重于亚太地区，到 2014 年上半年开始拓展到欧洲，后来又延伸到了中东和北美，最后是回到了亚太。总体来说还是以亚太地区为主，欧洲和北美是作为搭建 24 小时清算体系布局来做的，启动情况和运作情况还有待观察。

二是内地自贸区扩容沪粤津闽，跨境金融政策密集出台。为打造中国经济升级版，加快转变经济发展方式；同时为了适应全球贸易竞争的新格局，国家率先推动建立中国（上海）自由贸易试验区。上海自贸区是中国在资本账户开放方面的一个大变化，作为改革的试验田，人民银行在上海自贸区政策推出关于上海自贸区建设的意见，其中跟跨境相关的有四个方面，一是创新本外币业务，创新有利于风险管理的账户体系；二是探索投融资汇兑便利；三是在跨境人民币业务方面，扩大人民币跨境使用；四是在外汇业务方面，深化外汇管理改革。

从目前来看，上海自贸区金融改革的实际效果良好。金融机构纷纷进驻，拓展跨境金融及创新业务。截至 2014 年 11 月底，区内各类金融机构 3488 家，占全部新设企业的 26%，覆盖领域广。同时，区内银行业达一定规模，具有进一步拓展自贸区业务的潜力。48 家银行业机构获批设立 53 家区内营业网点，首家民营银行筹建，4 家区内分行获准经营外币离岸业务。此外，跨境人民币业务加快发展，融资成本有所降低。截至 2014 年底，区内共发生跨境人民币境外借款120笔，金额为197亿元，平均利率为4.2厘。同期66家企业参加跨境人民币双向资金池试点，资金池收支总额为783亿元，资金调拨规模逐月扩大。分账核算业务正式推出，自由贸易账户运行正常。到2014年底有10家中资银行接入自由贸易账户信息监管体系，开立9741个自由贸易账户，11月底自由贸易账户存款余额为48.9亿元，2015年初又有4家中外资银行分账核算系统获得验收；最后，率先建成一批面向国际的金融交易市场。首个“国际板”上海国际黄金交易中心于2014年9月18日正式开业，上海国际能源交易中心已在区内注册成立，未来还将陆续设立一批交易场所。

2014年4月“沪港通”也顺利推出，允许两地投资者通过当地证券公司（或经纪商）买卖规定范围内的对方交易所上市的股票（见图5）。沪港通通过中国的资本市场打开了香港这一扇门，间接对全球投资者放开市场，这是资本账户开放特别重要的一个步骤。

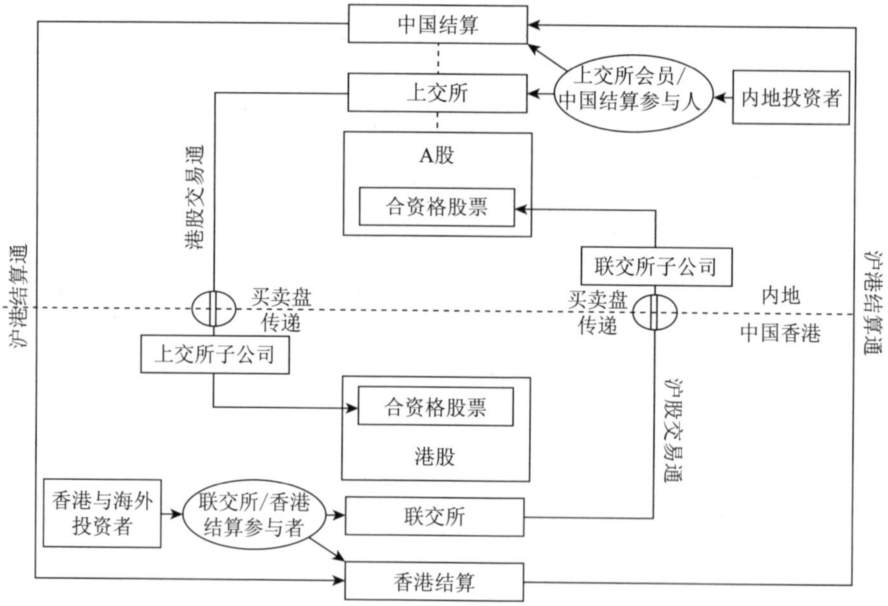

图5　沪港通基本政策框架

与此同时，“深港通”也渐行渐近，其基本原则与框架将遵循沪港通模式，初期的投资额度会与沪港通一样，但在标的、交易品种、交易的类型方面差异会比较大。

三是国内资本账户开放加快。央行行长周小川提出 2015 年推动三方面改革，通过使境内境外的个人投资更加便利化；资本市场更加开放，其中沪港通和深港通是中国资本市场开放一个重要步骤；对《外汇管理条例》进行新一轮修改，调整很多不适应目前的跨境人民币加速发展的方面来努力实现资本项目可兑换。

三、 香港离岸人民币市场面临新挑战

从上述三个方面的冲击对香港市场的影响直接体现在 4 个方面：流动性的扩张；香港市场份额；市场价格的波动；产品体系存在的缺陷。

1. 流动性扩张速度减缓

人民币汇率的波动，与香港人民币存款余额增长方向是一个反向的波动（见图 6）。香港人民币存款最高点是 2014 年 12 月，之后在 2015 年 1 月和 2 月连续两个月出现下降，其直接原因是人民币汇率贬值导致市场的一系列变化。通过进行量化分析，从人民币贬值到人民币负增长有三个月的时差。2015 年 1 月和 2 月人民币存款下降是 2014 年 11 月人民币持续贬值反应。

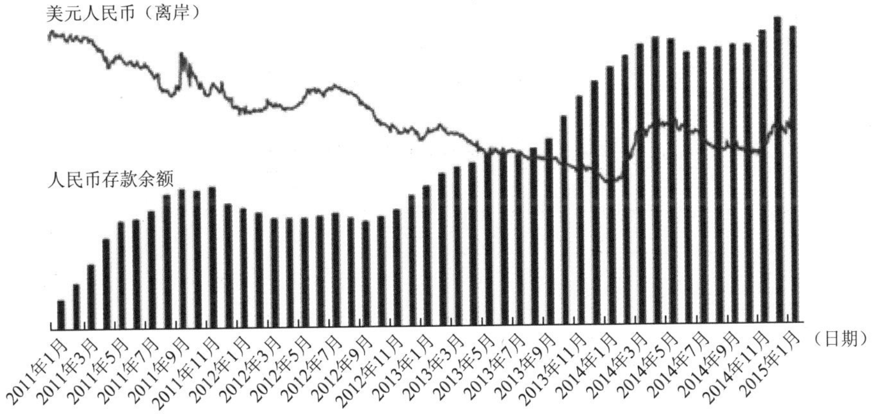

图 6 CNH 汇率与香港人民币存款余额

资料来源：Bloomberg. the HKMS。

2. 市场份额下降，一是离岸市场香港支付份额下降。香港人民币在人民币市场支付份额下降，2013 年是 78%，2014 年是 74%。虽然香港在增长体量上比较大，但是总体来说份额还是在下降。香港地区份额下降的同时，新加坡、台湾地区、日本和几乎所有其他主要的经济体（除部分欧洲国家以外）则都在上升。这反映了香港市场地位下降（见表 2）。

表 2　人民币支付排名前十的国家/地区

国家/地区	2H2014		2H2013		YoY 增长（%）
	排名	占比（%）	排名	占比（%）	
中国香港	1	74.3	1	78.6	83
新加坡	2	9.1	3	4.0	343
英国	3	6.2	2	5.6	113
美国	4	2.9	6	1.8	214
中国台湾	5	2.8	4	2.4	132
澳大利亚	6	1.4	7	1.8	152
法国	7	1.4	5	1.1	52
德国	8	0.65	9	0.7	69
韩国	9	0.65	11	0.4	258
卢森堡	10	0.6	8	0.8	54

二是香港跨境人民币业务结算份额也在走低（见表 3）。

表 3　香港跨境人民币业务结算份额

国家/地区	2011 年		2014 年	
	结算量（亿元）	占比（%）	结算量（亿元）	占比（%）
中国香港	12818	61.6	52439.3	52.7
新加坡	1679.3	8.1	11012.6	11.1
中国台湾	524.2	2.5	4980.3	5.0
日本	587.5	2.8	3427.4	3.4
德国	415.1	2.0	3197.4	3.2
英国	284.3	1.4	2629.1	2.6
美国	346.9	1.7	2320.3	2.3

续表

国家/地区	2011 年		2014 年	
	结算量（亿元）	占比（%）	结算量（亿元）	占比（%）
韩国	249.4	1.2	2061.5	2.1
澳大利亚	308.9	1.5	1735.4	1.7
中国澳门	562.6	2.7	1665	1.7
英属维尔京群岛	157	0.8	1651.5	1.7
越南	341	1.6	1168.2	1.2
卢森堡	228.4	1.1	1165.1	1.2
法国	255.2	1.2	1054.6	1.1
合计	18757.8	90.2	43923	90.9

3. 价格波动上升（见图 7）。一方面，离岸人民币兑换价格（CNH）与在岸人民币兑换价格（CNY）偏离更加明显。2014 年以来 CNH 多年转向，到 4 月底急贬 4%，之后到 10 月底又反弹 2.3%，随后又大幅贬值，到 2015 年 3 月初下滑 2.8%，CNH、CNY 差价在明显拉大，但市场的价格并没有体现出两个市场的关联性。另一方面，汇率波动，CNH 汇率与利率变动相互影响程度加深（见图 8），2015 年初波动的频率和幅度都特别显著，预示着出现了钱荒问题。

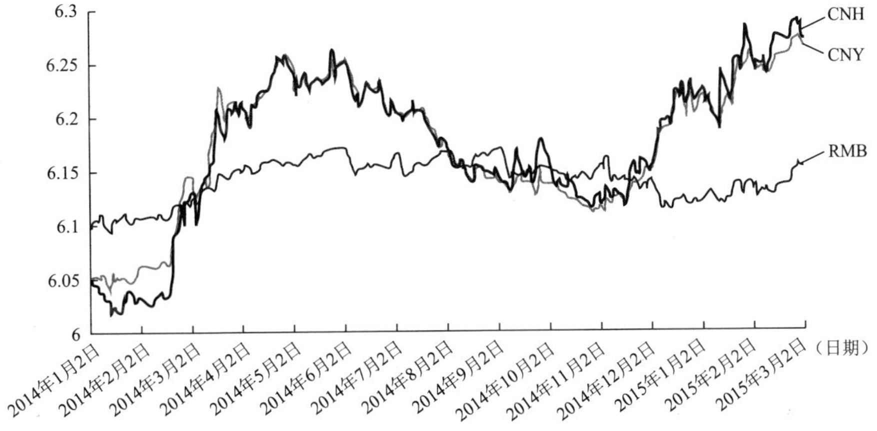

图 7　2014 年 1 月 2 日至 2015 年 3 月 2 日 CNH、CNY 及人民币中间价走势

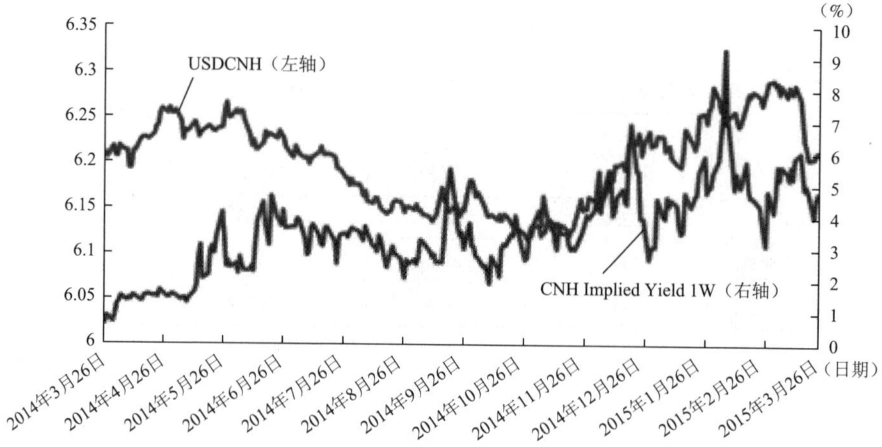

图 8 近一年来 CNH 汇率和 1 星期离岸人民币隐含利率(Implied Yield 1W)走势

4. 离岸市场流动性管理压力上升(见图 9)。2014 年以来,离岸人民币市场流动性问题开始浮现,隔夜拆息变化明显大于在岸市场,数度出现流动性紧绌现象。随着资产业务加快发展而汇率贬值,由人民币贸易结算而形成的汇款出现净回流,各家银行争夺人民币资金,推动存款利率一路攀升(见表 4)。2014 年上半年,内地一个月及三个月平均拆息高出香港 0.8 个百分点,下半年相当接近,显示当前离岸人民币市场资金较为紧张(见图 10)。

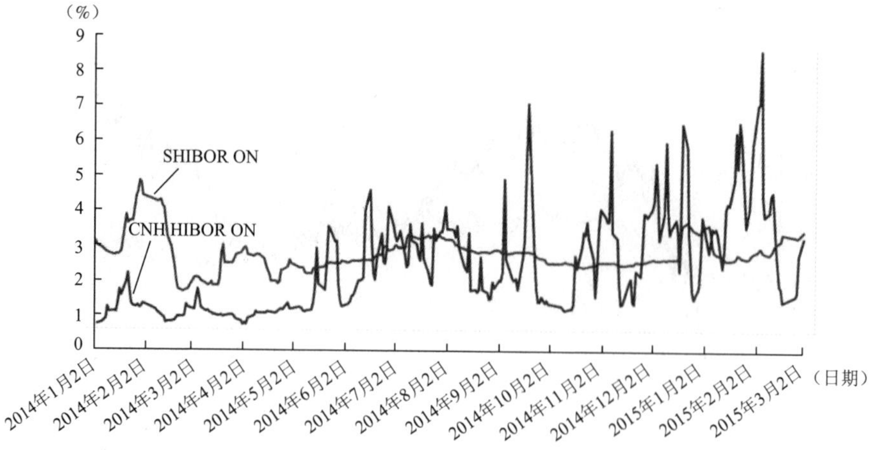

图 9 2014 年 1 月 2 日至 2015 年 3 月 2 日离岸及在岸隔夜拆息走势对比

注:SHIBOR ON 代表上海银行间隔夜拆放利率;

CNH HIBOR ON 代表香港离岸人民币银行间隔夜拆放利率。

表 4　人民币定期存款一览

银行	年利率	年期	门槛（人民币）
永隆银行	4.4 厘	12 个月	10 万元
南洋商业银行	4.38 厘	108 日	1 万元
渣打香港	4.2 厘	6 个月	10 万元
花旗香港	4.2 厘	3 个月	8 万元
创兴银行	4.18 厘	12 个月	10 万元
交银香港	4.1 厘*	12 个月	5 万元
信银国际	4.1 厘	12 个月	30 万元
建行亚洲	4.08 厘	12 个月	10 万元
中银香港	4.05 厘**	12 个月	10 万元
华侨永亨	4.05 厘	3 个月	30 万元
印度工业信贷投资银行	4 厘	12 个月	10 万元
东亚银行	4 厘	3 个月至 12 个月	100 万元

注：* 属存款证，扣除认购费实际息率。
** 属昨日息率，或会变动。

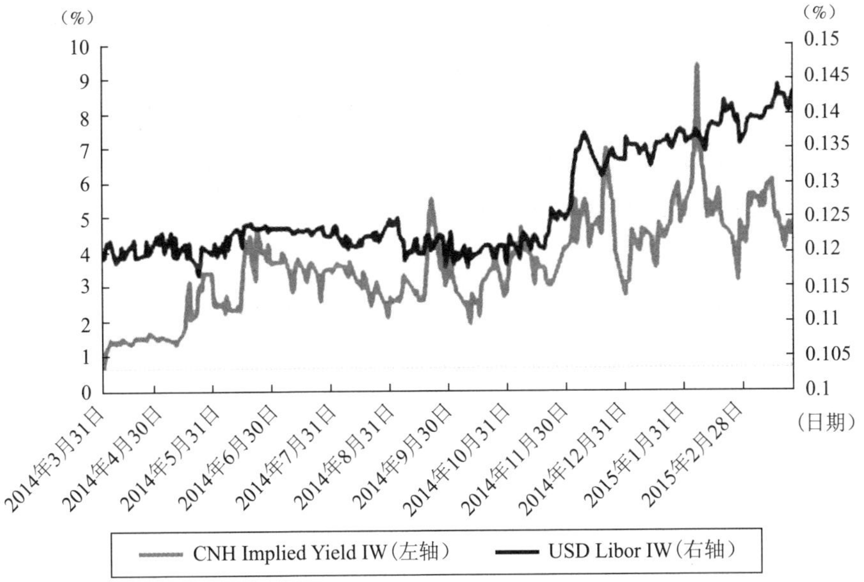

图 10　2014 年 3 月 31 日至 2015 年 2 月 28 日离岸人民币利率与美元利率

同时，市场产品体系尚待完善。中国香港地区是亚洲最大的资产管理中心，内地加快开放合格境外机构投资者（QFII）及人民币合格境外机构投资者（RQFII），人民币股票及双币双股已经起步，权益类产品尚有不足（见图11）。目前越来越多的央行，机构投资者持有人民币资产，目前的产品能够满足这种需求的程度还很有限，同时也缺乏相应的风险控制的手段，这个是市场上需要发展一个方面。

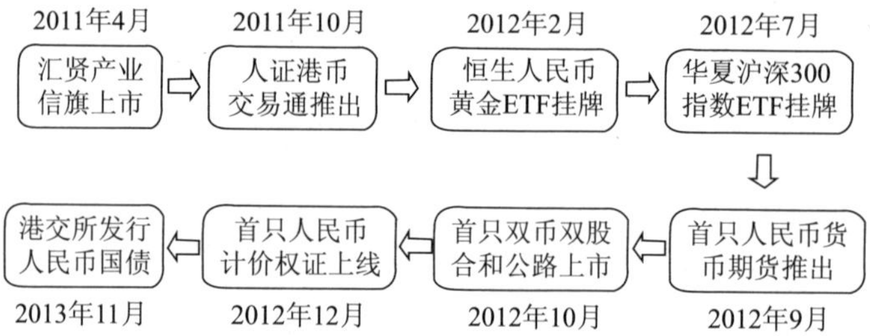

图11　离岸人民币权益类市场发展

四、 香港离岸人民币市场走向何方?

香港离岸人民币市场发展深化受多方面因素的影响。第一，目前阶段香港离岸人民币市场的发展离不开人民币国际化。从某种程度上说，离岸市场和国际化已经变成了硬币的两面。虽然贸易是推动人民币国际化很重要的一个方面，但目前现代金融业也成为经济体系的核心要素。人民银行明确提出了人民币国际化的目标，“十二五”规划纲要里面还明确提出支持香港作为离岸人民币业务中心和资产中心。从这个角度来讲，未来香港离岸人民币市场发展空间还很大（见表5）。

表5　人民币国际化指标估计

指标	2013年9月	2016年
跨境货物贸易人民币结算占比（%）	11.35	16~18
跨境FDI人民币结算占比（%）	24.43	30~35
跨境ODI人民币结算占比（%）	9.84	15~20
境外人民币贷款（不含贸易融资）	1400亿元	3000亿~4000亿元
非居民人民币存款	1.2万亿元	2.5万亿~3万亿元
离岸人民币点心债及可转让CD余额	5300亿元	1.1万亿元
人民币外汇交易量占所有货币比重（%）	2.2	4~4.5

第二，完善离岸市场流动性补充机制，提供充足的流动性，有利于推动离岸市场发展、金融产品创新、海外人民币投融资活跃（见表6）。

表6　中国香港离岸市场人民币流动性来源

资金提供方	流动性来源	说明
货币市场	货币互换	/
货币市场	银行间拆借	人民币银行间拆借可能发生在央行和私人银行之间，也可能发生在私人银行之间
中国香港货币当局	回购	隔日放款，期限为1天或一周（与中国人民银行签订互换协议） 当日放款，期限为1天（使用自有资金）
清算银行（中国银行香港分行）	回购	合格的抵押品包括在中国香港发行的证券（由债务工具中央结算系统（CMU）保管） 1. 中国政府债券 2. 中国政策性银行发行的债券

离岸市场流动性补充机制是根据香港金管局与人行签订的人民币互换协定，推出不同期限流动性资金安排，目前已经形成一整套离岸人民币市场较完整的流动性供给机制。

目前境外人民币市场发展尚处于初步阶段，全球各地资金循环和流动性补充尚没有形成一定规模。而香港离岸市场一直以来利用广泛的清算网络和高效的流动性管理功能，为其他境外地区提供人民币头寸和资金调剂，支持其他市场发展人民币金融资产和产品创新。在现有流动性管理基础上，可考虑进一步发展多层次的、较完整的流动性支持机制，为开发利率风险对冲、利率互换、浮息产品提供更为稳定的利率基础。

现在把离岸市场推进到全24小时循环运作后，不同的离案市场之间也出现了资金往来和变动。其他的境外离岸市场发展可能会出现对香港流动性争夺，也有可能为香港流动性提供一个新的渠道。不同市场之间价格如何变动和市场的相互运作是怎么关联的，是下一步探讨离岸市场需要考虑的一个方面。

第三，人民币加入SDR前景。加入SDR就意味着国际货币基金组织给人民币国际储备货币地位一个明确的背书，对于人民币国际化发展也是很重要的一个方面。

根据公布资料，目前至少有40个央行持有人民币资产，投资人民币资产的额度合计1400亿元以上，可排名第七大外汇储备货币（见表7）。但同时，这些央行持有人民币资产，多数还是属于非洲，亚太地区。推进主流的央行持有人民币资产可能是推动人民币国际化加快发展的很重要的一个方面。

表7 人民币部分履行国际储备货币职能

2010年11月	白俄罗斯央行宣布新增60亿元人民币外汇储备
2013年8月	白俄罗斯央行宣布，开始将中国国内人民币资产纳入外汇储备
2011年2月	泰国央行宣布获准投资2亿元人民币中国政府债券
2013年5月	泰国央行宣布拥有70亿元人民币债券购买额度
2011年9月	尼日利亚央行计划将外汇储备的5%至10%转为人民币（100亿元至200亿元）
2014年1月	尼日利亚央行决定增持人民币外汇储备，从目前的2%占比增至7%
2011年11月	中国人民银行与奥地利国民银行签署协议代理其投资中国银行间债券市场
2012年4月	日本财政大臣宣布，该国获准购买650亿元人民币中国政府债券
2012年4月	韩国央行开始投资中国政府债券，上限为200亿元
2012年4月	中国人民银行与世界银行签署协议代理国际复兴开发银行及国际开发协会投资中国银行间债券市场
2013年12月	世界银行集团成员国际金融公司（IFC）在中国银行间债市投资120亿元人民币
2012年7月	印度尼西亚、泰国、柬埔寨、尼泊尔央行将部分外汇储备投资人民币债券
2012年10月	中国人民银行与巴基斯坦国家银行签署协议代理其投资中国银行间债券市场
2013年3月	中国人民银行与南非储备银行签署协议代理其投资中国银行间债券市场
2013年11月	南非央行表示将投资约15亿美元购买中国债券，占其外汇储备的3%
2013年4月	澳洲联邦储备银行计划投入5%外汇资产购买中国主权债券
2013年6月	中国人民银行与尼泊尔央行签署协议代理其投资中国银行间债券市场
2014年4月	中国人民银行与卡塔尔央行签署协议代理其投资中国银行间债券市场

目前SDR货币篮子包括美元、欧元、英镑和日元。2010年国际货币基金组织（IMF）讨论SDR的时候曾经探讨过人民币是不是满足条件，这也是基金报告里面唯一被慎重考虑权衡的货币。一般来说，加入SDR需要符合两大标准，一是截至讨论结果生效前12个月的5年期间一国的商品和服务出口值是全球最大之一，该条件中国2010年即已满足；二是符合IMF在Article XXX（f）规定底

下的自由使用（Freely Usable，FU）标准，该标准分解为四个指标，中国达到该指标还有一定距离。

第四，“一带一路”建设。“一带一路”是中国对外开放的重要部分，中国将通过广泛贸易联系与相关国家形成交错的投资合作网络，为人民币贸易结算带来巨大发展空间，而香港离岸市场作为亚洲乃至全球最大的人民币中心，成为支持“一带一路”国家离岸人民币清算服务的核心枢纽。

“一带一路”发展过程中将建造大批基础设施，催生新一轮金融需求，香港银行业可以通过银团贷款和发债等方式向丝路基建项目提供人民币融资，也可以通过中国对外工程承包获得大量人民币境外直接投资（ODI）项目。

在中国“一带一路”倡议推进过程中，沿线国家和地区之间不断加强的产业合作和贸易往来将提升人民币作为区域贸易结算货币地位。对于俄罗斯、中亚等新兴市场，可以使用人民币为“一带一路”基础设施等提供项目投资，这对人民币市场发展有积极推动作用。同时，“一带一路”可以推动人民币作为区域结算货币，这对于人民币国际化是一个新的助力。

五、结论

香港离岸市场自2003年开始建立后，业务范围逐步扩宽，成为最重要的离岸人民币支付中心与资金池。未来，随着各大自贸区建设的逐步展开，跨境人民币融资需求将进一步增加。与此同时，香港离岸人民币市场也面临着人民币流动性扩张速度的减缓、离岸市场香港支付份额的同比下降、市场汇率波动加剧、市场产品体系尚待完善这四个方面“成长的烦恼”。在此背景下，未来香港离岸中心的发展需要完善离岸市场流动性补充机制，提供充足的流动性，同时推动金融产品创新和海外人民币投融资交易，并利用其成熟经验在“一带一路”建设中发挥示范带动作用。

【延伸阅读】

为了更全面地展示鄂志寰博士的研究成果，我们挑选并综述了以下四篇鄂志寰博士近期的研究成果以飨读者。

一、 香港离岸人民币市场新动力①

长期以来，人民币业务既是香港金融市场的核心优势，也是香港国际金融中心发展的重要推手。香港是全球唯一提供人民币实时支付结算系统（RTGS）的离岸人民币中心，拥有先进的人民币业务基础设施和最大的离岸人民币资金池。但是，2015 年下半年以来，人民币汇率波动幅度明显加大，香港离岸人民币市场进入了调整期，出现了三方面变化：①离岸人民币业务量持续收缩；②市场波动性上升；③人民币市场交易活跃度仍然维持在相对较低的水平，拆借、远期外汇交易、衍生品及点心债交易量大幅回落。显然，香港离岸人民币市场经过了近十年的发展，面临“成长的烦恼”，需要另辟蹊径，寻找新的增长动力。

人民币纳入 SDR 后，将有更多国家和地区与国内相关机构加强合作的意愿，人民币国际使用的区域结构亦加快调整。离岸人民币市场的区域扩容意味着离岸人民币市场整体规模的扩张，各离岸人民币市场之间亦可形成互补关系，形成多区域离岸人民币支付交替上升的新格局。香港作为全球资金自由港，具备辐射其他离岸市场的先天条件，更具有人民币业务的先发优势和规模优势，可以借助各地建立起来的人民币业务系统，加强与其他地区的合作，充分发挥离岸人民币的枢纽作用。一是打造离岸人民币金融产品开发中心；二是打造离岸人民币风险管理中心；三是因应加入 SDR 后人民币外汇交易需求，巩固香港作为最大离岸人民币交易中心的地位；四是打造离岸人民币资产管理中心；五是完善离岸人民币清算基建中心。

① 原文《香港离岸人民币市场新动力》，载《中国金融》2016 年第 11 期。

二、后脱欧时代的人民币汇率与人民币国际化前景①

英国脱欧公投是一个关于国家治理权力调整的政治选择，但国际社会重点关注的是其在经济和金融领域带来的影响。笔者分析，从目前情况来看，英国脱欧公投对全球金融市场的冲击具有短期性特征，但长期来看，脱欧意味着全球金融市场将进入一个不确定性持续攀升的时代。

对于人民币汇率而言，英国脱欧公投事实上是对现行人民币汇率制度进行了一场突如其来的压力测试，有力验证了现行双锚机制具有明显的市场供求主导特征，表现出较强的灵活性和弹性。预计在后脱欧时代，全球金融市场不确定性持续上升，人民币汇率需要保持更高的弹性，以应对可能出现的外部冲击。在全球低利率的总体背景下，人民币作为高息货币，可能在正式加入特别提款权（SDR）后，吸引更多的中央银行和主权基金配置人民币资产，从而为人民币国际化发展提供新的动力。也应当看到，随着人民币国际化的发展，中国金融市场对外开放程度不断加深，中国内外金融政策协调的压力有所上升，人民币汇率的影响因素更趋复杂，市场波动亦在攀升，对于引起的市场过度波动应有充分的估计，及时采取相关措施，有效控制风险，保持金融市场的基本稳定。

三、深港通推出意义深远②

深港通是沪港通的升级版，其影响范围也更加深远。深港通在深化内地与香港金融合作、进一步巩固香港国际金融中心地位的同时，有利于发挥深港区位优势，加快内地金融业的对外开放，加快推动人民币国际化进程。从具体措施上看，深港通吸取了沪港通成功的经验，在两地市场互联互通实践基础上的改进和发展，既呼应了市场需求，又在相关安排上更为灵活，主要体现在以下两个方面：其一，沪港通、深港通同时取消总额度限制，继续保持每日额度限制，双方可根据运营情况对投资额度进行调整，进一步提升了灵活性；其二，深港通投资标的进一步拓展与市值限制相结合。

① 原文《后脱欧时代的人民币汇率与人民币国际化前景》，载《清华金融评论》2016年第9期。

② 原文《深港通推出意义深远》，载《金融博览》2016年第9期。

相较于沪港通，深港通或呈现不同的特点：第一，深港通有利于两地投资者更好地共享内地与香港经济发展成果，对香港投资者而言，深港通提供了满足其投资内地多元化需求的新途径；第二，深港通可能带来更加活跃的资金流动；第三，深港通将为香港证券与银行机构提供新的业务机会；第四，从市场层面来看，预计在短期内深港通可能会提振促进成交上升，重演沪港通初期的盛况。

作为人民币国际化与内地资本项目开放的重要措施，深港通启动后，内地投资者有更多渠道直接使用人民币投资香港市场，个人投资者拥有了更多的人民币资金回流内地规范管道，使资金在两地有序流动更加畅通和规范。深港通推出后，两地资本市场的融合与发展将加快推进，两地监管部门也将在风险控制、资金流向和规则调适等方面展开更多交流和合作。随着内地与香港金融市场更多交流与互动，香港离岸人民币市场的运行将出现自我流转的良性循环。

四、“一带一路” 倡议的经济金融效应分析①

为推动中国全方位对外开放，“一带一路”倡议将对全球经济格局及周边区域经济发展产生深远影响：①助力中国经济换挡，如促进中国经济区域结构调整；加快产业结构优化升级；为出口增长提供动能，加快出口模式创新；推动以项目承包等形式输出劳务及先进的装备、技术、管理等，使其完成由低端制成品、消费品向高新技术的出口转型，打造系统化的贸易产业链。②推动中国对外投资及中国企业走出去。③推动结构性金融业机构的发展。④为人民币国际化注入新的增长动力，如推动人民币国际化不断加深，推动人民币计价及支付走进当地市场，推动人民币在更多的区域中心使用，有助于香港离岸人民币债券市场的发展。

“一带一路”是史无前例的综合性系统工程，具有长期性和复杂性。相当一段时间内将面临交通、通信等硬件设施缺乏、法规政策不兼容、缺乏政治互信等挑战。同时，地缘政治风险居高不下，文化宗教冲突、恐怖主义风险亦不容忽视。因此，商业机构也应强化相关的风险控制，在“一带一路”建设中加强沟通磋商，充分发挥多边、双边、区域、次区域的业务合作机制和平台作用，扩大利益契合点，推动共同发展、共同繁荣。

① 原文《“一带一路”的经济金融效应分析》，载《金融博览》2015年第4期。

附：鄂志寰博士近期主要研究成果

1. 鄂志寰：《心理防线？整数关口?》，载《金融博览》2017 年第 3 期。

2. 鄂志寰、戴道华：《理性评估人民币贬值对中国银行业的影响》，载《清华金融评论》2017 年第 1 期。

3. 鄂志寰：《美元“王者归来”意味着什么?》，载《金融博览》2017 年第 1 期。

4. 鄂志寰：《香港离岸人民币市场新动力》，载《中国金融》2016 年第 22 期。

5. 鄂志寰、蔡永雄：《中国经济尝试触底，供给侧改革效果渐现》，载《金融博览》2016 年第 11 期。

6. 鄂志寰、苏杰：《深港通推出意义深远》，载《金融博览》2016 年第 9 期

7. 鄂志寰：《后脱欧时代的人民币汇率与人民币国际化前景》，载《清华金融评论》2016 年第 9 期。

8. 鄂志寰：《汇率政策溢出效应以及需要关注的问题》，载《经济研究参考》2016 年第 30 期。

9. 鄂志寰：《从近期波动看人民币汇率中期趋势》，载《清华金融评论》2016 年第 3 期。

10. 鄂志寰：《香港国际金融中心地位牢固吗?》，载《中国经济周刊》2016 年第 7 期。

11. 鄂志寰：《发展瓶颈期？战略机遇期！——“十三五”时期香港国际金融中心发展前景评析》，载《金融博览》2016 年第 1 期。

12. 鄂志寰：《香港国际金融中心的经验》，载《中国金融》2015 年第 18 期。

13. 鄂志寰、李诺雅：《“一带一路”的经济金融效应分析》，载《金融博览》2015 年第 4 期。

14. 鄂志寰：《沪港通如期启动将带来哪些变化?》，载《金融博览》2014 年第 12 期。

15. 鄂志寰、周景彤：《美国信用评级市场与监管变迁及其借鉴》，载《国际金融研究》2012 年第 2 期。

吴志峰，金融学博士，北京大学光华管理学院金融学博士后，中国人民大学国际货币所特约研究员，中国银行业协会行业发展研究委员会副主任。

现任国家开发银行国际战略研究处处长，负责“一带一路”等领域的规划与战略研究，主持拉丁美洲系列课题。曾参与国家自然科学基金课题《WTO与中国商业银行的改革与创新》，执笔中央政策研究室国家重大课题《我国“走出去”战略的金融支持战略》，主持《银行改革中的组织结构：理论与方案设计》《商业银行长期激励机制研究》等重大课题。2008年参与编写的《开发性金融论纲》《开发性金融与中国债券市场创新》、担任执行主编的《开发性金融经典案例》荣获中国“政府出版奖”，2010年荣获国家开发银行创新成果二等奖，2011年荣获国家开发银行创新成果特殊贡献奖，2015年荣获中组部研究成果一等奖。主要研究货币银行、国际战略与金融科技（FinTech），是国内关注研究区块链（Blockchain）的先行者。

【演讲实录】

区块链：价值互联网的基础架构

□ 吴志峰

区块链是一项分布式共享记账技术，第一次能够从技术层面建立去中心化信任。吴志峰博士重点分析了区块链在网络协议栈中的位置，并强调了区块链共识、安全、开放的三大核心特征，对区块链的发展趋势、点对点价值转移方式以及智能合约进行介绍，探讨了区块链的去中心化模式、在系统和业务两个层面的逻辑结构以及分布式的新型记账流程。他提出，区块链建立去中心化信任的三个关键技术分别为动态组网、账本结构和共识机制，并引例介绍了区块链技术在货币与支付、记录保全、证券、智能合约等领域的探索与实践。

我们提倡把区块链和比特币两个概念区分开来，不是一提区块链就必须是比特币，或者说两者合为一体。比特币可以是作为三个概念：第一，它是一个虚拟货币；第二，它是一个基础架构。第三，整个是一种业态。现在提倡把区块链作为一个底层架构来谈，但不是一谈到区块链就一定是比特币，因为在中国人们对比特币有一些误会。不是比特币本身有什么弊端，而是对它的认识，尤其包括政府对比特币的认识可能还有很多不到位的地方，或者有很多误会。所以，现在要撇开这一块，只谈区块链，而且区块链确实不光用在比特币上，比特币只是区块链的第一个应用，区块链的应用比比特币本身的应用要大得多。区块链将是整个金融系统里新一代的金融基础设施，所以从这个角度理解区块链可能会更有意义。

一、 区块链是什么?

1. 区块链的产生和意义

对于区块链的概念，应该从现实谈起。区块链的产生和存在是“这个时代的需求”，现在“这个时代的需求”迫切需要从现在的信息互联网向价值互联网转移。目前互联网虽然已经高度发达，但并没有做到价值的点对点传播。为什么做不到这一点?因为互联网中的信息是重复发送的，但是一个价值如果是转过去以后，自己还保留，那等于是加倍了，这样价值就不可能这么点对点的传播。

怎么做到点对点的传播呢?原来的手段是通过中心化机构，像微信建立一个中介的虚拟的中心化的账户，跟每个用户的个人账户进行点对点的传播，并不是用户直接点对点转移价值。什么时候才突破呢?2008 年中本聪提出比特币的原理，比特币的原理就是依托一个算法，这个算法能做到不需要一个中介机构就能直接做到点对点传播。所以，中本聪提出的概念是具有伟大意义的，不光是价值的直接传播，而且现在信息互联网上出现的条线状的帝国，或者条线状的垄断机构也需要用区块的这种结构进行对冲。

区块链从概念上，从它的基本原理上就能够对条线状帝国的垄断进行冲击，这是它非常有价值的地方。其实区块链最重要的意义是对每个信息或者每个价值赋权，能找到它的主人，找到它的所有权所对应的那个人，所以这样能够使每个人来真正掌握自己的财产所有权，真正掌握信息所有权，能够真正保护自己的隐私。在这个意义上，区块链正是给这个时代的礼物。

2. 区块链的定义

简单说，区块链就是一种分布式的记账，或者分布式账本，从价值互联网上用账本的概念是完全没错的，但是如果区块链应用可以更加多元，它在后边不光是一个记账的概念，它实际上对每个交易信息进行确认，进行它的缜密的辨识，所以账本概念应该也是具有扩展性的。因此，区块链本身随着时间的推移也会进行扩展，这是从它的定义上来说的。

从工具来说，如果人家问什么是区块链，就说这是一个分布式账本。至于这个分布式账本更深的含义，就需要搞清楚分布式是什么含义，账本是什么含义。分布式就是由很多节点共同维护，不光是中心化的一个点，而是由很多点来掌握，所以这就是它最基本的概念，并且它通过分布式账本颠覆了中心化账本固有的一些弊端，能够解决它原来的一些问题。这是对区块链的定义。

我们还应从技术结构上找到区块链的位置，尤其在跟信息基础设施的结合上，要大概有一个这样的位置。前一段时间有人说，区块链以后要取代 TCP/IP 协议，我认为该提法可能是不对的，区块链并不是要取代 TCP/IP 协议，而是它实际上是跟超文本协议，就是 HTTP 处于同一个位置，区块链是建立在 TCP/IP 这个基础上的。

3. 区块链的特点

第一，共识。它是采取共识的算法来保证，来实现点对点的价值传播，而这个共识所做的东西是安全的，为什么是安全的？因为它是一套数学算法，陌生人之间靠数学算法达成共识，共同来维护，来解决所谓的拜占庭将军的问题。

第二，交易是真实的。产生一笔交易，首先要验证这笔钱从哪儿来，合不合法，交给对方的时候，这里要减少一笔钱，对方要增加一笔钱，这个交易账本被每个参与的节点所记录，大家都知道这个事发生了，这个事就不能撤销，如买卖一栋房子，到最后如果房价上涨了，不卖了，反悔了，这样不行。为什么不行？因为这个交易已经公布出去了，在整个系统向每个节点公布，除非说服每个人都同意你反悔，否则就不可能反悔，所以直观的表述是这么理解。怎么做到这一点呢？它是由一套算法达成，不是人为的讨价还价，在算法上就不给你反悔的机制。

第三，这个算法的代码是开源的。不是封闭操作，而是这个程序懂 IT 的人可以进来验证，验证一下是不是这样，做出这么一个开源系统，或者一个区块链系统，说能够产生信用，不信的话，进来验证一下是不是这样。所以，我们说科学就是可以重复证明一个现象。这个算法的代码如果开源了，每个懂IT的人进来对系统进行验证，验证跟你说的是一样的，就证明说的没错。实际上从直观的角度是这样去理解。

所以，区块链的核心特征就是共识、安全和开放，尤其是开源算法，构成了区块链的核心特征。

二、 区块链的工作原理

整个区块链从原理来说有三个结构：第一，它的组网结构，它是一种分布式的组网，不是靠中心化的结构。第二，账本结构。第三，共识机制。这三大结构构成区块链市场的运作，实现价值的传播。

1. 组网结构

组网结构和中心化结构彼此之间是平等的结构，不是上下级命令关系的结构。并且这个网络可以有新的节点加入，也可以从现在的节点退出。这么一个分布式结构跟中心化结构在执行的效率和安全上是有很大差别的。比如中心化结构，它一定会随着交易数量的增加有可能会产生拥堵，也就是会损失它的效率。从安全的角度，对于中心化结构，如果把这个中心节点攻克，系统就崩溃了，但是区块链系统如果攻克一个点，其他点还会存在，这样安全性就有很大的不同。从防卫角度也是很不一样的，中心化结构是把中心的安全保密做到极点，但是分布式就不需要做这么多防护层，不像中南海的安保系统，不需要很高级，就是里面决策的人可能分散在不同地方，工作形成另外一个点，很多决策点同时存在，所以打不死他。不需要做那么高级的防护，成本肯定会下降，这就是分布式结构跟中心化结构一个非常大的不同，在安全性、收益性、成本性都有很大的不同。

2. 账本结构

比特币的运作原理来说，每隔10分钟产生一个块，这个块把10分钟内产生的所有交易都记在这个块里面，这个块再向下一个块进行传递，新的10分钟再有一次记录，把这个记录经过所有节点的认同以后，又记在原来的块上。

一个块跟上一个块从时间上排成一列，形成一个链条，这是区块链很核心的一个特点，而且中间通过密码学形成 Hash 值。Hash 本身是密码学的一个函数，它是一个单向函数。从 A 能找到 B，但是 B 倒过来找 A 的时候可能找不到了，这是密码学里面函数的一个特点，它是一个单向的。并且从 A 到 B 的时候对 A 这个账本进行记载的时候形成一个 Hash 值，对应放在 B 那里。但是如果 A 发生变化的时候会产生一个新的 Hash 值，就跟原来的 Hash 值不一样了。这样如果进行篡改的时候，Hash 值一定会发生变化。所以，为什么说区块链不可篡改，除了要得到每个节点的确认以外，它还有另外一个保证手段就是 Hash 值本身的保护，只要一篡改，hash 值就会发生变化。所以，这就是它在做账的过程中，进行密码学传递过程中，它也会有这样一个防篡改的技术实现手段，这些是通过算法保证的真实性，真实性本身是能够产生信用的，这就是他为什么能够形成价值互联网这么一个基本的算法原理、算法基础，这是它的账本结构。

3. 共识机制

在比特币的工作原理里面，它采用工作量证明机制，工作量证明机制形象说就是“挖矿”。“挖矿”实际上就是记账，对产生的交易来对进行确认，这就是“挖矿”。

也因为这个“挖矿”机制，比特币有几个缺点，一个缺点就是因为“挖矿”它要花费很多电力，这样它就浪费资源。所以，找替代机制的时候，提出了很多新的算法原理。比如，有一个系统叫比特股，它采取权益证明机制，还有干脆就是派代表，直接指定哪些节点验证，不再像比特币一样去竞争算力，没有这个竞争的过程，直接指定一些节点来做验证。

共识机制如何达成共识？以比特币的工作量证明机制为例，在挖比特币的过程中，因为每个计算机记账的时候彼此之间是竞争的，一竞争意味着有些节点所做的工作可能是无效的。比特币验证过程中，你在验证，他也在验证，两个同时验证，最后只取其中一个，不可能参与验证的每台矿机都被承认，比特币定的原则是看哪一个链条最长，就认为哪一个是成功的，是有效的。

这个过程是怎么产生的呢？一开始比如全球比特币系统处于达成一致的状态，在这个时候有一个新的交易产生了，新的交易产生，绿色的部分在记账，也有红色的部分在记账，两个或者更多部分同时去记账。记账过程中，开始是蓝块，这时候产生一个红块，一会产生一个绿块，这样就分叉了，这个时候又有新的交易产生，这个新的交易产生是紫色的块，它决定跟红色的还是跟绿色的呢？它可以跟红色，也可以跟绿色，如果跟绿色，说明右边这条线的链条比红色的更长了，这样红色的这一块就废掉了，达成的共识就是绿色的。实际上现在的工作量证明机制是通过这种竞争来产生的。

在这种情况下，我们就要问了，红色的岂不是很委屈，是不是就停在那里不做了。可以停在那里不做，但是如果停在那里不做，就被系统抛开了，比特币再也挖不到了，所以红色矿机如果想参与比特币过程，唯一的办法是再去跟在紫色的后面才可能使自己的生命延长下去，使自己再参与整个比特币“挖矿”。它是通过这么一种简单粗暴的竞赛机制达成工作量证明机制，谁挖的速度越快，谁做的工作越多，是采取这种方式达成共识的。

通过对组网结构、账本结构、共识机制这三个部分的介绍，基本上明白了区块链是怎么工作的，为什么很难对真实性篡改记录，以及为什么形成达成共识的账本。

三、 区块链的应用

1. 比特币

区块链第一个应用就是比特币，现在全球比特币已经稳定运行了六年了，这是一个已经被证明的机制，它的市值大概为 64 亿美元。那么，现在有很多的金融机构正在关注区块链，基本上除了中国的银行以外，全球银行都在关注，原来主要是欧美，最近日本和韩国银行也很关注。

2. 货币与支付

现在区块链基本上用在四大板块。第一大板块，用在货币与支付上，这在银行和金融系统使用较多，尤其像锐波用在支付，还有很多其他应用用来做汇款，包括用来做结算，也可以用在众筹市场。

3. 公证

区块链的应用除了金融，还有很多方面，其中最重要的一个方面是用在对记录的保全上，尤其是对一些权证的确认，包括土地权证、健康档案、电子病历等很多方面都可以用区块链。比如，有一个公司叫公证通，他跟洪都拉斯政府签订了一个协议，用区块链登记在洪都拉斯土地的所有权。虽然进展很缓慢，但是实际应用还是做了一些工作的。

4. 证券

在证券方面，澳大利亚证券交易所已经用区块链进行试运行，另外纳斯达克在使用区块链系统 Linq，主要用做证券的股权登记和记录，尚未用在交易方面。很多没有上市的公司用区块链可以真实地记录历次股权变更，如天使、A 轮、B 轮。包括内部员工的所有权这种记录用区块链来做也非常好。像中国的华为公司，员工所有权很复杂，内部有很多方案，如果单纯用 Excel 表记录可能是记不清的，但如果区块链用在华为内部股权的登记上我觉得会非常有用。在这种记录的基础上，实际上可以实现内部交易，用区块链来做将是有很大的好处。所以，在证券方面也是可以用区块链的。

5. 智能合约

区块链的未来实际上是跟智能合约挂钩的，区块链一旦跟智能合约挂钩，我认为它的应用太大了，这正是要研究区块链的原因。契约或者说合同是一个人成长的过程中经常要经历的一些事情，包括我们去银行柜台，实际上是在跟银行签合同；用手机去移动公司柜台也都是签合同。实际上人的一生由一个个合同组成，整个社会尤其经济社会都是合同，如果区块链用在智能合约上，它的整个社会应用就非常广泛，这就是为什么区块链有那么大的社会意义。当前关于区块链应用的很多研究还处于非常原始的阶段，我现在也不看好区块链在智能合约上马上用起来。但是，智能合约一定是一个未来的方向，它之所以不看好，或者现在还不够成熟，是因为现在的社会条件不是区块链单方面突破就能够达到，需要很多各方面条件的成熟。

所以，未来世界一定是一个智能合约的世界，但是智能合约如果没有区块链在其中做一个核心支持，也是不现实的。区块链能够支撑起整个社会价值互联网的发展，能够把整个社会带到一个新的高度。

【延伸阅读】

为了更全面地展示吴志峰博士的研究成果，我们挑选并综述了以下两篇吴志峰博士近期的研究成果以飨读者。

一、 区块链与数字货币发行①

从货币形态的历史演化分析，货币是为了便利商品之间的交换而产生的，其主要作用是交换媒介。在社会生产和交换过程中，货币的形态会由于交易便利性的需求发生改变。在货币演化历史上，第一次革命是货币从物质形态向贵金属形态的飞跃；第二次革命性飞跃是货币从贵金属向纸币转换的过程；第三次货币革命是纸币向数字货币的飞跃。从货币的发展历程可以确认一个道理，即交换媒介是货币最为基本的职能和属性。货币形态的每一次改变都是由交易的便利性出发的，了解这一点对认识货币发行具有非常重要的意义。未来，在数字货币的发行问题上，对货币职能的认识将会对下一步正确决策起到决定性作用。

区块链是“一种让人们在无须信任的情况下通过共享的事件记录或日志达成共识的技术”。这个共享的记录或日志分布式存储于整个网络中，并由所有参与方进行验证，由此避免了对第三方信用的需求。在数字经济中，这些所有权证明将被数字化，以数字形态转移，这与信息社会的信息转移没有本质区别。然而，目前在产权转移时需要复杂的签约过程，产权转移和资金转移过程相互割裂，无法实现价值的点对点转移。此时，区块链第一次使价值的点对点

① 原文《区块链与数字货币发行》，载《国际金融》2016年第9期。

转移成为可能。

关于数字货币发行，有三种可能的模式。第一种模式是央行大账户模式，即个人、企业和金融机构同时在央行账户开户，减少传统银行系统的清算、结算步骤；第二种模式是在保留现有货币发行机制的基础上，通过央行与各商业银行合作来发行数字货币，通过将商业银行、甚至各省财政等机构，设置为发行和验证节点进行扩展；第三种模式是在没有前两种模式的情况下，自然演化的形成过程，这种过程类似于中央银行出现前的货币体系状态。三种发行模式各有优劣，整个发行过程将会是各方利益的博弈过程。特别是在跨越国界时，数字货币的发行可能会遭遇国际政治问题。一旦某个国家率先发行数字货币，这个国家就率先具有了经济渗透性，或者说经济侵略性。

总而言之，法定数字货币发行在技术上是可行的，但在国家战略、法律和社会制约等问题上需要进行深入的研究，短时间内诞生有难度。我们建议先进行概念证明，进行数字化模拟实验，以充分研究和评估其运行过程中的问题和冲击效果。

二、 货币本质、 世界货币与人民币国际化①

货币的基本职能是交易媒介和价值尺度。货币交易的便利性决定了货币的历史与未来。“金银天然不是货币，货币天然是金银”论证的只是金银充当交易媒介的便利性。然而“货币天然是金银”只是阶段性的历史结论，几个地区一旦统一成国家，依靠国家信用，用统一的纸币取代金银进行交易就更为便利，因此到了国家阶段，货币天然就是纸币等信用货币。信用货币真正成为稳定的价值尺度和交易媒介是在西方“议会制”政府之后。当欧美国家主宰世界经济、贸易、金融时，信用货币通过虚拟的“含金量”逐渐在国际贸易金融中成为交易媒介和价值尺度，进而也节省了国际交往中的交易成本。待欧美国家强大到可以通过“布雷顿森林体系”达成国际货币体系的框架，信用货币终于因为有了大国信用的稳定而流行全球。之后，虽然“美元危机”使市

① 原文《货币本质、世界货币与人民币国际化》，载《金融博览》2016年第1期。

场信心出现波动，但退出货币舞台的却是真金白银，1976 年“牙买加会议”使黄金非货币化，美元作为世界货币通行全球，连“黄金兑换”这一最后的物质担保都不必要了。

随着电子货币的出现，信用货币的形式继续演变。比起黄金，用纸币交易非常便利，但如果交易只需要刷一下卡、敲几个键盘，人们就会弃纸币而去。发展至今，货币已经成为数字，而数字无论用于计价还是交易都是最便利的，因此货币的未来一定是数字，或者叫数字货币。发工资只是给你记账一个数字，投资获利只是增加一个数字，资金汇出和花费只是减少一个数字。当然，数字货币的前提是有一个机构一直在维护你财富数字的稳定，不仅在你增减财富时及时给你增减数字，更重要的是确保除你自己之外无人能动用你的财富数字，就像没人能动用你家中的保险柜一样。这就又回到了国家信用的话题，只要国家信用保持稳定，数字货币就是最理想的货币。

人民币国际化首先需要在周边地区推广人民币的使用，同主要贸易国家和地区协商让人民币成为可选择的计价和结算货币。目前，中国人民银行已同多个国家签署货币互换协议，这个进程还要扩大和加速。另外，人民币清算银行及离岸市场的建立都需加速，只有提高了人民币在国际上的可接受程度，人民币才能在国际市场站住脚跟。作为起点，人民币国际化首先还是要实现自由可兑换，没有自由可兑换，国际化就是空谈，成为储备货币就更无从谈起。

附： 吴志峰博士近期主要研究成果

1. 吴志峰：《区块链与数字货币发行》，载《国际金融》2016 年第 9 期。

2. 吴志峰：《货币本质、世界货币与人民币国际化》，载《金融博览》2016 年第 1 期。

3. 郭濂、吴志峰：《稳妥有序实现人民币资本项目全面可兑换》，载《中国银行业》2015 年第 5 期。

4. 吴志峰：《经济特区是我国实施“走出去”战略的新平台》，载《清华金融评论》2015 年第 1 期。

5. 吴志峰：《基础设施与产业园区是走进拉美的两大抓手》，载《清华金融评论》2014 年第 10 期。

6. 吴志峰：《身股制度：山西票号的昌盛密码》，载《中国银行业》2014 年 9 期。

7. 吴志峰：《两洋铁路是中拉经贸合作的战略支点》，载《清华金融评论》2014 年第 9 期。

8. 田志、吴志峰：《中国在拉美地区的自由贸易区布局及合作战略》，载《拉丁美洲研究》2014 年第 1 期。

陈卫东，博士，1997 年毕业于中国人民大学国际经济系并获经济学博士学位。兼任中国国际金融学会秘书长，担任《国际金融研究》杂志以及《国际金融》杂志主编。

1999 年加入中国银行，现任中国银行国际金融研究所所长。致力于宏观经济运行及调控政策研究、人民币国际化、金融监管和国际银行业发展趋势的研究和管理工作，曾从事中银香港重组上市和中国银行整体上市工作。2005—2011 年任中国银行战略发展部副总经理，2011—2014 年任中国银行辽宁省分行副行长。

对人民币国际化及离岸市场定价问题的思考

□ 陈卫东

陈卫东认为，“8 · 11 汇改”① 之后人民币面临着在岸与离岸价差波动加剧，国际支付份额下降，离岸市场存款下降，债券发行减缓，外汇交易业务活跃的变化。他指出，人民币国际化本质上是市场化，货币国际化是一个曲折的过程，在此过程中要保持人民币的特色，关注离岸市场的发展。人民币国际化的理论问题还没有完全解决，离岸市场定价问题也不容忽视，此外还需考虑人民币国际化未来发展的路径设计。

一、 人民币国际化近况

“8 · 11 汇改”是思考人民币国际化的重要经验和经历。自 2009 年跨境人民币试点以来，到 2015 年汇改之前人民币汇率基本呈线性走势。“8 · 11 汇改”后，在中国内地市场和香港离岸市场上出现了强烈的人民币贬值预期，导致外汇储备大量下降。大量外汇美元负债被提前偿付，大量居民持有、兑换美元资产，也有大量资本流出中国境内。在岸与离岸价差扩大且波动加剧。

① “8 · 11 汇改”，即 2015 年 8 月 11 日，央行宣布完善中间价定价机制。即日起，要求做市商在每日银行间外汇市场开盘前，参考上一日银行间外汇市场收盘汇率，综合考虑外汇供求情况和国际主要货币汇率变后向中国外汇交易中心报价。

从主要指标来看，人民币国际化进程有所改变。从国际支付份额来看，2015 年 8 月，人民币在国际市场份额曾经一度达到 2.79%。2016 年 10 月人民币国际支付全球市场份额为 1.67%，较 2015 年末下降了 27.7%。

离岸市场人民币存款下降，债券发行放缓。其中，2016 年 10 月末，中国香港人民币存款规模为 0.66 万亿元，同比减少 22.4%；中国台湾人民币存款规模为 0.31 万亿元，同比减少 3.4%；第三季度末新加坡人民币存款余额为 0.12 万亿元，同比减少 46.7%。人民币点心债市场呈低迷态势。不过由于人民币汇率双向波动产生市场机会，市场风险增加导致外汇交易活跃，所以影响较为有限。2016 年 4 月，人民币取代墨西哥比索成为全球交易量最高的新兴市场货币；人民币在全球市场的份额翻番至 4%，日均交易量超过 2000 亿美元。

总而言之，从上述主要指标变化来看，“8 · 11 汇改”改变了人民币国际化线性向上的走势，市场预期发生变化。这为思考人民币国际化提供了经验和借鉴，也提供了数据分析基础。

正因为如此，对人民币国际化的争议有所加大。支持意见认为，人民币国际化将会由市场推动继续前行。人民币国际化发展是一个市场驱动的过程。市场波动会有所影响，但随着预期平稳，人民币国际化会回归正常。反对意见则认为，人民币国际化不应过快推进。人民币若要被国际社会接受就必须完全可兑换，但是中国目前不具备完全放开资本账户的条件。

二、 影响人民币国际化发展的因素

当前不能对人民币国际化面临的不确定性因素视而不见，但一系列推动因素将促进人民币国际化稳步前行。我们认为，主要存在以下几个方面的推动因素：

第一，中国经济的发展。很多国际机构和经济学家都在预测分析未来中国经济何时能成为世界第一。根据我们的测算，以 2014 年汇率不变价估算，预计 2029 年左右中国 GDP 规模将超过美国成为世界第一大经济体，预计 2049 年中国 GDP 约为 58.9 万亿美元，占全球 GDP 的比重将达到约 26.9%（见图 1 至图 3）。根据历史经验，一国货币是否能成为主导货币的重要基础是该国经济在全球的分量。如果中国经济中期能够达到这样的水平，人民币的分量自然也会得到提升。

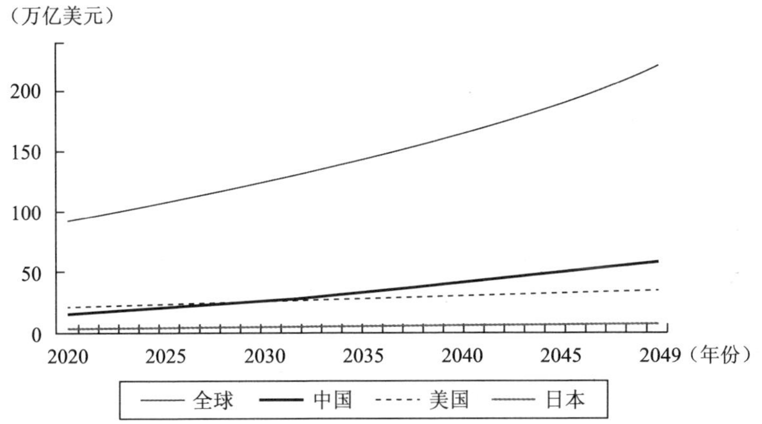

图 1　2020—2049 年中国、美国、日本及全球 GDP

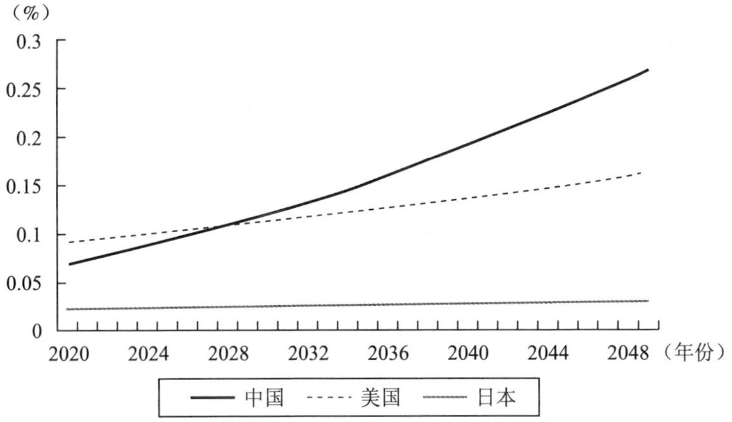

图 2　2020—2049 年中国、美国、日本的 GDP 分别在全球 GDP 中的占比

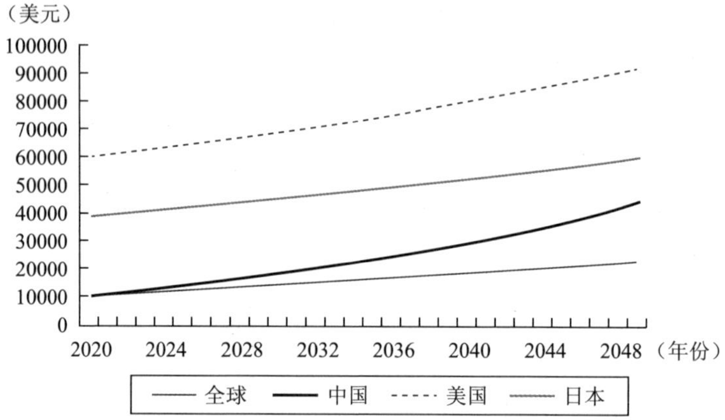

图3　2020—2049年中国、美国、日本及全球人均GDP

注：由图1至图3可知，

①以2014年汇率不变价估算，2029年左右中国GDP规模超过美国；

②以2014年汇率不变价估算，到2049年中国GDP约为58.9万亿美元，占全球GDP的比重约26.9%；

③以2014年汇率不变价估算，2023年左右中国人均GDP将超过12500美元的国际分界线，顺利跨越"中等收入陷阱"，成为高收入国家。到2049年中国人均GDP为4.35万美元左右，仍低于美国（9.2万美元左右）、日本（6万美元左右）。

第二，对外贸易的发展。中国自2012年开始成为全世界第一大贸易国，虽然贸易增长速度下降，但仍然保持第一的位置，市场份额依旧上升（见图4）。对外贸易额在世界占比对本币的使用中具有特别的价值和意义。主要发达国家货币国际化进程中，进出口贸易以本币计价的比重在50%左右，而2015年人民币货物贸易结算占中国货物贸易总额的26%。根据国际经验，人民币在货物贸易中的结算占比发展空间巨大。

第三，对外投资的变化。中国一直是外商直接投资（FDI）的重要目的地。但从2005年开始，我国对外投资资本输出增长速度较快。特别是2014年和2015年，我国接收外资和对外投资的规模基本相当。根据英格兰银行的测算，到2025年中国总的国际投资头寸占全球GDP的比例将从2012年的5%增长至30%以上，但与美国50%的水平仍有差距（见图5）。

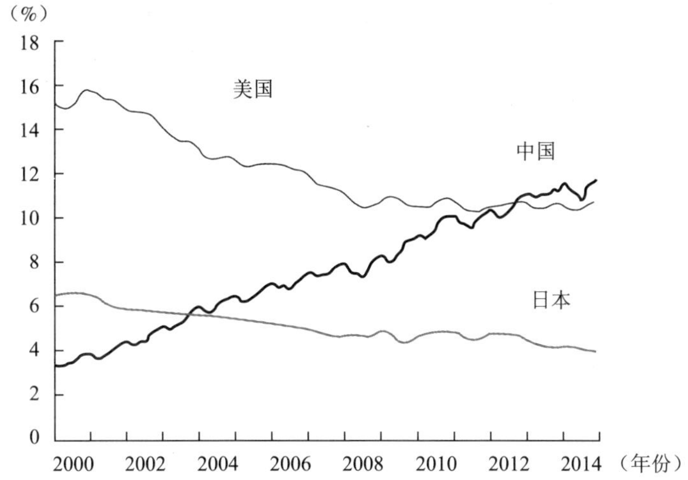

图 4　2000—2014 年主要经济体对外贸易额占全球贸易总额的比重

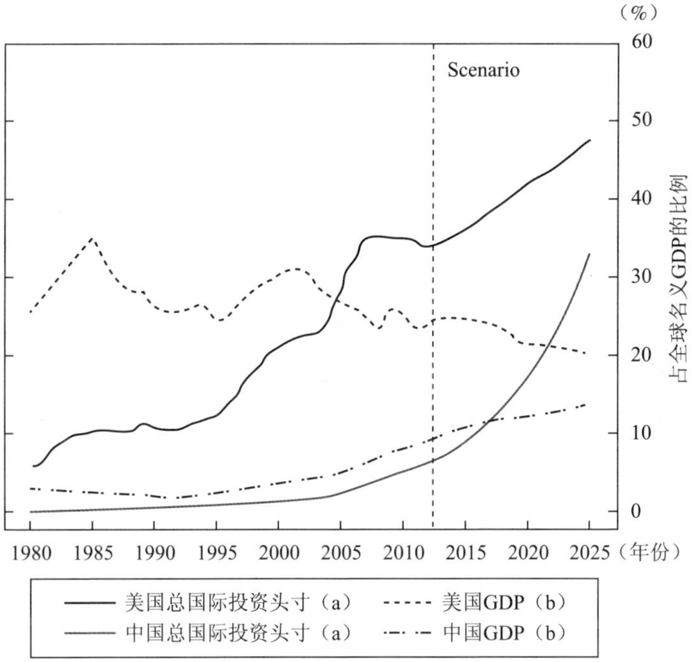

图 5　中国资本开放的巨大潜力

注：① a 为外部资产和负债的平均值占全球 GDP 的比例；

② b 为按市场汇率计算的名义 GDP 预测。

从对外投资来看，由于对外贸易计价货币选择取决于本国产品和本国企业的竞争力，对外投资使用本币的主动性比对外贸易更强。对外投资自身的可选择程度远远高于对外贸易。

当然，人民币国际化也存在不确定因素，包括长期和短期因素。长期因素主要有三个方面：

第一，中国经济发展的动能问题。中国经济进入新常态，传统的发展模式要进行调整，寻找新的发展动力。中国经济是否找到持续增长的发展动能，从而成功跨越中等收入陷阱。尽管国内外很多唱衰中国经济的声音都被实践所证伪，目前我国经济仍然维持了较高速度增长，但是这些唱衰中国的声音，在遇上重大政策改革调整或有些经济指标不如意时，仍可能叠加成为对本币信心的影响因素。

第二，企业的全球竞争力问题。企业竞争力是真正决定我国未来竞争实力，以及人民币在全球使用的最核心因素。从竞争力来看，中国企业在组织管理、产品创新、市场运作等方面仍有待提升。无论是国有企业，还是民营企业，公司治理机制都需要进一步完善。例如，民营企业第一代创业者到第二代接班人的交接，以及管理延续会影响民营企业的竞争力。同时，我国诚信经营的环境和理念同样存在提升的空间。诚信是企业持续经营的基石，只有从管理者到普通职工都抱有诚信至上的理念，从客户利益出发，才能够重塑企业信用，才能有越来越多的企业可以发展成为有竞争力的“百年老店”。根据国家工商总局公布的数据，企业存活期20年以上的只占3.2%，存活期不超过5年的占比为59.1%，这说明我国企业的生命力和市场竞争力还不够强大。

第三，金融深度。我国金融市场结构及金融深度，与发达国家或地区相比仍有比较大的差距。从金融深度来看，日本、英国和美国等典型发达国家信贷、股票、债券占GDP的比重达到500%以上，而我国这一比重达200%左右。

从负债来看，大多数国家非金融部门债务水平占GDP的比重在300%以上，日本这一数据接近400%，而我国这一数据在250%左右。尽管并不一定是比例越高发展水平越高，但在货币国际化的环境下将面临不一样的市场投资、保值甚至投机需求。不同的金融市场、机构可能意味着无法满足国际化的发展条件，不同的金融市场深度可能意味着无法经受国际化下的冲击。

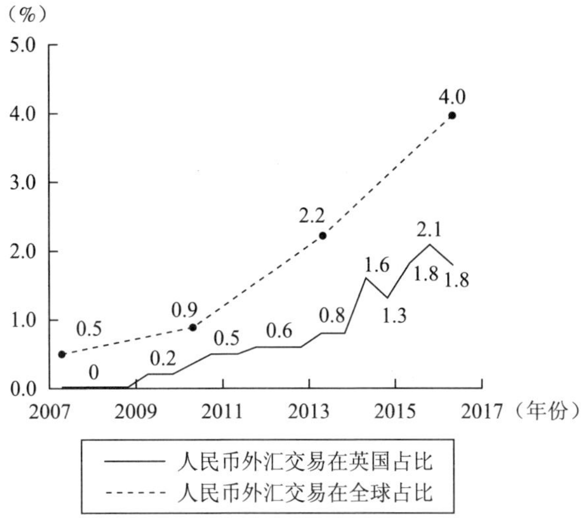

图 6　全球与英国人民币外汇交易占比

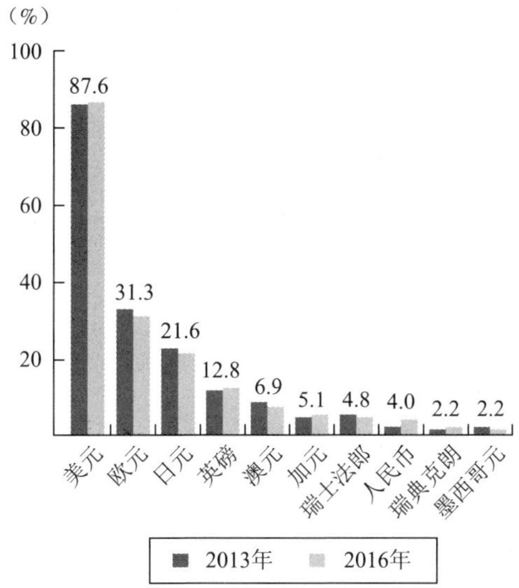

图 7　前十大外汇交易货币占比排名

从外汇交易来看（见图 6、图 7），根据 2016 年国际清算银行（BIS）公布的最新数据显示，英国的日均外汇交易量排名第一，中国内地的交易量仅是其 1/33。在利率衍生产品方面，按照主要货币来看，美元日均交易量最高，其次是欧元、英镑。以人民币计价的利率衍生工具交易额在所有利率衍生品交易量中的占比有限。另外，需要注意的是，几乎所有的国际化货币的虚拟化特征都非常明显。尽管这种发展模式未必合适，但如果要推动货币国际化，就要做好应对准备。

从短期因素来看，有三个方面比较重要。第一，中国金融改革进程中可能引发的风险变化。比较典型的是“8·11 汇改”。第二，市场的变化正在改变着人们的预期，大量人民币对外投资，居民持有外币的倾向显著提高。第三，更重要的因素是境内外两个市场在汇率、利率变化中存在套利机会。

从投资方面来看，2016 年我国非金融企业对外直接投资 1701 亿美元，同比增长 44%。根据普华永道的数据，2016 年中国大陆企业海外并购投资金额增幅高达 246%，是 2015 年的 2.5 倍。为何在短期内出现如此大的变化？除了正常的投资需求，汇率变化、汇率预期等因素起到了什么作用是值得研究的。此外，个人大量购汇、换汇要求明显增加。个人购汇后，海外投资和置业、出国留学、海外移民等，这些都体现了市场变化后，投资等行为变化，对分析未来人民币及外币资产选择有重要的启示意义。

三、 货币国际化的经验与借鉴

综观美元、马克、日元国际化的历史，即使美国、德国、日本经济总量和贸易规模已足够大，本国货币具备国际化的基本条件，也往往需要经过十几年甚至几十年的时间才最终成为储备货币。在这一过程中，既有市场的自发推动，也有政策的人为干预。

具体时间表上，美国 1972 年成为全球第一大经济体，1915 年成为第一大贸易国。但是美元在随后五六十年，经历“二战”后才成为国际货币中的主导货币。马克、日元同样如此，但是需要强调的一点是，1997 年之后，日本经济陷入了长期衰退，日元在国际上的地位和市场份额不断下降。

从国际经验来看，主要货币国际化是一个曲折前行的进程。货币国际化随着各国经济实力、地位变化而变化，没有一劳永逸的统治地位。因此我们认为，货币国际化并不是解决本国发展问题的最核心因素。对后起国家来说，更是没有一帆风顺的发展道路。借鉴美元、马克和日元国际化的经验教训，应高度关注经济周期、金融周期调整进程中可能出现的急剧变化。中国要基于实际条件走出自己的人民币国际化特色之路。人民币国际化应该深深扎根于实体经济发展，对外经贸发展的需要。人民币国际化最重要的支撑力量应该是对外经贸发展，与其他国家的区域经济合作，以及在全球的产业链分工协作中形成的关系和地位。

所以，人民币国际化是否要在短时间内追求量和规模，值得深思。此外，要特别关注离岸市场的发展，货币国际化可以通过离岸市场推动。欧洲美元以及在岸离岸市场发展为国际货币在未开放市场下的货币国际化尝试提供了很好的案例。这也意味着，人民币国际化与资本账户开放不应该画等号。同时，离岸市场可以成为本币国际化发展的重要平台，它可以成为相对分割的体系，但它还会冲击在岸市场，所以应该高度关注离岸市场发展。

四、 未来人民币国际化进程中应关注的几个问题

1. 人民币国际化的两个理论问题。首先，人民币国际化的理论问题尚未完全解决，也不易解决。对所有国家而言，主权国家的货币国际化过程中都遭遇“特里芬难题”和“三元悖论”。以中国为代表的发展中国家还会遇到特别的困难和条件。发展中国家经济实力不强，经济增长存在不确定性。同时，发展中国家在推进改革的过程中政策变化会导致预期不稳，引起社会对发展前途和市场方向的疑虑，进而引起市场炒作。中国不仅没办法照搬发达国家货币国际化的基本模式，而且作为后起国家还面临着发达国家的打压，所以作为一个发展中国家需要建立隔离带，也需要足够的安全垫。从根本意义上来讲，一国货币国际化的地位完全取决于实体经济的发展程度。发展中国家的经济起飞和持续发展需要依托实体经济而非虚拟经济，而国际化货币通常又有过度衍生的问题。因此，我们需要认真研究金融市场深化和经济发展的关系，由此，必然牵涉到本币国际化如何走的问题。

2. 人民币离岸定价问题。从离岸美元市场的定价经验来看，在正常市场环境下，美元伦敦银行同业拆放利率（LIBOR）与联邦基金利率的相关性很高。从在岸市场来看，在正常市场环境下的1986—2006年，联邦基金有效利率、优惠利率与联邦基金利率目标之间的相关性非常高。正是由于缺少监管干预和资金保障，欧洲美元市场及LIBOR在危机期间大幅动荡，LIBOR与在岸

市场的基准利率背道而驰，如图 8、图 9 所示。LIBOR 是全球 360 万亿美元金融资产的定价基础，所以毫无疑问会对美国本土市场产生重大影响。

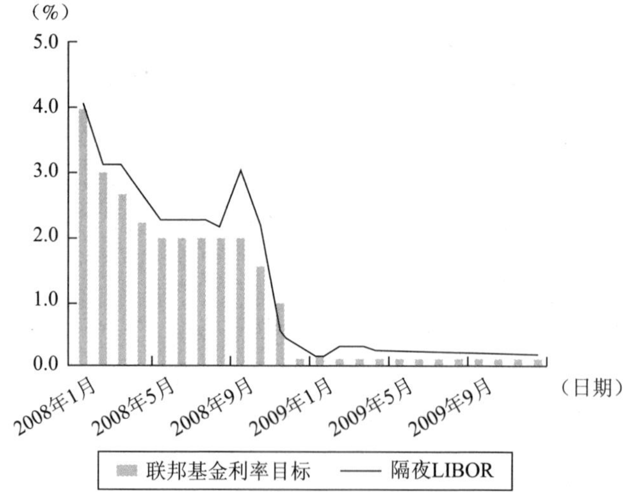

图 8　2008 年金融危机期间的隔夜美元 LIBOR 与联邦基金利率目标

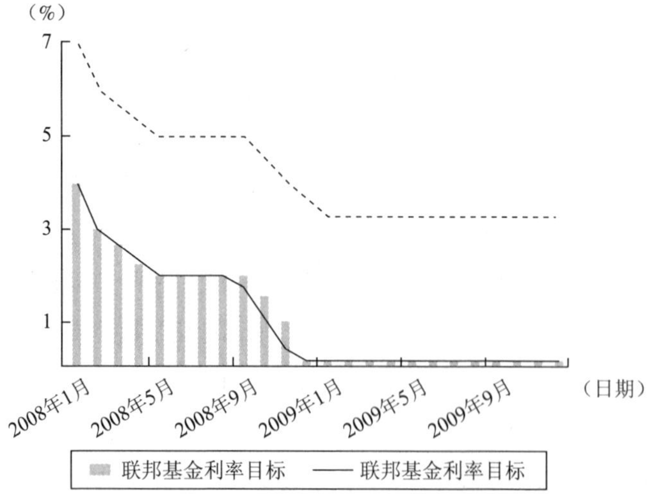

图 9　2008 年金融危机期间的联邦基金有效利率、优惠利率与联邦基金利率目标

危机前，美国政府并不太关心对 LIBOR 的监管问题，但是危机时 LIBOR 走势对美国市场的影响使美国政府改变了态度。态度改变的另一个重要原因是市场对 LIBOR 的操控，不少报价行为了获取额外的收益，交易员和报价员合谋，操纵 LIBOR 报价，干扰了市场。

美联储也承认 LIBOR 的脆弱性和监管缺失，并要求对其加强监管，改进现有设置程序，确保该利率反映实际交易。2008 年以来美国方面关于美元 LIBOR 改革的各种方案都有一个共同特征，即将美元资产定价权掌控在美国本土机构手中，采用在岸资产作为离岸及全球的定价基准。2014 年纽约泛欧交易所（NYSE Euronext）从英国银行业协会（BBA）买下 LIBOR 公司所有权，现在 LIBOR 的运营及管理机构是伦敦洲际交易所（ICE）的基准利率管理公司（IBA），离岸美元资产定价基准的运营及管理权已率先回到在岸。同时采用新的替代性基准，逐渐取代美元 LIBOR，采用回购利率（Repo）、隔夜指数掉期（OIS）利率或美国国债收益率替代 LIBOR。

人民币离岸市场的发展路径和美元有相似之处，但也独具特点。随着人民币国际化发展，离岸市场规模可能超乎预料地快速发展，两者之间的变动和影响会进一步加深。定价权的地理位置之争也会更加突出。

目前来看，离岸市场利率的波动性越来越高于在岸市场。从具体定价结构来看，在岸市场目前大概有三方面的定价体系，一是上海银行间同业拆放利率（SHIBOR），其规模大而且较成熟。二是国债期货收益率，其基础相对雄厚，但缺少短期品种，持有者过于集中。三是隔夜回购。我国香港地区离岸市场主要是银行业同业拆借 Hibor、人民币外汇掉期隐含利率，还有更复杂的美元人民币交叉货币互换利率，对人民币离岸价格产生影响。

在我国香港地区市场上，衍生产品交易已经远远超过实际经贸发展的规模，同时隐含利率对同业拆借利率产生了重要的影响。而且在目前整个离岸市场上，人民币债券的定价基准还没有形成。

香港地区市场上人民币衍生产品交易规模大概是内地的 6 倍。香港地区人民币相关的衍生产品基本与内地相似，但交易规模远远超过在岸，所以香港离岸市场在定价上的影响力可能更大。

从人民币在岸、离岸市场的优势和影响力比较来看，两个市场仍是分割状态，并没有联系机制，同时两个系统报价体系和机构也不同。在岸市场定价因存在不同的市场分割，进一步削弱了其影响力。动态地看，在岸人民币基准利率的发展前景更大，其优势将会逐渐体现，因此也更有条件成为全球人民币资产的定价基准。

在人民币资产定价权的安排上，中国需要未雨绸缪，统筹规划，既要有顶层设计，也要有底线思维；既要有长远发展计划，又要有临时性预警安排。未来 3~5 年，我国可以争取形成以在岸市场为中心，全球一体化的人民币短期资产定价体系。

当前应改变目前人民币定价体系分割的现状，逐步统一国内定价体系，进一步扩大报价实体。探索适当发展金融衍生品体系，完善金融产品价格发现功能。利用上海自贸区政策优势，扩大市场参与者。

3. 人民币国际化未来发展路径。人民币国际化有很多机遇，通过深化经济金融改革，可以进一步夯实人民币国际化的基础，能够进一步提升我们的综合国力，这是为人民币国际化提供持久动力的重要基础。另外，随着我国对外开放的格局不断形成和完善，可能成为我们未来离岸人民币市场发展很重要的基础。“一带一路”、沿边地区口岸、对外开放基地等区域增加人民币使用。以自贸区为平台，探索跨境人民币业务创新。

当然，也不能忽视人民币在国际化的过程中面临的新挑战。包括在改革过程中存在的风险和波动、国际化程度提升后承担更多的风险与责任、未来金融市场波动性等。离岸市场影响力上升，汇率波动加剧，人民币容易成为炒作对象，跨境资金无序流动将干扰宏观经济稳定，宏观调控难度也会增大。

要审慎有序推进各项金融改革，降低国际资本冲击；防范人民币汇率“超调”风险，夯实在岸人民币定价权。量力承担国际责任，把握政策溢出与溢回。从路径图来看，可以分解到四个功能的国际化上，每一种功能其实都可以单独发展，也可能没有顺序。但是如果从与实体经济的联系，以及我国金融市场的现有条件来看，还是应该从跨境的使用支付计价开始逐步推进，逐步建立有利于发挥各类货币功能的市场体系。重要的是要支持经济发展，有利于创造健康开放的环境。

在研究人民币国际化过程中仍存在一系列需要进一步思考的问题，主要体现为：

第一，人民币跨境循环是有利于我们国家的经贸发展、经济发展，还是会成为对国内市场冲击的力量？

第二，人民币离岸市场是成为推动我国企业对外投资便利的工具，降低风险有效手段，还是成为投机的市场？

第三，离岸市场发展成为左右国内市场的力量，还是在我国市场及政策主导框架之下？

第四，人民币国际化是提升我国在国际市场话语权的一种因素，能否成为持久的力量？这些都是需要思考的大问题，需要精心设计以及前瞻性的筹划；否则，我们在重大关键的时点上、在关键问题上可能会出现偏差。

【延伸阅读】

为了更全面地展示陈卫东博士的研究成果，我们挑选并综述了以下四篇陈卫东博士近期的研究成果以飨读者。

一、人民币贬值背景下中国跨境资本流动：渠道、规模、趋势及风险防范[①]

从 2014 年下半年开始，人民币兑美元大幅贬值。受此影响，中国跨境资本出现一定程度外流，但外流的具体规模和渠道现有文献并没有明确指出，这不利于我国宏观审慎监管职能的实施和对跨境资本流动进行把控。陈卫东博士在研究中尝试建立一个既包括合法渠道，又包括地下渠道在内的测算框架，对人民币贬值背景下的跨境资本流动渠道和规模进行深入分析。

首先，研究中指出单独使用国际收支平衡表衡量跨境资本流动不够全面。文章以国际收支平衡表数据为主，辅以进出口贸易、外汇占款、银行结售汇、银行代客涉外收付款、新兴市场投资基金研究公司（EPFR）跨境资金流向监测等数据，构建了包括合法和地下渠道在内的跨境资本流动测算体系，并分析了 2015 年我国跨境资本流动的渠道和规模。

其次，文章分析了人民币贬值背景下中国跨境资本流动的情况。在合法的

① 原文《人民币贬值背景下中国跨境资本流动：渠道、规模、趋势及风险防范》，载《国际金融研究》2016 年第 4 期。

渠道下，其他投资是金融账户资本外流的主要渠道，企业财务安排导致境外贷款和贸易信贷显著收缩；证券投资是金融账户资本外流的重要渠道；扣除掉估值效应，2015 年我国外汇资产实际流出额约占我国官方和民间持汇资产名义减少额的 71.8%。在“灰色渠道”下，进口低报是香港地区贸易套利资金流入的主渠道；净误差与遗漏项中隐含的跨境资本流动占同期金融账户逆差的 27.2%。

最后，对人民币加入特别提款权（SDR）后我国跨境资本流动未来情景进行展望，提出防范跨境资本大进大出的政策建议。一方面，从中长期来看，我国跨境资本流动在规模、币种、动机、主体和结构等方面都将出现一些新变化：跨境资本流动规模将显著增加；人民币在跨境资本流动中的占比将上升，至 2020 年可能达到 40%；以投机为目的的短期跨境资本流动将增加；个人跨境资本流动将增加，需要警惕高净值人群财富向海外转移的风险。另一方面，跨境资本流动发生新变化，可能引发投机性资本大进大出或急进急出，加剧国内经济波动，威胁国家金融安全。对此，陈卫东博士提出了系统性应对跨境资本流动的政策建议：第一，在制度安排上进一步加强和改进金融监管；第二，完善跨境资本流动监测和预警体系，提高监测分析效率；第三，设计好市场化的资本管制工具，防控短期跨境资本的异常流动；第四，做好应急预案，防范极端动荡情况下的资本外流风险。

二、日元国际化过程中值得关注的若干问题——兼论一国货币国际化的基本条件与模式①

第二次世界大战以后，日本从西方学到了先进的技术和管理经验，实现了经济崛起。然而，在货币国际化方面，日本并未取得成功，进入 21 世纪后，甚至还出现了倒退迹象。

文中陈卫东博士详细分析了日元国际化的演进历程、日元国际化的现状和日元国际化受阻的主要原因，并研究了一国货币国际化基本条件和模式。通过

① 原文《日元国际化过程中值得关注的若干问题——兼论一国货币国际化的基本条件与模式》，载《国际金融研究》2010 年第 6 期。

对日元国际化进行分析，他指出外汇储备增长不是实现人民币国际化的充分条件，只有进一步提升中国经济实力、加快国际金融中心的建设才能加快推进人民币的国际化。具体而言，一国货币国际化应具备的以下四个基本条件：第一，一国的国际地位决定着该国货币国际化的主导权；第二，一国贸易的国际影响力决定着该国货币在世界经济中的定价权；第三，国际金融中心地位在货币国际化中的作用愈益重要；第四，外汇储备的多少不是决定货币国际化的主要力量。同时陈卫东博士研究了一国货币国际化可能遵循的模式，包括分阶段推进货币的国际化；扩大本币在贸易领域中的使用；扩大本币在金融投资领域中的使用；加强国际金融中心的建设。

三、 美国在岸离岸金融市场制度创新与借鉴①

美国国际银行设施（International Banking Facilities，IBF）首开在货币发行国境内设立离岸金融市场经营本币之先河，改变了离岸金融市场在货币发行国境外使用非本币的传统模式。陈卫东博士认为欧洲美元市场倒逼美国国际银行设施（IBF）的诞生，包括美国资本管制引发美元外流；发展中国家美元需求及“避税天堂”推动美元离岸市场发展；美国国内国际金融业务的萎缩促使制度创新。他同时指出，IBF 采取账户分离制度创新了“岸”的内涵，离岸中的“岸”已不再与国境等同，而是指一国国内金融的循环系统。

陈卫东博士研究了 IBF 的结构演进过程，分析了美国 IBF 制度创新的历史意义，指出 IBF 将欧洲美元市场延伸至美国境内，在美国金融自由化和金融市场发展中具有过渡、缓冲意义。他还比较分析了中国目前状况与美国 IBF 产生之际的相同之处和差异之处，给出了中国借鉴美国 IBF 的几条对策建议：①中国可借鉴 IBF 模式建立自己的在岸离岸金融中心 ，并采取“一个中心，多点分布”的区域布局模式，以上海自贸区为中心，在其他自贸区或其他地区同步推广；②中国应将在岸离岸市场建设纳入全球人民币离岸市场整体战略中考量；③中国的在岸离岸金融中心建立之初，也可采取特殊的账户安排，建立以账户隔离、分账核算的内外分离为主的模式；④努力扩大离岸银行业务的规

① 原文《美国在岸离岸金融市场制度创新与借鉴》，载《国际金融研究》2015 年第 6 期。

模；⑤可借鉴美国 IBF 模式，要求非银行外国居民和企业存款必须达到一定天数才能转账和取现，以防止流动性过强，控制资金大量进出的风险。

四、国际货币体系改革与中国的战略抉择①

随着亚投行的创建和人民币加入国际货币基金组织（IMF）特别提款权（SDR），凸显中国在国际治理格局中的重要作用。纵观历史，国际货币体系的变迁往往折射出世界经济金融格局的转变。陈卫东博士认为随着以中国为代表的新兴经济体的崛起，现行国际货币体系的弊端日益凸显。因此，中国可以顺应市场和历史的需要，积极参与国际货币体系的重建，推动国际治理秩序的完善。

陈卫东博士指出，现行国际货币体系规定了执行国际结算、投融资交易和储备等货币职能的国际货币的种类、数量和使用范围；确定了各国汇率的形成机制和稳定方式，以及国际收支调节机制；规定了国际治理体系，确定国际治理机构、参与主体和协调方式，确保国际金融体系稳定与平衡发展具有重大作用。但随着全球经济一体化程度的提高，现行国际货币体系的内在缺陷也越发突出，美元享受到的权利与承担的义务严重失衡。他还分析了未来国际货币体系改革方向的四个关键要素，并针对现有国际货币体系的缺陷，指出重返布雷顿森林体系并不现实；超主权货币方案短期内不具备可行性；区域锚货币制度相对灵活，但面临种种挑战；多元化国际货币体系是改革的权宜之策。最后，陈卫东博士认为，应在国际货币体系改革中发挥人民币国际化的积极作用，人民币国际化不仅是中国经济成长的趋势，也是改革现行国际货币体系的内在需要。人民币国际化应按照循序渐进的原则，切不可盲目推进，具体来看，应重点推进以下工作：①夯实人民币的计价结算和投资交易职能；②以人民币国际化为契机，积极参与区域货币合作，促进区域内汇率稳定和国际收支调节；③与其他新兴市场国家一道，通过加强双边、多边和区域经济合作，完善应对国际失衡的协调机制。

① 原文《国际货币体系改革与中国的战略抉择》，载《国际金融》2015 年第 7 期。

附：陈卫东博士近期主要研究成果

1. 陈卫东、边卫红：《对人民币国际化及离岸市场定价问题的思考》，载《国际金融》2016 年第 8 期。

2. 陈卫东：《国际金融协调制度之痛》，载《中国金融》2015 年第 9 期。

3. 陈卫东：《国际货币体系的再平衡》，载《中国金融》2016 年第 4 期。

4. 陈卫东：《国际货币体系改革与中国的战略抉择》，载《国际金融》2015 年第 7 期。

5. 陈卫东、钟红、边卫红、陆晓明：《美国在岸离岸金融市场制度创新与借鉴》，载《国际金融研究》2015 年第 6 期。

6. 陈卫、王有鑫：《人民币贬值背景下中国跨境资本流动：渠道、规模、趋势及风险防范》，载《国际金融研究》2016 年第 4 期。

7. 陈卫东、李建军：《日元国际化过程中值得关注的若干问题——兼论一国货币国际化的基本条件与模式》，载《国际金融研究》2010 年第 6 期。

8. 陈卫东、盖新哲：《比较优势变化需要我国开放发展框架做出调整》，载《国际贸易》2017 年第 1 期。

9. 陈卫东、张兴荣、熊启跃：《后危机时期全球大型银行资本管理的经验及启示》，载《金融监管研究》2015 年第 9 期。

10. 陈卫东、熊启跃：《我国非金融企业杠杆率的国际比较与对策建议》，载《国际金融研究》2017 年第 2 期。

11. 陈卫东、熊启跃：《日本银行业新一轮海外扩张及其对中国银行业走出去的启示》，载《国际经济评论》2016 年第 3 期。

12. 陈卫东、钟红、王家强、廖淑萍、赵雪情：《英国脱欧将对世界政治与经济格局带来深远影响》，载《国际金融》2016 年第 7 期。

贝多广，中国人民大学经济学博士。现任中国人民大学中国普惠金融研究院院长、中国证券业协会战略与创新委员会顾问、中国人民大学兼职教授及博士生导师、上海财经大学兼职教授等。

长期服务于投资银行领域，曾任财政部国债司副处长、加州大学伯克利分校中国中心客座研究员、纽约联邦储备银行客座研究员、中国证监会国际部副主任、JP 摩根北京代表处首席代表、中金公司董事总经理、摩根大通北京代表处首席代表、中国证券业协会投资银行委员会副主任委员等职。

学术领域涉及金融理论与政策、资本市场以及宏观经济等。代表性学术著作有：《宏观金融论》《中国资金流动分析》、《金融理论中的货币》（译著）、《经济学家和说教者》（译著）、《资金流量分析方法前沿》（主编）等；代表性学术论文包括："储蓄结构、投资结构和金融结构""论社会资金流动的综合平衡""社会资金流动与资本市场的发展""好金融好社会：问题的提出和答案"等。曾荣获 1990 年度孙冶方经济学论文奖。

【演讲实录】

普惠金融：理念、实践与发展前景

□ 贝多广

中国的社会结构属于“金字塔”型，而对应的金融服务却呈现“倒金字塔”型，金融服务的供求存在结构性矛盾。社会经济结构根源于金融结构，市场经济与贫富差距的现实要求“好金融”与好社会目标的提出。所谓“好金融”，是指有利于有效配置资源，促进经济结构调整、促进社会向好的方向发展的金融。中国发展普惠金融应该选择兼顾商业绩效和社会绩效的模式，政府在这一过程中政府起引导作用，提供金融基础设施建设，市场占主导地位。在一定条件下，普惠金融可以同时实现商业效益和社会价值。

一、理念、概念和意义

普惠金融的社会经济背景在于中国的金字塔型社会结构特点。发展中国家与发达国家社会结构的最大区别在于，发展中国家的社会结构呈金字塔型，而发达国家的社会结构呈橄榄型。在中国，越处于社会底层，企业和人群的数量越多、规模越大，形成金字塔的塔基。然而，中国社会结构的金字塔对应的却是金融服务的“倒金字塔”，即金字塔底层弱势的群体，尤其是小微企业，他们获得的金融服务远远不够，这就存在一个非对称的结构性矛盾。如何改变这种现状就是我们讨论普惠金融的出发点。

对于这个问题，2006 年获得诺贝尔经济学奖的耶鲁大学教授罗伯特·希勒提出一个重要理论，他认为社会经济结构的根源是金融结构，整个社会不平等的根源也是金融结构。道理非常简单，越是富有的人越能获得更多金融资源，越贫穷的人越缺乏金融资源，从而更加落后。日积月累，这个社会就形成了金字塔结构形状。《21世纪资本论》用200多年的历史表明，社会的贫富差异呈现越来越悬殊的趋势，这是一个非常严重的现实问题。与此同时，经济社会的发展有可能改变这个局面。2008年金融危机以后，大家越来越多地认识到，金融有可能推动社会前进，也有可能妨碍社会前进。中国人民大学中国普惠金融研究院发布的《中国普惠金融发展报告（2015）》，以“好金融，好社会”为主题，强调这个社会需要好金融，而不是其他任何金融。所谓“好金融”是指，这种金融可以使社会的上下通道畅通，提供正能量，降低经济波动。现阶段很多财经类院校的金融课程侧重讲授金融的技巧和金融工程，但金融的过度发展容易推波助澜造成社会的重大动荡，引发像2008年金融危机一样的金融灾难。这样的金融不是我们想要的金融。改革开放以来，我国经济建设基本上依照发达国家的模式去做，结果带来了与我国社会结构格格不入的倒金字塔型金融服务体系，导致很大一部分人群和企业得不到金融服务。因此我们需要有好的金融。好金融有一个很重要的载体，就是我们现在所说的普惠金融。

现在普惠金融已经变成了耳熟能详的概念。但到底什么是普惠金融？首先来比较普惠金融和微型金融的区别。微型金融的概念在国际上流行了三四十年，各种金融产品，只要是为小型、微型企业服务，都可以称作微型金融。除了小额信贷，还包括保险、租赁、理财等。微型金融和慈善行为的区别在于，微型金融一定是商业行为，是可持续的，强调商业利益与社会利益可以结合。对中国金融结构的改善而言，加强微型金融能够使底层群体获得更多的金融服务，因而具有重大意义。

至于普惠金融（Inclusive Finance），按英文字面理解就含有“包容”的意思，也曾经被翻译为“包容性金融”。另外，普惠金融的中文字面意思可能会带来一些歧义，如有人以为“惠”就是优惠、减税、让利、低息，但实际上普惠金融没有优惠的意思。普惠金融不需要政府补贴，而应该是商业上的可持续。Inclusive则是相对于Exclusive（排斥）而言，因为有人被当前的金融服务体系排斥在外，所以我们要把这些被排斥的人包容进来。什么人被排斥在外？大多是穷人和弱小、微型的企业。普惠金融在国内一般与扶贫挂钩，在国际上与妇女挂钩。这是因为在其他一些发展中国家，妇女地位较低，找工作比较困难，普惠金融因而特别关心妇女问题，尤其是农村妇女问题。

推广普惠金融的尤努斯在2006年获得了诺贝尔和平奖，他是穷人银行家的代表，颠覆了原有的经济学理论。传统经济学理论认为穷人没有商业价值，但尤努斯认为也可以向穷人提供金融服务。这是早期世界范围内对普惠金融的关注。普惠金融特别强调公平和正义，强调社会转型，即由金字塔型社会转型到橄榄型社会。

另一个相似的概念是小微金融，这是中国引申的概念，可翻译成Finance for MSME，但我国关于小微型企业的标准与国外和世界银行的标准不太一样。

最后一个概念是互联网金融。广义的互联网金融包括征信、支付清算、IT运行维护、软件、信息安全，这些都属于互联网金融的基础设施层；它的上游是产品应用层，包括点对点网络借款（P2P）、股权众筹和供应链金融。互联网金融实际上还包括传统金融的互联网化，所以我们既要关注现在市面上的新型互联网金融企业，也要关注传统金融企业的互联网化。

互联网金融是国内的提法，国际上使用更多的概念则是金融科技（Fin-Tech）。金融科技的含义比互联网金融更广泛。它包含三大类主体：第一类是传统科技公司，包括微软、IBM、甲骨文等科技公司巨头，它们投入巨资专门发展为金融服务的各种科技产品；第二类是非常活跃的金融科技供应商，它们是专门的金融科技公司，生来就是为金融服务，如位列全球前100名的中国的恒生电子，它就是金融科技供应商；第三类是现在国内常说的互联网金融供应商，它们生来就是做金融的，虽然是用科技的方法和互联网的模式做金融，但其本身并不做技术，这一类公司也叫互联网金融公司。例如，2015年全球排名第一的是一家中国公司——众安保险。前50名以内的中国公司还有趣分期和房多多等。这些公司被评为全世界前50名的服务型公司，而不是科技公司。

现在回过头来看普惠金融的意义。首先，联合国把它提到一个很高的高度，认为融资权利、金融权利也是人的基本权利。这也是现在全球普惠金融形成一个浩荡趋势的重要原因。其次，普惠金融除了具有改善金融结构的作用，还有一个重要的宏观经济平衡意义。当前中国经济下行，一个很重要的原因是所谓的产业过剩。与产能过剩相对应，产业过剩指的是有效需求的缺乏。处于金字塔底端的大量人群没有收入，也没有消费能力，使经济体中许多产品是过剩的。通过普惠金融和消费金融解决这一问题，将有助于宏观经济的复苏，更重要的是有助于推动社会转型。

二、 问题和挑战

现实中的金融社会打破了经济学教科书的原理。经济学理论认为穷人和小微企业的资本回报率高，因而应该有更多投资，但现实并非如此。原因在于现实中弱势群体和微小企业存在较高的不确定性风险，存在信息不对称，经常会发生逆向选择和道德风险问题。因此，对经济学家而言，普惠金融难度非常大，因为边际回报非常低。中国和其他国家的普惠金融之间的区别在于，中国有一个很好的储蓄系统，即资金的“抽水机”功能非常好。但是中国的问题在于与高效的抽水机相对应的是低效的灌溉器。此外，在中国有个更突出的问题是金融基础设施不够，评级系统、征信系统、信息分享系统以及各种指标系统都比较缺乏。

最后一个问题是“最后一公里”。即使金融建设再广泛，也很难落到最后一公里的农村。原因很多，其中跟基础设施有很大的关系。另外，金融欺诈盛行，民众缺乏金融知识，也是值得重视的问题。

从需求角度来看，问题更深刻。首先，现在互联网金融机构也存在困惑，不清楚客户是谁，是为中小型企业服务，还是为微型企业或个人服务，因而也就不清楚自己应采取何种商业模式。其次，贷款规模多大、利率定多高合适，这些也是经常面临的问题。由于微型金融的运营成本高，因而高利率是合理的，但问题是，到底高到什么程度才是合理的？这也是一个很大的问题。党中央国务院发出了很多号召，要求所有的金融机构都要为小微企业服务。银监会甚至定下一些指标，要求每年对小微企业贷款必须增长50%。但事实上，这些统计数据是打问号的，因为对小微贷款的界定并不清楚，里面的水分非常多。因此从这个角度来说，不应该强求定位高端的银行专门为小微企业服务，这也是不现实的。

互联网金融的形式是有创新，但并不是所有的互联网金融新模式都叫创新，很多P2P模式更多是一种金融脱媒现象而非金融创新。真正的金融创新应该是抓住真正好的资产，让资金落到金字塔底层去，而这也是难点所在。

三、 国际经验

微型金融已经有40多年历程，最早是从印尼、巴西、孟加拉这些国家发展起来的。但是，早期的机构有一个特点，即大多数都是非政府组织（NGO），属于非营利性组织，带有公益性质，是为帮助贫困人口建立起来的。但到了20世纪80年代，这些组织开始盈利并且越做越大，到了20世纪90年代，有一些组织去资本市场融资。阳光银行就是普惠金融机构的一个典范。在21世纪刚刚过去的10年里，很多小微的贷款机构上市了，包括一些微型金融银行，这些微型金融机构的上市非常成功，并在当时引起市场轰动，不过这一现象到今天也仍有很多争论。墨西哥一家小微银行在2007年的上市遭到了尤努斯的反对，他认为为穷人服务的银行不应该上市，否则投资者将更专注于为自己赚钱而忽视社会效应。

尤努斯提出的反对意见也是普惠金融的分歧所在。当前全世界其他机构，包括世界银行、IMF等不赞同这一观点。主流观点认为，微型金融如果不通过上市，不让投资者赚钱，将没有人关注这个行业，现在想要让全社会关注这个行业，要解决这些问题，就需要让他们上市。因此，普惠金融商业化是世界主流观点。主流观点同样认为，普惠金融应当融入金融的主流。根据哈佛大学的计算，目前全世界有1.5亿个活跃客户获得了微型贷款，贷款规模大概有450亿美元到600亿美元。据保守算法，假定一份贷款是500美元，则全球应该有3000亿美元的市值。其潜在含义是，当前还有75%到80%的市场尚待挖掘。如果回到中国，这一规模大约是2亿户，如果我们假定其中的60%需要贷款，按照中国现在的水平给微型企业和家庭贷款，则总的市场规模是大约是1.2万亿美元。

普惠金融已经经历30多年，既有商业模式，也有社会模式。2016年G20峰会议题之一也是要推进全球普惠金融，在这样的历史使命下，普惠金融实际上面临着重大挑战，即双重绩效目标很难同时实现。也就是说，企业既要赚钱又要考虑社会效益，这两个目标存在冲突，在传统模式下，二者兼得存在挑战。

四、 发展战略和发展前景

2016年1月16日，国务院正式印发《推进普惠金融发展规划（2016—2020年）》（以下简称《规划》）。《规划》里有四个要素非常重要。首先，需要量化，要确定目标，要有指标体系。比如，成年人中有银行账户人群的比例。按照世界银行2014年的统计数据，中国的这一比例大概是64.5%，而发达国家大多超过90%，北欧国家差不多接近100%。比如一个企业，不管是大、中、小、微，它对外融资有多少是通过银行信贷获得的？有多少是通过家庭亲戚朋友父母筹到的？这个也需要有一个统计指标。不仅是国家层面需要这样的指标，各省也需要有自己的指标体系，以便每个省了解本省内普惠金融的状态。

其次，作为战略，一定要有重心。《规划》涵盖的事情特别多，政府需要突出其工作重点，即建设金融基础设施。目前市场功能没有充分发挥，这是值得重视的问题。李克强总理曾说，目前超过80%的数据都掌握在政府的各个部门，包括税务、海关、农业、扶贫等，这些信息是可以分享的。现在倡导分享经济，强调让大家建立一个信息平台，让市场可以共享。这实际上就是一种基础设施，它可以为征信、评级提供渠道。因此当前工作的重点应放在金融基础设施的完善上。

再次，需要实施，需要每年有计划，更重要的是政府部门的协调。金融基础设施建设包括企业法律制度和信用制度。现在要重新认识普惠金融，就需要围绕普惠金融设计一套包括监管、审计、评级、担保、征信等整个流程的体系。目前整个社会的这一套体系中，普惠金融比较难以推进，这是现在的一个主要困境。

普惠金融基本发展方向中非常重要的一点是，普惠金融要建立在科技基础上。现在世界上有三大科技趋势，即人工智能、互联网和终端设备。这三者结合在一起，推动普惠金融进入了新的里程碑，它颠覆了微型金融经济学的一些基本原理，在商业模式上实现降成本、增速度、广覆盖。此外，也解决了“双重绩效困境”（企业既要赚钱又要考虑社会效益）的问题。这样，无论是金字塔顶端，还是金字塔底端，将来都可以做个人银行业务。如此一来，全球市场就可能从1.5亿个家庭发展到6亿个家庭。这个事情将在未来5年内实现。技术的助推将为我们带来最有效、最廉价、全覆盖的普惠金融。

最后，普惠金融的发展趋势是数字化普惠金融。数字化普惠金融包含四个因素：第一，金融服务商。不管是传统银行，还是新型的金融服务商，或者新的科技企业，都有可能提供 APP、金融产品或金融解决方案。第二，网络运营商，如中国移动、中国联通和中国电信。目前这几个机构跟金融没有关系，但在世界上其他发展中国家，很多普惠金融服务都是网络运营商提供的。第三，代理商。普惠金融一定有代理商，尤其是在解决“最后一公里”的问题上，代理商很重要。第四，终端用户。企业和个人都可以通过一个终端设备来解决他们的金融问题。综合起来，就是这样一个系统形成了数字化普惠金融。用传统微型金融方式很难解决的“最后一公里”问题，可以依托数字化普惠金融来解决。

普惠金融的伟大社会意义在于它能帮助中国社会转型成橄榄型社会。如果四五年内不能在普惠金融中实现以上目标，则中国有可能掉进“中等收入陷阱”。

【延伸阅读】

为了更全面地展示贝多广教授的研究成果，我们挑选并综述了以下四篇贝多广教授近期的研究成果以飨读者。

一、好金融与好社会：问题的提出和答案①

金融已经具备了为未来服务的特征，面对全球不断增长的人口及伴生而来的对富足生活的需求，金融将是实现这一目标的最佳推动力——推动平等社会宏伟目标的最终实现。金融仅仅是传统意义上的资金融通功能，还是有其他更为高尚的使命？贝多广认为，金融可以帮助我们在越来越宽广的社会阶层中广泛地分配财富，金融创造的产品可以更加大众化，也可以更好地和社会经济融为一体。通过大大小小各种类型的创新，进一步完善金融机构和金融工具，将使财富覆盖的范围扩大，从而逆转社会不公平现象加剧的趋势。

① 原文《好金融与好社会：问题的提出和答案》，载《金融研究》2015 年第 7 期。

好的社会，可能有一些标志。简单来说就是公平、正义，社会上下通道畅通，基尼系数比较低，相对平等；城乡差别、地区差别和贫富差别比较少；关键是每个人通过努力都有成才、致富、安居乐业发展的机会，至少有生存发展的机会。好社会的内容很多，归纳起来说，就是要实现这样一种社会状态即这个社会是有正能量的。

与此相对应，好金融应该是什么样的呢？能够促进社会向好的方向发展的金融，有利于有效配置资源的金融，有利于经济结构调整的金融，有利于既促进经济增长又推动社会公平的金融，有利于缩小三大差别的金融，有利于消除金字塔型社会并推动向橄榄型社会转型的金融，有利于避免掉进“中等收入陷阱”的金融。总而言之，是充满了正能量的金融。我们过多的资源和过多的关注仍然是在正规的金融系统里，中国调整金融结构的任务任重而道远。我们特别强调做小微金融，做好金融，全社会都来关注好金融，因为社会有好坏之分，金融有好坏之别。中国金融的当务之急是发展小微金融以及为小微企业服务的各类非银行金融机构，用建立“好金融与好社会”的目标或者说衡量标准来推进金融改革和金融发展，极大地延展金融体系发展的深度和广度。

二、 包容性增长背景下的普惠金融发展战略①

包容性增长是一种理念和思想，必须有相应的经济和社会政策来加以落实。发展普惠金融就是实现包容性增长的重要措施。包容性增长主张将所有群体特别是“边缘人群”纳入经济体系中，使人民能够平等分享经济发展带来的好处，并为经济发展注入新的动力。普惠金融则强调将所有群体特别是被金融排斥的人群纳入金融体系中来，使各类群体都能够得到合适的金融服务，并以此促进经济发展和社会改善。比较两者的主张和措施，普惠金融是在包容性增长的范畴之内，是包容性增长在经济金融领域的一项具体措施。

为了在包容性增长背景下促进普惠金融的健康发展，贯彻“政府引导、市场主导”的原则，政府应当把工作重心放在“河道”和“防护堤”上。“河

① 原文《包容性增长背景下的普惠金融发展战略》，载《经济理论与经济管理》2017年第2期。

道”和“防护堤”的具体表现形式是普惠金融基础设施。这里的金融基础设施是广义的概念，既包括有形的“硬件”，也包括无形的“软件”，包括指标体系、征信体系、支付体系、机构体系、监管体系、金融教育体系和协调沟通体系等。需要指出的是，金融基础设施的广泛性和普惠性关系到“包容”，而金融基础设施的有效性和实用性关系到“发展”。因此政府着力于发展普惠金融基础设施，就体现了包容和发展的有机统一。

普惠金融的理念和包容性增长是契合的。在包容性增长背景下发展普惠金融，要紧紧抓住“包容”和“增长”两个主题，在增长的前提下提升包容性，在提升包容性的同时实现稳定、健康、可持续的增长。考虑到我国实际情况，发挥好政府的作用，选择适合国情的普惠金融发展战略，这是推进我国经济社会包容性增长的重要举措。

三、 普惠金融国家发展战略的目标①

普惠金融（Inclusive Finance）可以定义为服务于社会各类人群包含被传统金融体系排斥在外的群体的、由正规金融服务提供者经营的负责任的金融服务。普惠金融发展战略的目标决定了普惠金融的发展方向。在中国特定国情下，普惠金融发展战略如何与国家经济发展整体规划相协调，如何将发展普惠金融作为促进经济社会发展特别是创业创新的手段，也是应当加以探讨的。

我们认为提高金融可得性和解决“最后一公里”问题、发挥普惠金融在扶贫减贫方面的作用、促进贫困人群的能力构建、推广数字化普惠金融以及促进中小企业发展和创业创新，是现阶段我国普惠金融国家发展战略可选择确立的发展目标。需要补充说明的是，普惠金融各项发展目标的有效实现有赖于目标本身是否符合本国国情而且各项目标是否能够相互协调和配合，政府是否积极可为地结合发展目标综合利用各种资源和协调各方面的利益关系，并且需要动员国内各个部门和机构去落实普惠金融发展目标的具体措施并根据效果进行反馈和修正。从这一意义上说，探讨和确立普惠金融战略发展目标的过程是一个动态的过程。

① 原文《试论普惠金融国家发展战略的目标》，载《财经智库》2016 年第 5 期。

四、普惠金融：理念、实践与发展前景①

普惠金融的意义何在？首先，联合国将之提到一个很高的高度，即融资权利、金融权利，也是人的基本权利。这也是为什么现在全球普惠金融形成一个浩荡趋势的重要原因。其次，普惠金融除了改善金融结构之外，还有一个重要的宏观经济平衡的意义。当前中国经济增长放缓，一个很重要的原因是产能过剩，而与产能过剩相对的是有效需求的缺乏。由于处于金字塔底端的人其收入和消费能力低，带来了部分产品过剩的问题。如果通过普惠金融，通过消费金融解决这一问题，将有助于宏观经济的复苏，更重要的是社会转型。

现实中弱势群体和小微企业存在着较高的不确定性风险，存在信息不对称，经常会发生逆向选择和道德风险问题。因而对于实务操作而言，普惠金融难度非常大。在中国更重要的一个突出问题是金融基础设施不够，包括评级系统、征信系统、信息分享系统，以及各种指标系统都比较缺乏。最后一个问题是“最后一公里”，即使金融建设广泛，也很难落到“最后一公里”的农村。

我国推进普惠金融发展的五年规划，其中有四个要素非常重要。首先，需要量化，要确定目标，要有指标体系；其次，作为战略，一定要有重心，政府重点就是建设金融基础设施；再次，是实施，需要有每年的计划，更重要的是政府部门的协调；最后，普惠金融的发展趋势是数字化普惠金融。

附：贝多广教授近期主要研究成果

1. 贝多广、张锐：《包容性增长背景下的普惠金融发展战略》，载《经济理论与经济管理》2017 年第 2 期。

2. 罗煜、贝多广：《金融扶贫的三个误区》，载《中国金融》2016 年第 22 期。

3. 贝多广、张锐：《试论普惠金融国家发展战略的目标》，载《财经智库》2016 年第 5 期。

4. 贝多广：《普惠金融助力中小企业提升社会创新能力》，载《金融时报》2016 年 8 月 15 日。

① 原文《普惠金融：理念、实践与发展前景》，载《金融博览》2016 年第 7 期。

5. 贝多广：《普惠金融：理念、实践与发展前景》，载《金融博览》2016 年第 7 期。

6. 贝多广：《好金融与好社会：问题的提出和答案》，载《金融研究》2015 年第 7 期。

7. 罗煜、贝多广：《资金流量分析方法的最新进展》，载《经济学动态》2015 年第 2 期。

8. 贝多广：《全新认识小微金融》，载《中国金融》2014 年第 3 期。

9. 贝多广：《微型金融的价值》，载《中国金融》2013 年第 11 期。

10. 贝多广、罗煜：《补充性货币的理论、最新发展及对法定货币的挑战》，载《经济学动态》2013 年第 9 期。

11. 贝多广：《微型金融的价值》，载《中国金融》2013 年第 11 期。

12. 贝多广、骆峰：《资金流量分析方法的发展和应用》，载《经济研究》2006 年第 2 期。

管清友，中国社会科学院经济学博士，清华大学博士后。现任民生证券副总裁、研究院院长，同时担任新浪智库、如是金融研究院、太湖金谷研究院等多家重要机构首席经济学家。

具有深厚的理论基础和学术功底，在能源、宏观经济领域具有深入的研究。曾任清华大学国情研究中心（现为国情研究院）能源与气候变化项目主任、中国海洋石油总公司宏观处处长、调研处处长。目前兼任中国经济体制改革研究会高级研究员、财政部财政改革发展智库特约专家、国家发改委城市与小城镇中心学术委员、新供给50人论坛成员。同时担任清华大学经济管理学院、中国人民大学汉青研究院研究生合作指导教师，中国泛海集团博士后工作站合作导师。

【演讲实录】

供给侧改革、流动性空转与大类资产配置

□ 管清友

2008年金融危机爆发后，中国经济周期被人为熨平，但同时造成了产能过剩、实体经济发展困难、资金在金融行业空转等问题。2017年货币政策回归稳健中性，监管趋严，更重质而非量。当下，全球经济同步复苏、特朗普效应消退叠加美国缩表尚未实质开启，外围是难得的温和窗口；金融市场内部空转、大类资产价格扭曲、实体企业在一次次政策摇摆中预期紊乱，造成宏观层面上的周期钝化，内部出清已箭在弦上。

一、关于经济运行和改革

供给侧改革从2002年以来经历了一个过程，即从三期叠加判断到新常态的判断，再到供给侧结构改革。

供给侧结构改革的内容是什么，并没有特别权威的说法。很多学者认为，不能简单把供给侧改革总结为“三去一降一补”，即所谓的“去杠杆、去库存、去产能、降成本、补短板”。但是我们在实践工作当中会发现，供给侧改革在一定程度上是被具体化了的“三去一降一补”。落实改革，得一件事一件事去做。

应当明确，供给侧结构改革的内涵不只这些，尽管土地、资本、劳动、技术确实是激发生产要素的一个活力。这里存在一个矛盾点，即要在经济比较稳

定的前提之下，解决供给侧结构改革。维持经济平稳运行，大多运用凯恩斯短期的需求管理，而进行供给侧结构改革，实际上需要中长期且补短板的工作，这些工作很多会导致经济下滑、经济风险释放等，两者存在矛盾。但是，我们最后还是习惯于采用凯恩斯的理论去管理。

供给侧改革的方案很多，但是落地、执行并不是特别地尽如人意。从全世界来看，欧洲、美国、英国、日本、中国等都在改革。从2008年来看，这些国家的改革中，中国进行得还算不错。然而反观改革开放的历史可知，今天改革的速度和力度远不如20世纪80年代。

供给侧改革还需要时间，以今天的眼光评价，恐怕时间太短，也没法评价，可能还需要十年、二十年后重新以客观的、第三方的视角评价。我认为在校的同学可以关注供给侧结构改革，作为一个实践的题目来看。

从理论上来讲，这一波改革推动起来很困难的原因与理论上的支撑不足有很大关系。理论上的支撑不足主要有两个层面：

第一，中国特色社会主义理论支撑不足。20世纪80年代开启的改革，当时有一批党内的理论家起了重要作用。用中国的话语体系诠释中国改革的逻辑体系，这在中国的特殊国情之下是非常重要的，需要很深的理论修养、理论积累，也需要对国情有深入理解。这在实际中很难做到。

第二，从现代经济学的理论来讲，似乎在2008年金融危机之后，新的理论还没有看到。理论创造对推动实践有很大影响。未来现代经济学会产生新的国内国际经济学说理论，值得我们观察，但目前为止还没有看到。

今天看供给侧结构改革、经济运行、经济的决策会发现，利用传统理论会陷入矛盾的境地。这些在过去表现得非常明显。

二、 关于经济结构改革的情况

从短期来看，2016年前三季度每一个季度经济增速都是6.7%，这个数字颇有争议。但是从2016年的情况来看，6.7%这个数字基本反映了经济运行的态势。

为什么会有6.7%的增长？主要还是由于第一季度以来稳增长力度的强化。

在实践工作中会发现，在稳增长的趋势中，“三去一降一补”的措施很好办，需要政策层面的支持。但供给侧结构这个事就特别难，也没法量化。稳增长方面，财政政策在2016年成为主角，财政赤字不断扩大，2016年8月为4300亿元，9月则达到6900亿元。从2015年10月全面启动交易之后，整个货币政策的传导实际遇到非常大的障碍。最终结果即推升了资产价格。

货币政策的空间也不是特别大，这实际也是一个困扰包括中国在内的银行家们以及大国领导者们的一个非常棘手的问题，似乎在历史上很少遇到这种情况。对此有人总结为凯恩斯的流动陷阱，但是今天这个陷阱比凯恩斯陷阱还要严重。

我国的财政政策是如何应对上述问题的？一是发专项国债，二是通过政策性银行发专项政策债，三是通过推广政府与社会资本合作，推广政府与社会资本合作（PPP）模式，推动签约项目来推动财政政策。总体而言，我们的财政赤字处于可控的范围内。

1. 财政政策和政府加杠杆的空间。中国政府的部门杠杆率大概是57%，低于主要发达国家。也就是说，从财政政策的角度来讲，我们还有比较大的空间。但是也不像很多经济学家讲的那样，空间特别大，要实施超常规的财政政策。从货币方面来看，当前已经陷入比较严重的流动性陷阱，既不能太松又不能太紧，央行采取的策略基本可以维持资金链的平稳。十八届六中全会之后召开的政治局会议，在描述财政和货币的时候，提到有效实施积极财政政策和稳健货币政策的倾向。有效实施积极货币政策非常必要，实际就是提高财政政策的精准度。

2. 房地产市场。这一轮房地产调控短期内对房地产价格有一定抑制作用，但对整个宏观经济的影响大概会体现在2017年第二季度。

国家对房地产调控基本是趋严的态度，而且还没有结束，房地产调控的严厉性确实大大超出以往。我们关注的一个问题是房地产调控政策对于固定投资、开发投资的影响，而对开发投资的影响就是房地产投资。现在大家对于房地产投资在2017年能达到什么速度，实际上心里没有底，2017年固定资产投资、房地产投资在很大程度上取决于政策的变化。

3. 资产管理方面，确实出现了一定的风险。2012 年、2013 年资产负债率大大地高于负债端的成本，资产端和负债端运行是顺畅、匹配的；2014 年、2015 年已经出现了负债成本大于资产收益率的情况，2015 年左右很多机构通过加杠杆、加久期、加风险来获得收益。银行让非银机构来管理资产，非银机构就通过加杠杆等方式来提高收益率。即便如此，资产收益率仍然是如今的情况，而负债端理财成本的下降是有刚性的，因为不同银行之间的竞争非常激烈。

目前负债端的成本和资产收益率之间的倒挂现象越来越严重，在这种情况下，如果资产收益率继续下降，而负债成本维持刚性的话，那么非营业机构通过加杠杆等方式也难以满足银行的要求。这种情况就会导致银行开始选择赎回委托对外投资资金，这对市场的冲击是比较大的。另外，监管政策的趋严也会导致市场的剧烈波动。

4. 在低利率市场环境下，大类资产的配置方向。从短期来看，增加对权益类资产的配置是水到渠成的事情。

2012 年经济有趋势性下行压力以来，经济不再依从其自身周期，而是完全取决于稳增长的力度。经济周期被人为熨平拉长，流动性加速泛滥，形成了资产端收益率迅速走低、负债端成本下降较缓、预期不明朗的形势。这必然导致投资者行为短期化与杠杆化。由于杠杆资金天然具有内生不稳定性，一旦资产价格上涨预期改变，加杠杆迅速转为去杠杆，随即带来流动性在各类资产中的快速轮换以及投资时钟的经验失效，取而代之的是资产轮动的新逻辑，即流动性洪水将流向所有价值洼地，并迅速将其淹没，筹码被疯抢，不然不仅赶不上增值甚至会被套在高点。

【延伸阅读】

为了更全面地展示管清友博士的研究成果，我们挑选并综述了以下六篇管博士近期的研究成果以飨读者。

一、 关于减税的几条具体建议①

中国经济从长期来看，人口结构变化导致经济增长方式转变是不可逆的；中期来看，中美两大经济体实力受损，加之全球人口老龄化和欧美国家居民部门去杠杆，短期内没有适当体量的经济体能够支撑下滑的全球总需求；在这样的宏观经济背景下，关于减税政策定位的判断，成效目标上既要配合当期宏观调控，落实好“三去一降一补”五大任务，又要符合经济转型升级的阶段性发展目标，适应、引领新常态；约束条件上，既要财政可承受、可持续，又要符合税制改革的基本方向。

减税后的收支会出现缺口，可以从三个方面加以弥补。一是扩大财政赤字。财政收入增速换挡期，适度扩大财政赤字是应有之义，减税实施初期可短时间内容忍赤字率的明显扩大，保证政府支出的公共服务、社会福利和社会保障职能稳定发挥，提高居民的消费能力，毕竟供给侧改革的效果还是要以社会需求为前提的。二是增加转移支付，缓冲过剩产能重灾区收入压力。中央对地方的转移支付，一直以来发挥着调节地区经济结构不平衡的作用。受过去的历史和地理因素影响，传统产业结构造成的地方区域失衡正在加剧，典型的就是东北三省、山西等地，受过剩产能的拖累，财政收入已经出现负增长。去产能叠加减税，这些严重依赖传统行业税收贡献的地区，面临的收入压力就更加突出。这就需要从中央层面上针对部分地区去产能的推进力度适度加大转移支付规模，从支持去产能的角度加大专项转移支付。三是以 PPP、产业基金等新型投资模式，发挥财政资金的“开渠引水”效果。税制改革的过程，也是政府支出由“投资型”向“公共服务”转变的过程，后者要求政府支出更多地集中于社会保障、社会福利，而政府项目的投资则需要更多地交给市场。通过与

① 原文《关于减税的几条具体建议》，载《金融经济》2016 年第 7 期。

社会资本合作，发挥小规模财政资金撬动大规模社会资本的作用，既缓解政府财政实力下降的困境，也能提高公共投资效率，实现以未来的盈利收入消化债务压力的良性循环。

二、 低利率和负利率之下的资产配置①

在各种经济周期的波动中，在资产价格泡沫周而复始的更迭中，利率中枢却一路奔向“零度线”以下，或者在奔向“零度线”之下的路上。虽然货币政策的相机抉择带来了利率的阶段性波动，但是利率的长期向下趋势似乎是任何经济体都逃不掉的宿命。实施负利率的欧洲央行、瑞士央行、瑞典央行、丹麦央行、匈牙利央行和日本央行，也仅仅是全球负利率趋势的开始。

由于技术变革对于生产力提高的边际影响下降，全球人口自然增长率下降的趋势目前难以逆转，同时资源禀赋恶化对于潜在经济增长率的约束不断强化，加上未来发生大规模战争的概率较低，这些决定潜在经济增长率的因素看不到逆转的情形，这就决定了负利率的趋势难以在短期内改变。在这种负利率、量化宽松的时代，从投资和保值的角度来看，与经济基本面相关性较低甚至负相关的资产更加具备长期投资价值。当前投资首选的就是黄金，因为负利率下货币竞相贬值的结果就是价值锚的缺失，从而使黄金这种供给有限、价值稳定、流动性强的传统价值锚重回主流投资视野。另外，负利率也极大地降低了持有黄金的机会成本，各种风险“痛点”频发又给了黄金一定的价格弹性。

三、 库存周期的钝化及可持续性②

经历了2008年和2012年的两次货币政策刺激后，我国工业库存均能在半年至一年时间内出现企稳回升的迹象。但2014年底开启货币宽松后的一年半时间内，产成品库存持续下滑，直至2016年6月库存周期才开始回升。企业选择补库存和去库存必然有其背后的逻辑，并非按照经验教条进行生产决策，库存周期是这些背后动因反映出来的结果而非原因。

① 原文《低利率和负利率之下的资产配置》，载《金融博览》2016年第9期。
② 原文《钝化的周期之刃和难解的价格之谜》，载民生证券新闻中心民生观点，2017年3月。

首先需要明确的是，库存周期变动的前提其实是价格变动。货币宽松后生产价格指数（PPI）依然下跌，这主要是由于企业投资意愿的低迷造成的，这种“低迷”正是由于2008年和2012年两轮货币宽松的结果不够理想所导致。在供大于求的情况下，企业对货币宽松刺激做出正向抉择从而增加供给只会导致价格进一步下跌、盈利进一步恶化。因此，在这两次并未对企业盈利产生积极影响的货币宽松之后，企业的预期改变，对政策刺激产生了很大的“抗药性”。因此，此次货币宽松之时，企业补库存变得谨慎，直至价格信号出现了确定性的好转，补库存周期才开始，同时叠加上游行业去产能，使这轮库存复苏来得比往常晚一些。

目前下游需求已呈收缩态势，考虑到地产销售回落将向投资传导，基建投资受制于财政收入和金融去杠杆，难有大提振，制造业和商业复苏的力度有限，加之服务贸易逆差会抵消商品贸易顺差，并且净出口对经济增长的贡献度也不高，补库存的基础有可能在未来发生动摇。

四、 迟到的出清①

2008年金融危机爆发至今十年。危机后的中国经济周期被人为熨平，但人为修正自然规律与经济规律都是有代价的，经济在大规模刺激下勉强维持现在的增长率，同时造成了产能过剩、实体经济发展困难、资金在金融行业空转；2017年，货币政策回归稳健中性，监管趋严，整治乱象，挤压泡沫，更重质而非量。当下，全球同步复苏、特朗普效应消退叠加美国缩表尚未实质开启，外围看是难得的温和窗口；金融市场形成信用创造的内部空转、大类资产的价格扭曲与闹剧、实体企业在一次次政策摇摆中预期紊乱，造成宏观层面上的周期钝化，内部看出清已是箭在弦上不得不发。举目远望，2017年、2018年可能是出清的年份，也就是所谓的结构调整阵痛期，如果这两年我们可以熬过去，黎明的曙光大概会发生在2019年。

预判2017年的形势：增长前高后低，通胀呈倒V型，财政宽松空间不大，

① 原文《迟到的出清》，载民生证券新闻中心民生观点，2017年5月9日。

货币政策事实偏紧。增长方面，2017 年前高后低，GDP 或在四季度探底至6.4%，全年增长为6.5%~6.6%。通胀方面，关注结构变化，呈倒V型，全年CPI为1.3%~1.4%，PPI为5%~6%。财政方面，宽松空间不大，预算内外财政都受镣铐制约，从预算内来看，今年一般公共预算在一季度已出现赤字，以往一般出现在年底或下半年。一方面是财政支出加快，年底突击花钱的现象在改善；另一方面是财政收入下滑，主要原因是经济增速放缓和减税降费力度加大，一般公共预算收入同比从1月的18%降至14%。财政赤字扩张空间有限，2015 年和2016 年分别动用了7300 亿元和6200 亿元财政结余弥补赤字，目前财政累计结余只剩2400 亿元。从预算外看，2017 年专项建设债被叫停（2015—2016 年发行额超1.8 万亿元），叠加PPP 和城投债监管趋严，PPP 落地速度或放缓，城投债发行受冲击。货币方面，维持强监管、去杠杆、慢缩表的步骤。

在这种宏观背景下，资产配置很难选择。从债市来看，利率债价值随跌随现，信用利差走阔，特别需要注意甄别信用风险；从股市来看，一方面股市本身泡沫较低且委外冲击不大，另一方面由于首次公开募股（IPO）提速与流动性收缩整体又承压，指数变动易跌难涨；个人、高净值、机构的资产配置是要区别对待的，现金为王需要动态看待。

五、 金融去杠杆与汇率政策的调整①

在国外美元指数比较平稳，国内货币政策维持紧平衡的背景下，近期汇率价格突然波动加大。两周时间，人民币兑美元中间价从6.9 左右一度升值1.6%到6.79，创了2017 年的新高；汇率形成机制也发生了改变，2017 年5 月26 日官方首次提及在中间价形成机制中添加“逆周期因子”。

目前，我国中间价定价机制的本质是人民币兑美元单一汇率与中国外汇交易中心（CFETS）一篮子指数的弹性分配机制，央行在2016 年5 月以货币政策执行报告专栏举例为标志正式公开新的形成机制后，强调的“维持一篮子

---

① 原文《金融去杠杆与汇率政策的调整》，载民生证券新闻中心民生观点，2017 年6 月6 日。

稳定”，也就是让中间价更具有弹性。回顾本次机制调整前两个月的汇率市场的情况，整体呈现“美元贬+中间价平+CFETS贬”的态势，相比2016年5月开始呈现的“中间价弹性+CFETS稳定”的趋势发生了改变。这种机制的运行背离主要是由交易惯性造成的。首先，基于美元回调预期，交易层面倾向买美元，造成收盘价与中间价不贴合；其次，维持一篮子稳定的参考值从连续变为了断点，弱稳定易放大市场交易层面影响；最后，央行为配合境内强监管环境稳定汇率，并未纠正这种所谓的交易惯性。

针对这一次的机制调整，具体的分析和理解应该从微观机制和宏观审慎两个角度来看，而不应该单纯从资产价格角度来看汇率。从微观机制角度来看，透明性有所下滑，未来汇率弹性或有降低，2017年内汇率大概率不会破7；从宏观审慎角度来看，通过逆周期因子的添加，整体是为后续的对内货币政策独立性做好铺垫，预留好政策空间与工具。

六、 未来中国——中国宏观监管政策变化对大金融投资的新思考①

在当前中国宏观监管政策收紧的背景下，金融行业处在“去杠杆”的路上。从银行端来说，主要处理业务层面通过嵌套、杠杆、隐性担保等方式的绕开监管的扩张杠杆行为；从非银端来说，主要是处理非银充当银行投放资产的通道，穿透资管各种产品；从监管端来说，形成“行为监管+机构监管+宏观审慎”的综合框架、尽快形成大资管综合统计方案，实行所有资管产品统一统计，实现真正意义的穿透，监管层把握更为准确，处理监管套利才可以更为精准，避免政策力度及点位的不准确。此次金融监管的影响包括机构准入门槛提升、资管结构产品设计受限、委外机构的投顾模式受限。

在监管政策趋严的背景下，大金融投资的对策为避险过冬、价值投资，寻找合意优质资产。股市方面，市场风险偏好受到抑制，风格趋向淡化，投资主线应沿着盈利改善和景气度向上的预期，遵循低估值、高成长的配置思路。高成长、低估值的电子、建材，消费板块中滞涨的医药，以及具备防御属性、盈

① 原文《未来中国——中国宏观监管政策变化对大金融投资的新思考》，载民生证券新闻中心民生观点，2017年6月9日。

利持续改善的银行、非银等板块将开始凸显价值。债市方面，利率债短期内情绪扩大，以避险为主，中长期其配置基础仍存，加之随跌随现，信用债资金风险偏好回落，信用利差加速走扩，城投债融资阻力增加，中资美元债 2017 年需求和共计都将大幅上升，表现抢眼。

党的十九大之后，政治周期反作用于经济周期，政策改革风险偏好提升，货币宽松彻底结束，向死而生，金融风险有序释放，开始传递正确的价格信号，经济进入底部区域，开始新一轮的万物生长。

附： 管清友博士近期主要研究成果

1. 管清友：《关于减税的几条具体建议》，载《金融经济》2016 年第 7 期。

2. 管清友：《低利率和负利率之下的资产配置》，载《金融博览》2016 年第 9 期。

3. 管清友：《从日本经验看中国通胀》，载《中国外汇》2016 年第 10 期。

4. 管清友：《PPP 融资新方向：资产证券化》，载《金融博览》2017 年第 3 期。

5. 管清友：《大资管时代的小类资产全梳理》，民生证券新闻中心民生观点，2017 年 3 月 3 日。

6. 管清友：《“一带一路”进展全梳理》，民生证券新闻中心民生观点，2017 年 3 月 7 日。

7. 管清友：《钝化的周期之刃和难解的价格之谜》，民生证券新闻中心民生观点，2017 年 3 月 13 日。

8. 管清友：《设立雄安新区，建前人未建之功》，民生证券新闻中心民生观点，2017 年 4 月 3 日。

9. 管清友：《技术创新引领全球石油市场进入新常态——近期全球石油市场回顾及展望》，民生证券新闻中心民生观点，2017 年 4 月 10 日。

10. 管清友：《宽进严出下的资本流入恐难长期持续》，民生证券新闻中心民生观点，2017 年 4 月 18 日。

11. 管清友：《雄安新区对全国投资和 GDP 的拉动》，民生证券新闻中心民生观点，2017 年 4 月 20 日。

12. 管清友：《迟到的出清》，民生证券新闻中心民生观点，2017 年 5 月 9 日。

13. 管清友：《一带一路投资格局全解析：区域、行业、国别》，民生证券新闻中心民生观点，2017 年 5 月 17 日。

14. 管清友：《“一带一路”沿线中资金融便捷度梳理》，民生证券新闻中心民生观点，2017 年 5 月 19 日。

15. 管清友：《基建结构迁移背后的城投债务变化》，民生证券新闻中心民生观点，2017 年 6 月 2 日。

16. 管清友：《金融去杠杆与汇率政策的调整》，民生证券新闻中心民生观点，2017 年 6 月 6 日。

17. 管清友：《未来中国——中国宏观监管政策变化对大金融投资的新思考》，民生证券新闻中心民生观点，2017 年 6 月 9 日。

范希文博士现任中拉合作基金首席风险官，中国人民大学汉青经济与金融高级研究院兼职教授。

曾任纽约瑞迪安资产保证公司资深副总裁兼风险分析模型部总经理、前台团队 Co-Head，负责信用衍生品和结构化产品交易；纽约法国巴黎银行主营撮合业务首席信用风险官。目前担任中国资产证券化论坛专业联席会主席。

本科和硕士研究生毕业于中国人民大学，并于美国印第安纳大学布鲁明顿校区获经济学博士学位。2010 年与孙健博士合作在中国出版《信用衍生品理论与实物：金融创新中的机遇与挑战》一书，并在国内外杂志发表论文数十篇。

【演讲实录】

CDS 到底能做些什么?

□ 范希文

信用违约互换(CDS)是一种金融技术,它把信用风险和流动性分离开来,在 CDS 出现之前,这种分离是做不到的。CDS 有两大特征,一是市场产生了大量的空壳信用投资人,二是交易对手风险无时不在。CDS 有以下用途:①银行用 CDS 对冲债券的风险以提高资本使用效率;②银行和券商利用 CDS 做负(正)基点交易;③银行、保险公司等金融机构利用 CDS 对冲风险;④券商和对冲基金等机构利用 CDS 做信用策略交易;⑤银行、券商、保险公司和对冲基金利用合成 CDO 进行风险套利和对冲风险。在我国,违约风险和回收路径的诸多不确定性是单一名称 CDS 市场发展的最主要制约,但是与 CDS 相关的组合产品为对冲违约风险带来了一线希望。

没有哪一个金融产品比 CDS 更富有争议了,中国新版 CDS 推出之后引发的热议就再一次证实了这一点。旁观这场热议,感触最深的不是市场流露出的期许、不解、困惑乃至担忧的各种情绪,而是对 CDS 的各种误解。在欧美,CDS 从 20 世纪 90 年代至今已有二十多年的历史了。二十年多来,CDS 先是经历了 90 年代的摸索探路,其后又见证了十年左右的爆炸式增长,之后则经受了 2008 年全球金融危机的生死考验,以及 2010 年以来的艰难复苏。期间,CDS 一直在市场的呼唤和监管环境的宽松与收紧之间寻求自身的演变。这其中包括 2003 年美国保险公司康赛克重组事件触发的演变,2005 年前通用汽车旗下供应商德尔非等大型公司倒闭的考验,2008 年前后风险溢价的巨大波动,

2008 年后的估值暴跌和交易对手风险的爆发，还有 2010 年主权 CDS 在欧洲债务危机中面临的挑战等。这期间，CDS 还经过了几版国际掉期与衍生品协会（ISDA）协议的修订，“大裂变”和“小裂变”的标准化实施，以及后危机监管框架前所未有的冲击。二十多年间，CDS 从单一名称的衍生工具发展成组合式产品如合成担保债务凭证（CDO），从 CDS 指数产品又延伸到指数分块产品以及后来的期权类产品等。期间，CDS 的一些派生产品相继被推出之后，因种种缺陷，不是在危机中被淘汰，就是因需求消失而淡出市场。在中国，CDS 以富有中国特色的形式在 2010 年 10 月问世，但由于刚性兑付的顽固不去加上产品设计的缺失，几年来始终无大作为，直到 CDS 2.0 新版被推出。CDS 作为信用衍生品的最基本形式，它曾一度被认为是当代金融最富有创新意义的产品之一，但它也背负了大规模金融杀伤武器乃至是全球危机推手的罪名。在公众面前，CDS 充满了神秘的色彩，但它也是饱含罪孽的一个化身。当前，在我国经济增长趋缓、不良资产攀升、信用风险积聚的情况下，如何看待信用衍生品如 CDS 的作用，欧美多年来在 CDS 的经历中都有哪些经验教训，是当下市场各类参与人亟须了解的问题。下面，我仅就这个问题谈谈我个人的一点想法。

CDS 究竟为何物?

CDS 是一种金融技术，它只做了一件事情，就是把信用风险和流动性（投资现金流）分离了开来。CDS 出现之前，这种分离是做不到的，至少没有一个简便易行的金融手段实现这种分离。如果投资人希望投资某一债券，他必须以现金购买的方式加以实现，市场把这类产品称作现金产品（Cash Products）。现金产品的一大特点就是风险和流动性被绑定在一起。CDS 出现后，把这两样东西分离了开来。CDS 从基础资产中衍生而来，可以仅就基础资产（参考债务）的信用风险进行交易，流动性的发生只体现在 CDS 的票息和违约发生后的代偿或盯市造成的利得（利损）的交割结算，而票息通常仅为 CDS 名义额的一小部分（濒临违约的情况除外）。为了和现金产品有所区分，市场称 CDS 一类产品为合成产品（Synthetic Products）。风险和流动性（投资现金流）的分离在金融产品上具有重大的创新意义，最直接的后果是使信用风险的对冲成为现实上的可能。①

CDS 分离的技术主要是依靠“参考”（Reference to）参考债务（Reference Obligation）信用风险的方式实现的。这样，CDS 的信用风险便最终由参考债务的信用风险所决定。从个体上看，通过“参考”技术是无法把参考债务的风险加以改变的，这就如同一面没有扭曲的镜子，现实的丑陋不是也不该是镜子的问题。

空壳信用

CDS 虽然自基础资产中衍生而来，但却有着鲜明的特征。首先，像其他衍生品一样，CDS 一旦和基础资产分离开来，便不再受参考债务现实存在的局限。由于流动性和信用风险绑定在一起，现金产品的转手无非是从某一投资人转向另一投资人，其间不会繁衍出更多的债券，而 CDS 通过“参考”参考债务的方式可以无限地派生下去。换句话说，CDS 的买卖双方都无须持有参考债务，交易便可以实现。CDS 的买方（做空者）并不需要出让参考债务实体，而 CDS 的卖方（做多者）也无须持有参考债务便可因承担了信用风险而得到回报。这就是市场称之的“空壳信用”（Empty Credit）现象。在空壳信用下，CDS 的投资人特别是空壳信用中做空的数量，可能远远超过现金产品下做空的数量。在现金产品下，所谓做空方基本上就是债券发行人自身，普通投资人现金做空因操作复杂且成本高昂很难实现。因此，债券的发行人（做空者）和投资人（做多者）在对待参考实体（Reference Entity）的态度上是一致的，即期望公司经营向好。但 CDS 出现以后，情况变了，市场可能有大量的空壳信用投资人，而做空的一方与做多的一方在对待参考实体上的态度可能截然不同，CDS 投资人对公司向好的共同愿望可能被打上折扣。如果这个衍生出来的 CDS 名义额数倍于乃至数十倍数、百倍于参考债务总量时，会不会在试图解决信用风险对冲这个问题的同时导致新的风险的产生，特别是系统性风险的出现？

① 利用现金产品对冲信用风险理论上是可行的，但现实的操作难度和高昂的成本极大地限制了这类交易。

从2008年全球危机的教训来看，危机之前做多CDS的环境可能过于宽松了，过度的多头与有限的空头导致CDS的风险溢价过低，从而没能反映当时正在积聚的巨大风险（见图1）。回过头看，许多因素导致了这种情况的发生，比如CDS的表外处理、过低的资本金要求、对交易对手风险的低估和过于宽松的保证金条件、监管在认可CDS对冲功用时对基点风险的忽视等，无疑导致了空壳信用的过度生长。当这样一个巨大无比的CDS总量在危机中伴随市场的高波动性时，仅仅因规模带来的盯市冲击就足以对投资人造成巨大的负面影响。2008年的危机说明，当年的危机不是因为CDS做空的原因而是做多的环境太过于宽松，是做空者太少且做空的太晚。2008年金融危机的真正教训是监管当局对华尔街的监管失误造成了CDS做多环境的全面失控。

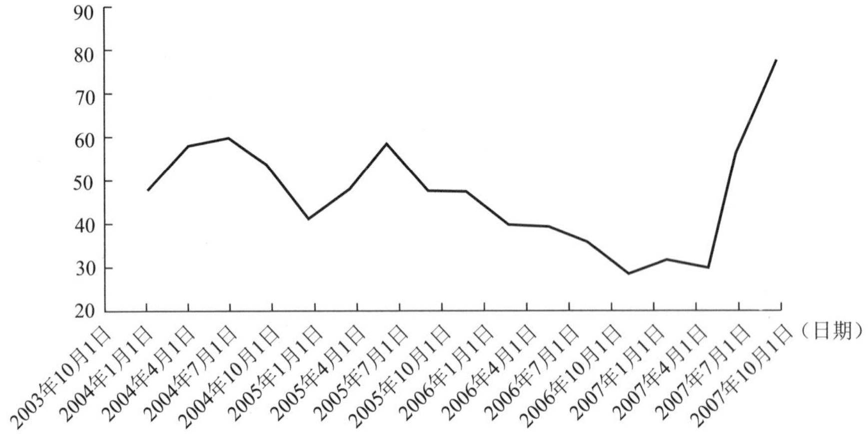

图1　2003年10月至2007年10月CDS风险溢价

交易对手风险

CDS的另一个特征是交易对手风险无时不在，而现金产品没有这种风险，因为现金产品一旦买卖交割完成，一方的投资后果不再与对方相关。在CDS下，由于风险和流动性的分离，票息支付无论是违约后的代偿，还是盯市下一方对资本利得（损）获取，都是不同时点上两个交易对手的各自行为，这就为交易对手风险打下了基础。所谓交易对手风险，是指因交易对手违约而发生的风险。比如，CDS买方在参考债务出现违约的情况下本应从CDS卖方那里得到一笔代偿，但如果 CDS 卖方这时因自身的财务状况出现问题而无法兑现代偿承诺时，CDS 买方就因拿不到代偿金而遭受一定的损失。另一种情况是，在盯市下交易的一方出现利得希望出清交易时，对手恰好因财务困境而无法交割，这种风险又被称作错路风险（Wrong Way Risk）。另外，CDS 的交易对手风险又是不对称的。通常认为，CDS 买方的交易对手风险远远大于 CDS 卖方的交易对手风险。CDS 卖方的交易对手风险仅仅来自盯市下出现资本利得而买方无法兑现的情况，而 CDS 买方除了类似的风险外，还有交易对手在违约事件发生时不履约代偿的风险。

2008 年金融危机前，欧美信用市场普遍低估了交易对手风险。比如，在 CDS 交易中买方通常对卖方初始保证金要求过低，市场上的大牌交易对手有时干脆被免掉初始保证金，有一定信用评级的交易对手也常常根本不需要提供保证金。当时，许多市场参与人模型计算的交易对手风险后来证明都远远低估了，其中低估几倍、十几倍甚至几十倍的情况也屡见不鲜。2008 年全球金融危机的经验证明，在有 CDS 这类衍生品存在的金融市场上，交易对手风险是系统性风险得以生成的重要原因之一。在一个风险交易和风险对冲错综复杂的市场里，如果某一家面对大量交易对手的做市商出现违约甚至倒闭，将会引起一连串多米诺骨牌效应，其后果不堪设想。2009 年，黎曼兄弟的倒闭就是最好的例证之一。

对冲标的

CDS 从 20 世纪 90 年代出现以来，在产品设计上一直追求和债券间的所谓基准风险（basis risk）最小化，目的是要把 CDS 打造成针对债券的高度有效的对冲工具，而不是针对贷款的对冲工具。比如，2009 年 CDS 北美标准合同取消了重组事件，主要目的表面上是为了和 CDS 指数保持一致，实际上是为了缩小重组事件对债券和 CDS 冲击上的差异。又如，在回收的确定方式上，CDS 大致完成了从实体交割到现金交割的过渡，把债券回收和 CDS 的回收确定通过同一拍卖过程绑定在了一起。再比如，2009 年 CDS 的标准化，CDS 票息改为固定票息，固定票息的大小根据参考债务是投资级还是非投资评级而定。这意味着实质上 CDS 不再是所谓面值产品（Par Product），从而消除了之前CDS与债券间另一个重要区别。事实上，CDS就连票息的支付时间节点、到期日等也与典型的公司债高度契合。此外，像大部分债券一样，作为衍生产品，CDS必须遵循盯市的原则，这也和债券在许多情况下相一致。所有这些，决定了CDS是债券而不是贷款的理想对冲工具。从这个意义上说，单一名称CDS不是也从来不只用来对冲违约风险的衍生产品，尤其不是针对信贷的①，事实上，它更多是被用来对冲其他形式的信用风险，如溢价波动风险、信用转移风险、回收风险和其他市场风险等，以达到提高资本效率的作用。据估计，美国CDS的名义额和因违约事件发生而被清算的CDS名义额之间的比例通常很高，有数十倍甚至上百倍，这说明大部分CDS并非用于对冲违约风险，也从一个侧面说明CDS的主要用途实际是在对冲违约风险之外。

合成组合产品

CDS出现不久，单一名称CDS和资产证券化技术迅速结合，不久便产生了组合产品，即所谓合成CDO（现称CSO）。合成CDO是以CDS为基础资产的一种结构性产品，它先是以量身定制的形式出现，而后随着CDS指数出现，又有了指数产品基础上的合成CDO。严格说，CDS是以参考债务为基础资产的风险交易方式，而合成CDO则是一种结构化产品，只是恰巧以CDS为基础资产罢了。因此，合成CDO和现金流CDO没有本质区别。合成CDO是一种杠杆型产品，具有套利的天然功能，是在组合基础上进行风险再分配的风险交易工具，也是对组合进行信用风险对冲的一种工具，其中，结构和基础资产间的相关性决定着风险在不同板块中的分配，而基础资产损失的联合分布也就成了合成CDO的定价基础。虽然单一名称CDS具有对冲违约的功能，但是合成CDO的出现或许才是违约风险对冲的真正工具。合成CDO中股本块的加杠杆和优先块的去杠杆以及基础资产相关性在各板块间的风险调节功能，才使（股本块）投资人有了意愿和动力承担高违约风险。这或许是合成CDO的重要创新意义所在。当然，合成CDO也为滥用杠杆提供了可能。2008年前，华尔

① 在美国，LCDS是一度被创造出来的针对贷款的一种CDS，但LCDS因为基准风险太多而淡出市场。

街曾推出了一个又一个单纯追求收益、过度使用杠杆的产品，但最终被市场逐一淘汰。

CDS 到底能做些什么?

CDS 的这些特征决定了它的功能所在。在欧美市场，至少是在危机前，CDS 的用途或许可以分成这样几大类：①银行用 CDS 对冲债券的风险以提高资本使用效率；②银行和券商利用 CDS 做负（正）基点交易，借助监管和会计准则的框架进行所谓“无”风险套利；③银行、保险公司等金融机构利用 CDS 对冲信用风险溢价波动、信用评级转移风险和违约风险；④券商和对冲基金等机构利用 CDS 做曲线交易、交叉交易、资本结构交易等信用策略交易，以实现套利机会；⑤银行、券商、保险公司和对冲基金利用合成 CDO 进行风险套利，对冲组合信用风险溢价波动、信用评级转移风险和违约风险。

像所有金融产品一样，CDS 的功能有多大取决于它的舞台有多大，而这个舞台的大小则是由监管、会计和法律等制度性因素决定的。其中，监管框架在所有因素中起着主导作用。在全球危机以前，CDS 对冲风险的作用得到了监管的普遍认可，因此，CDS 包括后来的合成 CDO 一度被广泛用来提高银行资本运用的效率。但在新的监管框架下，CDS 正在受到两个主要方面的约束，一是针对空壳信用对做多 CDS 的限制，二是针对交易对手风险推出的种种措施如中央清算中心。例如，自 2016 年 9 月 1 日起，根据新监管框架的要求，在与美国和日本银行进行衍生品包括 CDS 交易中，参与的卖方如果从事非清算中心清算的 CDS 交易必须按要求提交初始保证金并根据盯市的结果提交变动保证金。估计欧洲银行不久也会实施此项规定。这将严重影响银行从事清算中心以外单一名称 CDS 交易的积极性，而清算中心清算的数量目前仍然有限。另外，欧洲的 CRD 4 规定欧洲银行做多 CDS 时必须在资产负债表上有 100% CDS 名义额的资产存在，美国基金行业也有类似的规定。单一名称 CDS 是如此，组合产品也不例外，在新的监管框架下，美国合成 CDO 在所要求的资本上受到种种歧视。由于合成 CDO 属于资产证券化产品，因此被排除在使用 IRC（Incremental Risk Charge）方法计算资本金之列，代之以传统标准方法计算，这通常比 IRC 方法更为苛刻。另外，新的监管框架还设立了最低资本下限，使

CSO 的各种对冲无法得到承认。再有，巴塞尔协议虽然允许一些国家使用综合风险考量方法决定其资本大小，但这一方法要求必须与银行资产组合中的其他资产相隔离，这同样使对冲得不到承认。由于新监管框架的这些限制，在欧美，不但一度高度活跃的各大券商的相关交易前台（Correlation Desk）被相继关闭，很多券商也先后退出或大部分退出了单一名称 CDS 的业务。

在 CDS 的各种功能之中，有理由认为，单一名称 CDS 可能并不是对冲信贷违约风险的最有效工具，相反，它在对冲其他信用风险方面，尤其是在有盯市情况下的市场风险方面可能更有作为。如果仅仅是要对冲违约风险，出自资本雄厚的信用担保公司的传统担保合约应该更为有效。担保合约没有盯市的设计和要求，这和不良资产存在的主要载体——贷款完全匹配。担保合约针对某项具体债务，它不需要二级市场的存在，也不需要可提交债务（Deliverables）或是拍卖程序来决定回收。如果推出单一名称 CDS 的目的是期望对冲违约风险，那么市场将不是因为票息过高，而可能是形成有买无卖的局面。再加上各级政府有形无形之手的干预，CDS 的风险定价会更为困难，这是任何一个市场都不希望出现的环境。

CDS 在中国的应用

如果 CDS 不是对冲违约风险最有效的工具，那谈论 CDS 的应用本身又有什么价值呢？我以为还是有价值的，其一，CDS 的其他功能，比如提高资本运用效率在中国市场还有待被认识和发掘。其二，和 CDS 密切相关的合成组合产品仍可能是对冲违约风险的一条重要途径。退一步讲，如果 CDS 仍希望承担对冲违约风险的功能，那么，它至少应回答好三个问题：第一，公司违约事件的决定因素中的非商业因素如地方政府干预、债转股的推行等在多大程度上会增加违约事件决定的不确定性；第二，违约债务回收预期的形成机制是否清晰，是否有健全的法律保护资本结构下不同债务的债权人，是依靠流动性充分的二级市场定价机制决定回收，还是依靠各方协调或求偿诉讼或破产诉讼完成之后才能决定回收；第三，监管部门对 CDS 的对冲作用在多大程度上予以认可，认可的具体条件有哪些；等等。

违约事件之所以在 CDS 中占有核心地位是因为一旦回收预期得以确定，

对违约事件发生概率的预期就成为 CDS 定价的基础。在欧美市场，市场对违约事件的预期是市场参与人通过对基本面和历史数据的分析形成的，而基本面所反映的商业行为又依赖市场环境包括法律制度的稳定。如果非商业因素如政府干预、各方力量的救市活动、市场规则的易变成为市场面对的常态，违约事件的预期就很难形成，定价的过程也无法完成。根据 ISDA，债务中任何借债出现违约都应触发违约事件，而无论有否交叉违约条款，都应加速所有债券到期。因此，如果违约事件的不确定性直接影响了 CDS 的定价，CDS 的应用将会受到限制。

在我国，债券违约回收（直接与 CDS 回收挂钩）的确定还没有二级市场的广泛基础，从而需要通过招标的程序实现，国际上广泛接受的所谓现金提交（Cash Delivery）式回收将不得不被实体债券提交所代替，这就给 CDS 回收的预期带来很大的不确定性。离开了二级市场，我国债权人的求偿如果不是协商解决，则只能是通过求偿诉讼或破产诉讼加以实现。无论是哪一种诉讼，其程序不仅复杂，通常还存在诸多不确定因素。例如，超日、二重、天威和桂有色四家违约企业，其回收的不确定性使债权人受偿比率相差很大。据和讯名家披露，①“超日债”在引入新投资者的情况下，普通债权人受偿比例由 3.95%上升到 30%，债券投资者获得第三方追加担保全额受偿。除公募债券由国机代偿本金外，其余普通债权受偿比例仅为 17.38%。而天威和桂有色均未能在法院裁定破产重整 6 个月内提交重整草案，其中天威申请延期 3 个月内提交，而桂有色由于未申请延期，于 9 月 12 日被法院裁定终止重整程序，宣告破产。在没有二级市场决定回收的情况下，回收程序的不确定性会相当程度上影响投资人投资 CDS 的动力。

至于监管对 CDS 对冲违约风险功能的认可，同样富有挑战性。2008 年全球金融危机以前，监管对 CDS 对冲功能的认可不幸导致了银行和券商对 CDS 所需资本金的严重低估，在新的监管框架下，如前所述，许多 CDS 的对冲功能不再得到承认，而得以承认的那些条件又相当苛刻。不夸张地说，从某种意义上讲，新监管框架全面推开的今天恐怕才是（单一名称）CDS 真正的严冬。

① 参见《债券违约后续处置情况分析及经验总结》，载 2016 年 10 月 17 日“和讯名家”。

目前来看，CDS 面临的另一个监管障碍是交易对手风险被高度关注，似乎没有中央清算，券商将没有动力参与 CDS 的业务，至少是单一名称 CDS 将是如此。在这样的国际监管的大环境下，中国的监管部门应当在认可 CDS 对冲作用上做出周密的考虑，为 CDS 发挥作用创造足够的空间。

结论

CDS 是一个具有鲜明特征的产品，但单一名称 CDS 可能不是对冲信贷违约风险最有效的金融工具；特别是在当前新监管框架之下，全球单一名称 CDS 正遭遇着前所未有的严冬。监管资本的要求、高比率自有资产的必备、对 CDS 对冲功用的认可等几方面的监管约束可能过分限制了各路投资人做多单一名称 CDS 的内在动力。CDS 自身针对债券的产品设计也使其作为对冲信贷违约风险增加了难度。在我国，违约风险和回收路径的诸多不确定性是单一名称 CDS 市场发展的最主要制约，而与 CDS 相关的组合产品则为对冲违约风险带来了一线希望。在组合产品中，杠杆和去杠杆的并存，市场广泛接受的现金流顺位，相关性对风险在不同板块间的调节作用赋予了组合产品特有的功能，也可能是投资人愿意承担违约风险的不多的产品之一，这也是减少违约对公共资源侵占的一条途径。当然，组合产品的前途还有赖于各方面的共同探讨和智慧。

【延伸阅读】

为了更全面地展示范希文博士的研究成果，我们挑选并综述了以下三篇范希文博士近期的研究成果以飨读者。

一、全球流动性风险：若隐若现，欲罢还休①

流动性风险是指金融资产无法在价格不大幅压低的情景下完成交易的情况。流动性风险一旦来临，金融产品将难以转手，一级市场发行条件会急剧恶化，风险溢价将出现上升，最终资产价格则会大幅下跌。极端的流动风险还可

① 原文《全球流动性风险：若隐若现，欲罢还休》，载《金融博览》2017 年 05 期。

能致金融机构于死地，某种意义上，2009 年雷曼兄弟就是因流动性极度匮乏而轰然倒下。

如果说欧美的金融体系是因为新监管框架推出导致流动性从投行向资产管理方转移，那么我国金融系统则由于“影子银行”的出现和互联网支付的兴起导致资金脱媒流出银行系统。在传统银行负债创造乏力的同时，各种通道业务、零售理财、保险资金和各类基金正充当着新的流动性载体。加之债券市场快速崛起，通过产品内在的和外部添加的杠杆方式，正改变着市场结构。其一，我国金融系统的杠杆在逐步升高的同时，大量采用了借短贷长、滚动负债的方式，使一些杠杆产品的市值对短期利率高度敏感。其二，2014 年以来，银行特别是中小银行越来越依赖同业存单实现信用扩张；2016 年 17% 的银行负债来自同业或非银行金融机构，比 2006 年的 8% 翻了一番还多。其三，大量的金融资产如证券化产品，高度依赖零售理财产品的支持；最近在银监会限制理财产品投资次级债之前，由零售理财产品支持的银行资产业务持续上升。

这些市场结构的变化暴露于流动性风险。一是流动性收紧导致短期利率上升后可能使利率倒挂，亏损发生，而借短贷长的杠杆结构将使这种情况更易恶化。二是通过同业存款的方式扩大信用，缺乏负债端的稳定性，一旦利率结构变化，可能造成负债资金迅速枯竭，资产扩张随之不得不转而收紧。三是高度依赖零售理财产品支持资产发行的做法，在投资风险突发或监管转向的情况下，可能会出现资金转而流向更高质量的资产，引发资产价格的下跌。

历史上看，化解大规模流动性风险的责任最终还是落在各国央行的身上。1998 年，美国长期资本管理公司（LTCM）事件发生后，美联储在两个月内降息 75 个基准点，以缓解流动性的紧张。2001 年“9・11”事件爆发后，美联储在同一时间内降息 150 个基准点。2008 年的全球金融危机和 2010 年欧洲主权债务危机最终都导致货币当局推出史无前例的货币宽松政策。在最近国内同业 CD 利率一再上升的情况下，我国央行通过 MLF 和 PSL 等手段及时向金融系统补充了数千亿的流动性资金，也是出于这一目的。

二、债市：杠杆是“主犯”，风控是“协从”①

金融杠杆的使用有许多种形式，一种是以少量自有资金撬动其他融资，如按揭的首付加银行贷款，另一种是利用衍生工具投资。此外，还包括运用多层结构如资产证券化手段投资，或利用收益曲线的一般形态借助期限错配、融短投长等杠杆形式。如果杠杆是“矛”，可以“盾”而防之。例如，用出资对资产价值比率（LTV）可以控制第一种形式中的杠杆倍数；依靠保证金账户、收取抵押品和规范交易规则可以抑制衍生品中的杠杆使用；提高外部评级标准和约束基础资产可以间接控制资产证券化投资中杠杆的使用；最后，依靠央行货币政策推升短期利率，增大短融成本，可以间接制约融短投长中的杠杆使用。然而，还有一种比较隐蔽的杠杆形式就是国海2016年通过代持所使用的那种，这种杠杆通过一级级彼此信息隔绝的代持方式使杠杆达到数倍之高。从“国海事件”涉及22个券商来看，取决于LTV的比率，四五倍的杠杆甚至更高都有可能。国海的代持至少还是一种收敛的杠杆倍数的做法，危害更大的一种杠杆形式，是用自有资金加杠杆之后，用总投资再算一次“自有”资金，撬动新的杠杆。比如，同样是80%的LTV，代持的做法无论如何会由于LTV的大小收敛至4倍杠杆，而这种“新杠杆”的玩法，会以发散的方式急剧地将杠杆扩张下去。比如，仅需三轮的叠加，就可以将杠杆推高到99倍！不难想象，带着杠杆的资金，就像斗牛中红了眼的公牛，会疯狂地追逐一个个狂奔的资产价值。

历史上，许多大大小小金融风险的发生都源于杠杆的过度使用，如1998年LTCM对冲基金的瓦解、2008年的全球金融危机和2010年的欧洲主权债务危机等。然而，危机的惨烈和深度又常常和顺周期风控措施不无关系。比如，没有顺周期固定比例投资组合保险（Constant Proportation Portfolio Insurance，CPPI）交易策略被投资人的广泛使用，就不会有1987年10月19日全球股市的黑色星期一；没有衍生品交易对手纷纷要求解除交易，就不会有2008年雷曼兄弟的破产；如果不是信用评级被降低，被交易对手要求提供资产抵押，

① 原文《债市：杠杆是“主犯”，风控是“协从”》，载《金融博览》2017年02期。

AIG 公司也不会濒于破产，最终被政府救助。这一切都可以看到顺周期风控安排的影子。在遏制杠杆方面，当前全球各类金融监管都在推出限制杠杆的措施。例如，巴塞尔协议Ⅲ的补充性杠杆比率，规定了无风险加权下银行杠杆的绝对上限；美国证监会则提出了基金行业使用衍生品时对杠杆限制的建议；在欧洲和美国，资产证券化中发起人风险自留的规定也是对杠杆的一种限制；巴塞尔协议Ⅲ对衍生品交易最低资本金的要求，各种风险敞口互抵规则的收紧，都对杠杆起到了限制作用。

三、 CDS 在中国的应用①

CDS 是一种衍生品，不仅依赖高度发展的一级市场，也离不开流动性充分的二级市场，因此，培育有多样化投资人的交易市场十分必要。第二版 CDS 推出后，参与 15 笔交易的 10 家机构，除中信增之外，基本都是大型商业银行，如此的参与人结构，显然过于单一，也无法达到分散风险的目的。根据银行间交易商市场公告，第二版 CDS 的准入标准已经从第一版 CDS 的核心交易商扩大到一般交易商，但规定只有核心交易商才能和所有参与人进行 CDS 的交易，一般交易商只能与核心交易商进行交易。此外，《银行间市场信用风险缓释工具试点业务规则》明确了参与者包括“金融机构、合格信用增信机构、非法人产品、其他非金融机构等”。但即便有这些金融机构参与，仍然难以满足市场的需要。

从我国现实来看，目前 CDS 的买方将主要是有转移风险需要的商业银行，而 CDS 的卖方应当鼓励非银行机构参与，如大型保险公司、增信机构和资产管理公司等。一个健全的 CDS 市场，还应当有对冲基金、私募基金和资产管理公司这样有明显不同风险偏好的投资人参与。

根据 2013 年《商业银行资本管理办法（试行）》，CDS 的资本释放功能是得到监管认可的，但仅限于使用内部评级法的银行，使用权重法的银行则被排除在外。但问题是，得到批准使用评级法的银行在我国只占少数。从欧美的经验来看，2008 年全球金融危机以前，监管对 CDS 对冲作用的认可过于宽松，不幸导致了银行和券商对 CDS 所需资本金的严重低估，使做多的环境过于宽

① 原文《CDS 在中国的应用》，载《中国金融》2017 年第 1 期。

松。在新的监管框架下，许多CDS的对冲功能不再被承认，而得到承认的那些条件又相当苛刻。不夸张地说，在全球新监管框架全面推开的今天，恐怕才是欧美市场CDS真正的严冬，不少银行和券商已纷纷退出了单一实体CDS市场。在这样的国际监管大环境下，中国的监管部门应当在认可CDS对冲作用上作出周密的考虑。

在中国，如果CDS交易仅限于高评级的标的实体，CDS的发展就失去了意义，根本原因是CDS无法在最需要使用CDS的低评级公司群体形成有效的定价机制，甚至缺乏基本的市场、法律等微观架构来支撑CDS的交易和交割。在这样的情况下，CDS的重点不应当一味追求完善单一实体CDS市场，而是应针对组合信用风险和银行系统的资本释放发挥作用。必须指出，在这方面，组合产品有其独特优势。在中国，合成组合产品必须考虑跨越单一实体CDS这一步。换句话说，在没有完全发育的单一实体CDS市场的情况下，能否创造出合成组合产品将是我国CDS市场可否健康发展的关键。合成产品的另一个好处是，单一产品定价的要求可能在组合下变的可以容忍。不仅如此，经验表明，合成产品可能是比单一实体CDS更有效的对冲违约风险的金融工具。目前，我国债券市场风险频频暴露。截至2016年11月19日，已有27家实体、54只债券发生违约，违约总额为283亿元，是前两年总和的两倍以上。与此同时，不良贷款率正在逼近2%的水平。因此，缓释系统性风险和银行资本释放的动力都已不容置疑。建议市场主体参与人联合监管部门、会计和法律专家以及评级公司等一起，共同探讨创造合成组合产品，迈出CDS市场的重要一步。

附：范希文博士近期主要研究成果

1. 范希文：《全球流动性风险：若隐若现，欲罢还休》，载《金融博览》2017年第5期。

2. 范希文：《美联储加息未尽，资本外流何以应对》，载《金融博览》2017年第4期。

3. 范希文：《监管套利与监管蒙蔽》，载《金融博览》2017年第3期。

4. 范希文：《债市：杠杆是“主犯”，风控是“协从”》，载《金融博览》2017年第2期。

5. 范希文：《新监管框架下美国投行业何去何从?》，载《金融博览》2017 年第 1 期。

6. 范希文：《CDS 在中国的应用》，载《中国金融》2017 年第 1 期。

7. 范希文：《关联度越来越高的世界意味着什么?》，载《博鳌观察》2016 年第 2 期。

8. 范希文：《美国固收市场收益何处可寻?》，载《当代金融家》2015 年第 8 期、第 9 期。

9. 范希文：《如何构建“逆周期”风险管理大系统》，载《当代金融家》2014 年第 12 期。

10. 范希文：《别再为债务违约兜底》，载《银行家》2014 年第 2 期。

华而诚，包商银行首席经济学家。美国康奈尔大学经济学博士。

在美国康奈尔大学、美国国民经济研究局（NBER）工作期间进行了美国月度计量经济模型的开创研究。任职 IMF 研究部经济学家期间，负责国际商品市场及国际收支平衡的研究工作。在世界银行工作期间，先后担任全球经济预测部门首席经济学家、南美部门首席经济学家，协助哥伦比亚解决债务危机；担任世界银行驻中国代表处首席经济学家，协助中国推动宏观经济改革；担任东亚太平洋地区经济管理部门首席经济学家，协助拟定 1997 年东亚经济危机后复苏计划。曾兼任中国国家体改委对外咨询服务公司顾问、国务院发展研究中心亚非发展研究所名誉顾问、广东省经济顾问；全球策略投资管理公司总裁；世新大学、北京大学、北京师范大学兼任教授；中国建设银行首席经济学家。

1997 出版的《中国经济软着陆》一书获得 1998 年中国国家图书奖。2002 年出版的《21 世纪初的中国服务业》（李善同合编）一书获得 2005 年北京市政府科技奖。

后全球金融危机时代，中国经济大船如何顺利到达彼岸？

□ 华而诚

在中国过去三十年的发展当中，全球经济扮演了非常重要的角色，二者的关系非常密切。华而诚在演讲中分享了对全球经济的看法，主要分为三部分：一是全球经济进入了低增长、风险加大的新常态，何时能突破这一局势走向正常，美国能否率先走出？二是中国经济走上结构调整与转型、升级的道路；三是全球金融危机后，中国经济在全球经济的地位大幅提高、推进包容性的全球化。

一、 全球经济进入了低增长、 风险加大的新常态

2008 年国际金融危机爆发以来，西方国家中央银行采取非常规的货币政策，即量化宽松（QE）政策，为何未能使经济强力复苏？联想到特朗普当选等事件，为何西方发达经济体兴起民粹主义和反全球化运动？美国会再度强大吗？

2008 年全球金融危机以来，发达经济体中美国经济首先开始出现稳定复苏的迹象。2014 年美联储释放信号表示将退出宽松的货币政策，引发市场对美联储加息的预期，新兴市场经济体的资本大幅外流至美元资产，导致汇率大幅贬值，被迫升高利率以减弱货币贬值程度，从而对经济产生冲击，进而采取了管理资本流出的举措。国际货币基金组织也首度破例支持资本账户管制。市场对美联储加息的预期至今仍是新兴市场经济的潜在风险。

衡量全球经济好坏的一个指标是全球贸易扩张的幅度。2000 年是第二次

世界大战以来世界经济增长最快的时段，彼时全球贸易高速发展。在全球贸易一体化之下，多边贸易组织的推动积极促进了全球贸易的增长。全球贸易增长与全球经济增长相互助力，使全球贸易增长速度超过了全球经济增长速度（见图 1）。2008 年爆发的金融危机则造成全球增长速度大幅下滑，进出口增长乏力，全球贸易增长随之衰退，其下降幅度甚至超过了全球经济。当前，发达经济体崛起的反全球化势力可能进一步威胁全球贸易及经济增长，是全球经济前景的一大风险。

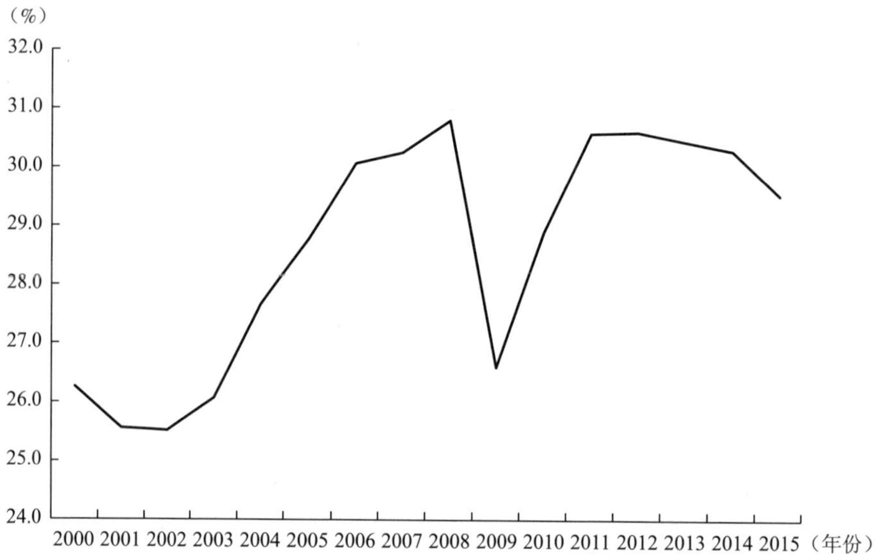

图 1　2000—2015 年全球货物和服务出口占 GDP 之比

美联储最重要的任务就是稳定宏观经济，如果经济过热，则提高利率以降低通货膨胀；如果经济衰退，则降低利率以恢复经济，美联储对于美国经济稳定有着非常重大的作用，而美国经济稳定，也有助于全球经济稳定。从这个意义上讲，美联储通过影响美国而影响全球。但是，在 2008 年金融危机以后，美联储已经不能确定引导金融市场的预期，这使得货币政策对美国实体经济的影响的稳定性受到挑战。2015 年 12 月美联储在金融危机之后首次加息，其原因主要是美国就业复苏较好。2016 年 3 月美联储把 2016 年加息的次数下修为 2 次，这实际上是在向市场预测靠拢，而并非引领市场，也反映出美国经济不再是世界经济的火车头了。因此，美联储在进行决策时，不再只关注美国经济数据，还需要考虑到包括中国、欧洲在内的其他影响因素。

从图 2 中可以看出，美联储已经不能“一言九鼎”地引导金融市场的预期，美联储于 2015 年中旬首度加息后债券长端利率未升反降，收率曲线因而收窄。影响美国投资最为重要的应当是中长期利率，如果提高短期利率以后不能影响中长期利率，那便是没有作用的。2015 年 12 月中旬美联储提高短期利率之后，中长期利率最低跌破 1.5。

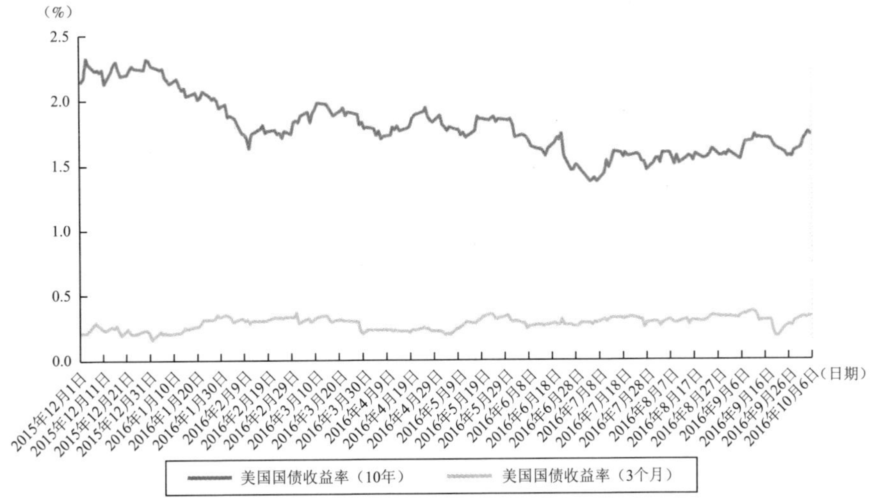

图 2　美国国债收益率

2008 年金融危机以后，美联储对未来几年美国经济增长进行了预测（见表 1）。从 2012 年以来的数据来看，美联储不断下修与达到通货膨胀率 2%的政策目标值一致的未来经济重回均衡的主要经济预测指标。美联储前主席伯南克建议说，金融市场要关注经济数据，不能全然依赖美联储对经济前景的判断。

表 1　联邦基准利率与潜在经济增长率

年份	长期联邦基准利率（%）	潜在经济增长率（%）
2012	4. 25	2. 3~2. 5
2013	4. 00	2. 3~2. 5
2014	3. 75	2. 1~2. 3
2015	3. 75	2. 0~2. 3
2016	3. 00	1. 8~2. 0

为何宽松货币政策未能带领经济强劲复苏？实际经济增长率下降的主要原因是劳动生产率增速下降，而不是总需求不足，而劳动率生产率增速下降反映出资本劳动生产率下降。因此，这并不是美联储可以解决的问题，因为不是需求的问题。资本报酬劳动生产率增速下降反映出资本的劳动生产率下降，也反映出企业投资报酬率下降。因而当劳动生产率下降反映到资本市场，再反映到投资报酬率下降时，实际利率必须下降，否则企业不可能增加投资——这正是美国经济复苏的最大障碍。因此，此时中央银行利率下降只是反映出劳动生产率资产报酬率下降，并不是刺激政策，这也是低利率时代美国中央银行或者欧洲中央银行把利率调整到0也不能使经济复苏的原因。在这种情况下，不能期望中央银行把经济拉起来。

从美国的数据来看（见图3），2001—2007年美国非农劳动生产率年平均增长率为2.6%，2008—2015年大幅下降为年均1.2%，2011—2015年为0.6%，2016年为0.2%，跌至经济复苏以来的最低点，仅依靠劳动生产率较低的就业人口复苏拉动经济增长，2016年经济增长率为1.6%。

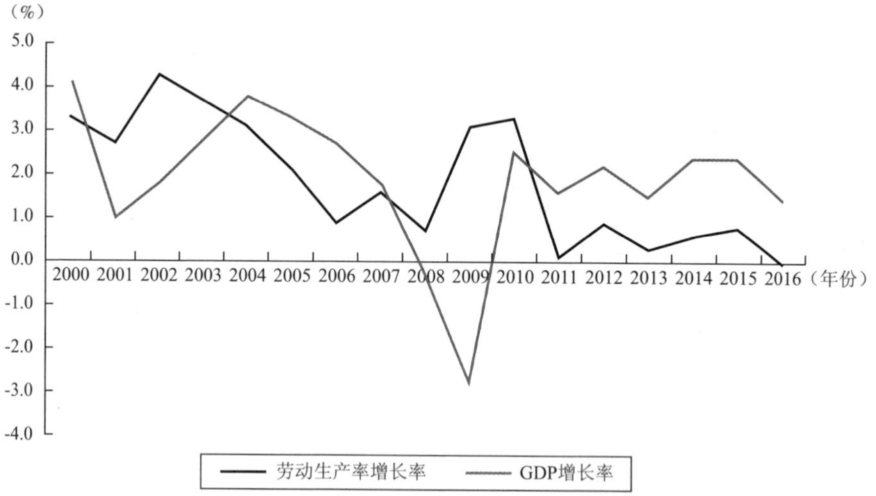

图3　2000—2016年美国劳动生产率与GDP

美国劳动生产率下滑是长期趋势（见图4），1961年劳动生产率为2.5%~3%，1996—2005年劳动生产率达到3%，这是因为“互联网革命”大幅提升了劳动生产率。2005年之后，互联网革命时代结束，美国的劳动生产率又恢复到过去的水平，甚至不断下降直至接近0。因此，2008年的金融危机不是导致近年美国生产率增长持续缓慢的原因。值得注意的是，在劳动生产率达到最高时，美国的就业增长率反而达到最低点，科技替代劳动力明显，而非国际贸易夺取了制造业工人的就业。

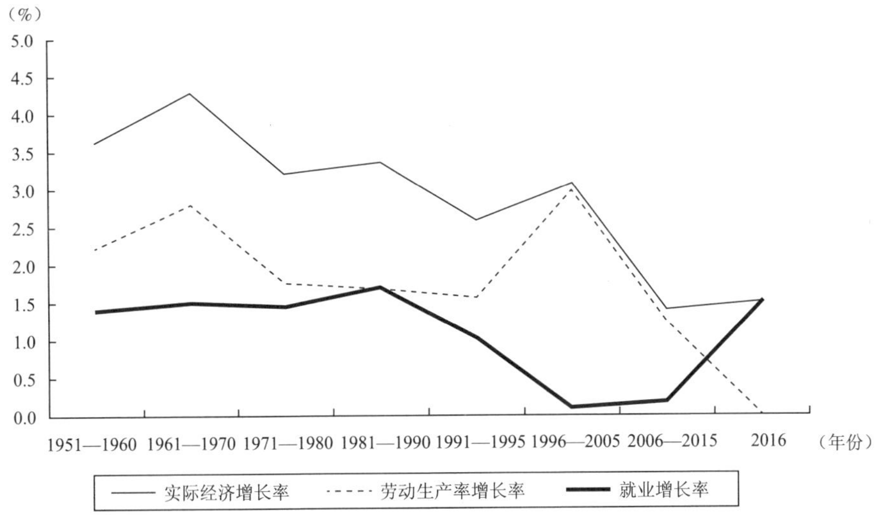

图4　美国经济、劳动生产率与就业

除了互联网革命期间，美国劳动生产率增长率为何如此之低？硅谷著名的"FANG"（Facebook，Amazon，Netflix，Google）为什么无助于提高劳动生产率？这是一个不容易回答的问题。著名经济学家Martin Neil Baily和西北大学教授Robert J. Gorden认为有几个可能的原因：①劳动生产率测量被错误低估；②工业革命开始以来，经济生活被大革新所显著改变，包括蒸汽动力、电力、内燃机，最近的数字科技等，但这类重要创新皆已耗尽；③生产率前沿的提升现在比过去更加缓慢。此外，即使生产率前沿有所提升，但是大多数的公司并没有跟上前沿。为什么导致这样的问题？因为缺乏竞争，缺乏采用最佳做法的管理能力，以及持续的周期性疲软和监管。

图5反映出美国劳动生产率增长率的持续下滑。20世纪80年代中期开始，美国10年国债利率持续下降，产生债券大牛市。

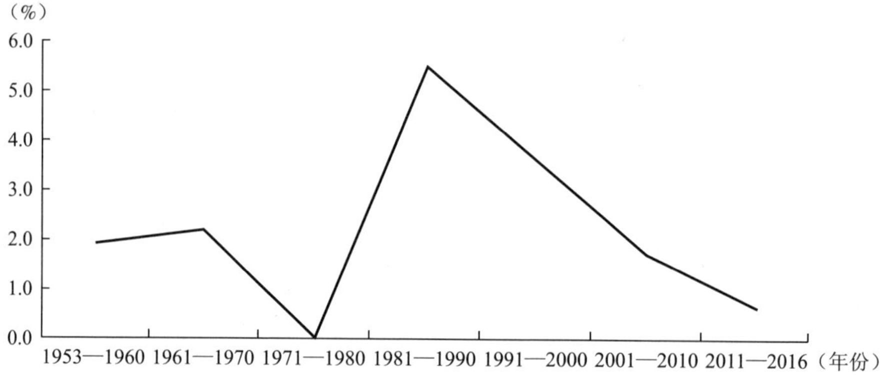

图 5　1953—2016 年美国 10 年期国债实际利率（1st 7month）

不仅是美国，全球经济都出现了上述现象。2008 年金融危机以后，美国、意大利、法国、德国、日本、中国 10 年期国债名义利率都出现持续下行，德国和日本甚至出现负利率（见图 6）。

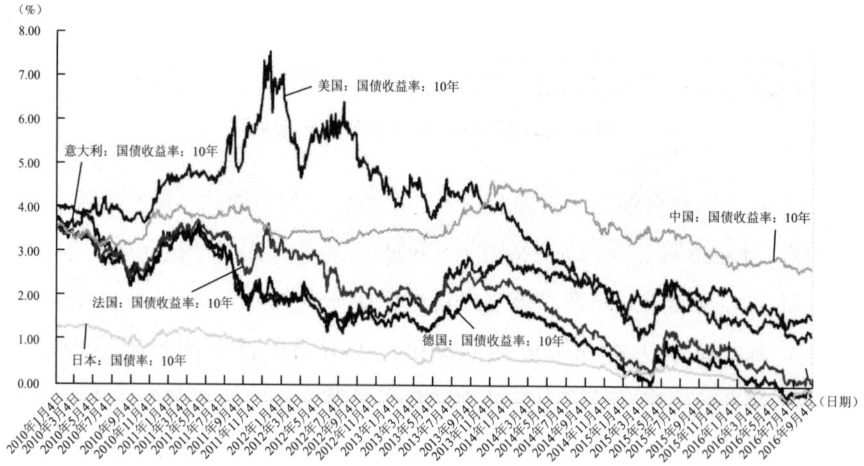

图 6　美国、意大利、法国、德国、日本、中国 10 年国债名义收益率

低利率及负利率刺激经济的边际效率递减，并可能带来新风险。例如，资金竞逐高收益资产（股票、房产），导致泡沫化贫富不均扩大；银行利差缩小，经营难度提高，风险加大，欧洲银行业比美国银行业更为困难；挑战保险、退休基金等固定收益资产管理业务；影响众多依赖退休金者的生计；可能加大了居民储蓄力度却降低了投资信心，非但未能刺激总需求，反而可能产生超额储蓄。市场对极度宽松货币政策退出不确定的预期将加大金融风险。极度宽松货币政策接近极限，一旦欧元区、日本、英国中央银行退出“债券购置计划 QE”，收益率较高的长期债券价格将下跌，投资风险加大，也可能再度引发新兴市场经济资金外流、货币贬值的金融风险（Taper Tantrum）。

最近全球经济出现一系列“黑天鹅”事件。为何西方发达经济体兴起了反建制、反精英、反全球化运动的民粹势力？民粹与精英是相对立的，精英要求理性，不能太感情用事，而民粹则是讲感情、凭直觉。2016 年美国总统大选展现出反建制、反精英、反全球化民粹势力的崛起。共和党唐纳德·特朗普（Donald Trump）当选第 45 届美国总统，他认为美国社会及经济正处于危机中，并以“使美国再度伟大”（Make America Great Again）为竞选口号，先后击败了共和党内精英及执政民主党候选人希拉里。这是一场经济落后群体对精英及建制的不信任投票。特朗普在竞选时，曾表示民主党犯的最大错误是同意中国加入世贸组织，1947—2000 年美国经济年平均增长率为 3.6%，而 2001—2015 年美国经济年平均增长率仅为 1.8%，少了一半。对于奥巴马极力推动的针对中国的 12 个国家组成的跨太平洋伙伴关系协定（TPP：Trans-Pacific Partnership Agreement），特朗普在竞选时表示当选后将退出 TPP，重新与加拿大、墨西哥谈判在 20 世纪 90 年代签订的北美贸易协定，并表示日后仅谈判对美国有利的双边贸易协定，取代使美国经济受损的多边贸易协定。

英国、欧盟亦展现反建制、反全球化的趋势崛起。2016 年 6 月 23 日英国公投结果脱离欧盟，引发全球金融市场动荡，英镑大幅贬值，对欧盟发达经济体冲击较大。国际货币基金组织下调 2016 年全球经济增长及英国经济增长的预测值。美国与欧盟谈判的“大西洋投资及经济伙伴协定”也遭遇到包括德国在内的欧盟国家人民的反对，难以前进。2016 年 12 月 4 号意大利公民就改革派总理伦齐（Matteo Renze）的国会改革方案进行公投，因为广大民众对经济不满而未能通过改革方案，反建制势力大受鼓舞。这也是民粹势力的展现，欧元即刻贬值。意大利政局不稳，银行不良高企，经济未来堪忧，如果这个欧洲第三大经济体出现债务危机，对欧洲及全球金融市场稳定的影响将远甚于希腊。此外，德国总理默克尔的开放移民政策也受到国内日益壮大的反对势力的影响。

IMF主席拉加德表示，在越来越多极化的世界，应当通过继续推进贸易一体化来加强全球合作。她认为，在这种时刻以特朗普为代表的反对全球化、全球化和多边主义的倒退，是一个“严重风险”，因为科技与全球化已经在近几十年带来前所未有的全球性福祉增长。从20世纪70年代开始，美国制造业人口减少，其主要原因还是科技进步取代了劳动力，经济进步要求劳动生产率提高，生产水平的提升也要依靠劳动生产率的提高，所以只能靠科技。

反建制、反全球化民粹势力崛起的背景是与全球化同步的中产阶级的实际收入长期停滞、不公平大幅度扩大。1980年后，G7国家占总人口数1%的高收入人群其收入占整体收入的比例持续增加，美国的表现更为明显，这一比例从1975年的8%上升到2014年的18%。全球化使得社会福利整体增加，但并没有做到“雨露均沾”。哥伦比亚大学教授、诺贝尔经济学奖得主Josegh E. Stiglize也反对TPP，因为美国的政治体制不能保护其国内全球竞争力不强的蓝领工人的利益。此外，人员的自由迁移可能会被看作是货物、服务以及资本自由流动的自然结果。但在现实中，人们对周边环境的快速变迁不能适应，移民激起对全球化的抵制，高收入国家的中低阶层将为保护自己的公民身份而抗争，如英国的反移民势力就是脱欧的主要支持者。

从图7和图8中可以看出，美国劳动者报酬占国内总收入比例短期下降，净经营盈余占国内总收入比例上升。（初次）收入分配从20世纪80年代开始呈现由劳动方向资本方倾斜的长期趋势。

图7　劳动者报酬占国内总收入（GDI）的比例

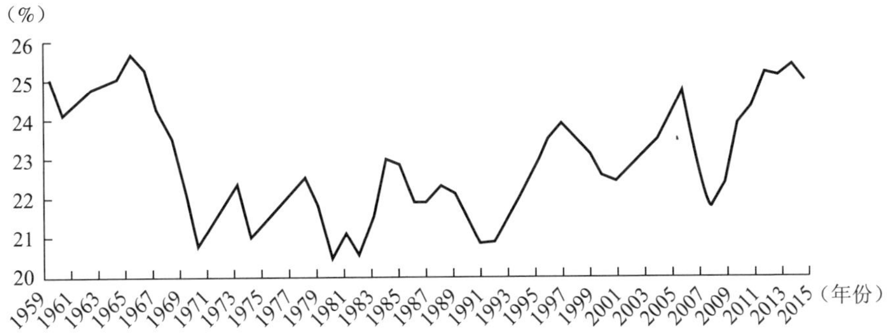

图8　净经营盈余占国内总收入（GDI）的比例

收入分配不均的扩大反映出劳方未得到合理报酬，即实际劳动报酬增长率长期低于劳动生产率增长率（见图9）。全球化使流动中较低的劳动的议价能力受损。

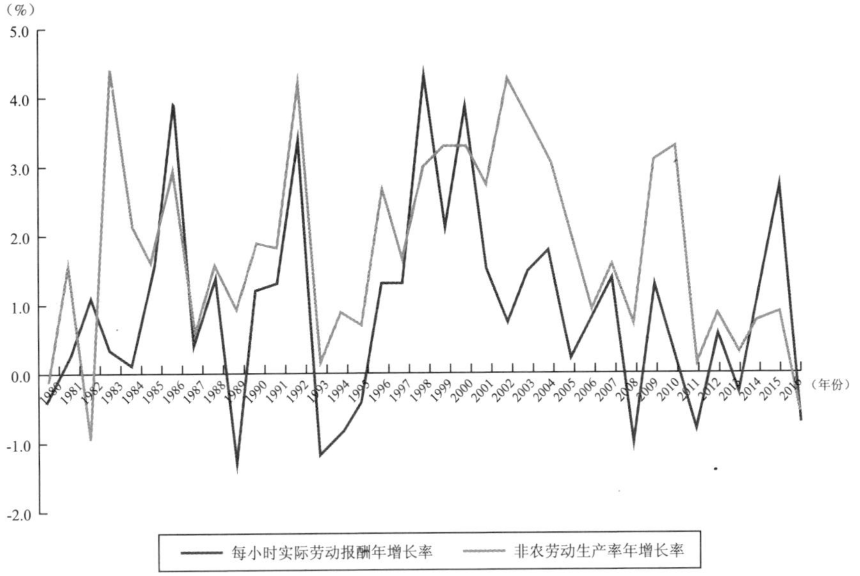

图9　美国收入分配不均的扩大

中产阶级收入增长停滞，自2000年以来美国经济经历了2001年及2009年两次衰退。2014年中产阶级收入比1999年少了7.2%（见图10）。

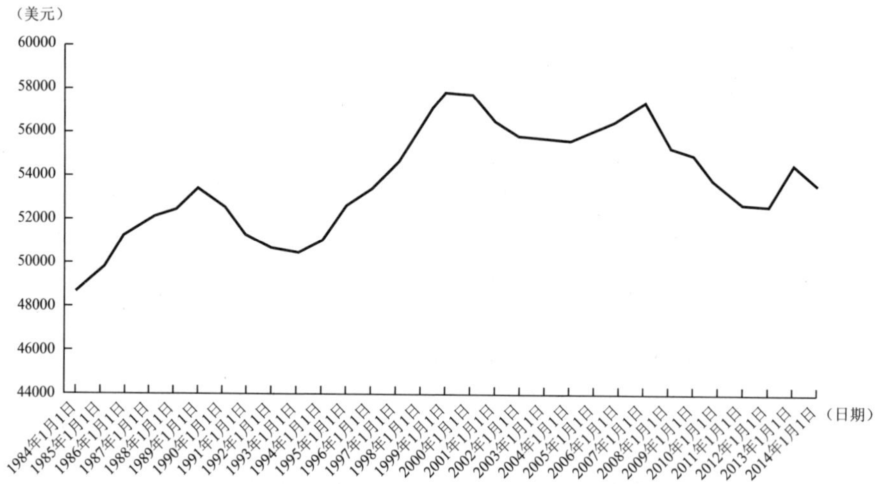

图 10　1984 年 1 月 1 日至 2014 年 1 月 1 日实际家庭收入（中值，美元，2014 价格）

美国经济这块“饼”更大了，但是半数美国人的份额却更小了。近年来顶层财富的主要驱动力是投资收入。华盛顿公平增长中心的经济学家 Heather Boushey 认为，这种分歧会减缓创新，进一步加剧不公平。如果提高收入的需要已经通过拥有大额现金或继承了父母财富的方式解决，那么就很难需要以工作的方式努力向上，更何谈创新？

技术进步和国际贸易加剧了不平等。技术进步对提高劳动生产率和促进经济增长至关重要，同时也通过降低低技能工人的工资加剧了不平等。教育的回报比以往任何时候都大，但全国的进展已经放缓，这种制度赋予了富裕儿童许多好处，但是减少了代际流动性（Inter-generation Mobility）。国际贸易也是这样，在“饼”做大以后还要使多方受益。

全球化虽然在国家之内可能加剧了收入分配的不平等，但是就全世界范围内来说它降低了国家与国家之间经济的不平等，中国经济发展取得的成就即是一个明显的例子。从这一个角度来说，全球化是有益的。

特朗普经济学能使“美国再度强大”吗？反全球化的特朗普当选美国总统后，金融市场及时受鼓舞，可说是特朗普的“蜜月期”。“蜜月期”过后，金融市场波动将回归仍不确定的经济基本面。

特朗普经济政策的主要内容是降低企业及个人所得税，包括海外企业的累计盈余汇回美国之税率降为10%；减少管制（金融、能源、医药等领域）；增加投资基础建设；通过这些政策把经济增长率提高到3.5%～4.0%。市场预期扩张性财政政策——赤字财政——将会提升经济增长及通胀率，导致了预期实际利率及通胀率的上升，名义长期利率因而快速上升。美元指数也因此快速上升。股市亦持续大涨。

因为通胀预期及实际利率的提高，10年国债利率由特朗普当选美国总统的2016年11月8日的1.88%，快速上升到15日的2.23%，达到2016年的高点（见图11）。

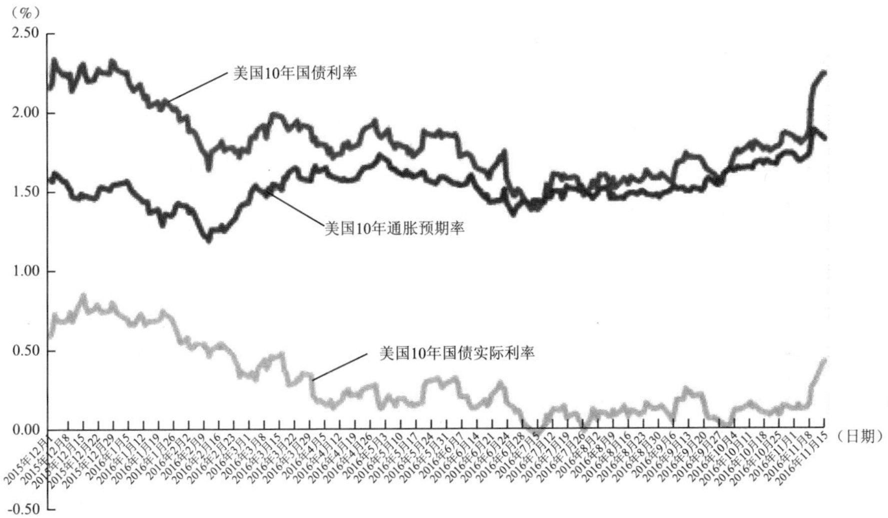

图11　美国10年国债利率和通胀预期率

2016年11月8日至17日美元汇率指数大涨3.0%，达到2016年的高点（见图12）。但人民币有效汇率指数却略升值，即虽然人民币也在贬值，但人民币相对美元的跌幅比其他货币跌得较少（见图13）。

减税及减少管制为共和党的传统“供给侧”政策，目的是促进企业投资，提高生产率，拉动经济增长。但是，经济政策的内容及推进的程序仍然高度不确定，其实际效果可能要到2018年才能显现。

美联储2016年12月13～14日会议决定，自2008年金融危机以来第二度升息25个基点，反映了美国经济已接近充分就业，经济增长也接近美联储估计的 1.8%左右的潜在经济增长率（2016 年估计增长 1.6%左右）。这次升息效果已经提前为金融市场所消化，即长端利率已大幅升高，美元也大幅升值，带来了紧缩效果。在通胀仍然处在低位的情况下，这次升息预期与和 2016 年 9 月的决定十分相近，仍然遵循谨慎的升息步伐。

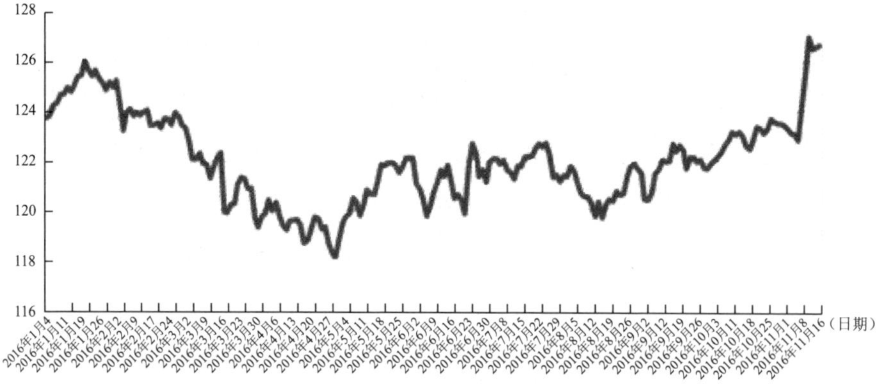

图 12　2016 年 1 月 4 日至 11 月 16 日美元汇率指数（1997 年 1 月=100）

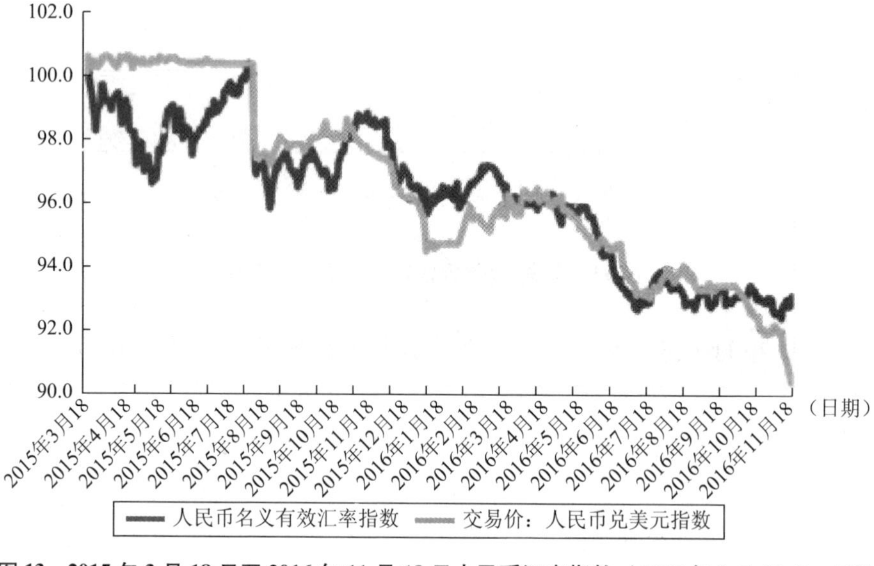

图 13　2015 年 3 月 18 日至 2016 年 11 月 18 日人民币汇率指数（2015 年 3 月 18 日=100）

美联储主席耶伦对特朗普大规模财政刺激计划提出质疑，称要让美国重新实现完全就业，“财政刺激并非明显必要”。美联储升息表明，美国就业市场较好，美国经济已经复苏了，已经接近充分就业，达到生产潜能，财政刺激必然会导致通货膨胀。耶伦表示，过去曾经呼吁推出财政刺激的原因是，当时的失业率远高于当前，但这一时期已经过去，因此财政刺激对于实现充分就业并非必须。她还对减税计划到底能否改善经济及劳动生产率提出质疑。华而诚坚持认为刺激生产力增长很重要，这对于经济是很有益的。随着人口老龄化，债务对 GDP 的占比会上升，耶伦也认为决策者必须要把债务占 GDP 的比重纳入考量。

美联储终将走向鹰派，终结特朗普经济学的“蜜月期”。一旦经济刺激开始推升通胀，美联储升息步伐可能加快，美元更大幅升值，外贸逆差再度扩大，造成工人失业增加，特朗普经济学中的保护主义可能抬头，保护制造业工人就业以履行竞选承诺，一触即发的贸易战将冲击华尔街，终结特朗普经济学的“蜜月期”。

当然，当前美国股市对特朗普经济学的高度期待本身就蕴藏风险。因为美联储主席耶伦都认为特朗普经济政策具有极高的不确定性，包括与美国国会磨合后果的不确定性。关键是能否提高美国经济极需要的劳动生产率来提高企业的投资回报率？受惠于前总统奥巴马的政策红利，处于复苏途中的美国经济在劳动生产率未能提速的情况下，能否满足市场对上市公司盈利的高度预期？

振兴美国经济增长的关键是劳动生产率增速，特朗普经济学未脱离共和党的传统政策，对生产率提升的效果不明确，年度经济增长率提高到 3.5%以上的目标将不易达到。大幅减税使富人获利多，也对股市有利，但所得分配不均恐将恶化，包容性增长的要求亦难以达到。

二、 中国经济走上结构调整与转型、升级的道路

后金融危机时代，中国经济的结构调整与转型、升级获得实质进展，使经济重回平衡，走上可持续发展的道路。

2010—2015 年，第三产业名义 GDP 占全国名义 GDP 的比例大幅提升了 6 个百分点。但是，这反映的只是第三产业价格相对第二产业价格的大幅提升，

第三产业实际GDP占全国实际GDP的比例并未提升，第二产业占比则略有提升。当然也不用悲观，中国GDP增长的拉动力的确已由工业向服务业转型，2010—2015年，第三产业的拉动比例大幅提升13.3个百分点，弥补了第二产业贡献率的下降。当前，第二产业仍然是拉动经济增长的主力。后金融危机时代，农业就业人口加速向服务业转移，农业就业人口占全国就业人数的比例下降了9个百分点，其中6个百分点转移到服务业，3个百分点转移到工业，全国劳动生产率增速随之下降。经济增速下滑的同时，劳动人口亦减少，劳动市场维持稳定。2011年开始，全国居民收入实际增长超过了劳动生产率的增长，劳动成本占总产值的比例上升，这是企业提高劳动生产率的动力。同时，全国居民收入占国内生产总值的比例持续上升，扭转了长期以来的下跌趋势；收入分配向居民收入倾斜，为内需结构由投资转向消费提供动力。全球金融危机后，总需求增长拉动力由外需转内需、由投资转消费。中国经济经历了必要的结构调整、转型、升级后重回平衡，达到可持续增长，同时也伴随了经济增长下行的压力。

"稳增长"需要聚焦供给侧改革。后金融危机时代经济增长率及劳动生产率增速的下滑反映了投融资效率的下降，仍有必要维持较高的投融资杠杆率以降低经济下行压力。因此，全社会总债务占GDP比重由2009年的170%上升至2016年的200%，而社会负债中最重要的就是企业债务。可见，高债务形成的原因不是中国的高储蓄率及以信贷为主的间接融资结构，而是投融资效率的下降。

中国经济增长率从2010年的两位数持续下滑至今，趋稳的步入"L型"。就更长的发展阶段而言，随着经济走向成熟，增长速度仍将由中高速进入中速，再进入当今发达国家的中低速，呈持续下台阶的"梯型"新常态。

三、全球金融危机后中国经济在全球经济中的地位大幅提高，积极推进全球化

中国经济在全球经济中的地位大幅提高，中国积极推进创新及包容性全球化。2009—2015年，中国对全球经济增长的贡献率每年都在25%以上，超过

美国。中国经济如果走入衰退，必将冲击世界经济。美联储主席耶伦提到，中国经济从投资到消费的转型是个巨大挑战。国际货币基金组织和世界银行在2016年10月华盛顿年度峰会上也表达了英国脱欧和欧洲银行业风险之外另一个全球关心的问题，即中国经济的结构调整及改革。

人民币纳入IMF特别提款权（SDR）货币篮子这一里程碑事件，见证了中国改革开放取得的成就，更反映出全球对中国进一步推动改革开放的期望。中国仍将以开放促改革，以改革促进中国及全球经济增长。

2005年7月汇改以来至2015年底，人民币有效汇率指数升值57%，美元升值1%，欧元贬值12%，日元贬值28%。（人民币自2015年3月开始贬值，全年仍然保持升值之势。）全球金融危机重创全球贸易，对中国经济的影响更大，但是中国仍是全球最开放的国家。人民币的强汇率反映出强经济及国际贸易竞争力。后全球经济危机时代，中国相对G20集团的出口占比持续攀升。人民币的升值与中国经济的崛起同步，后全球金融危机时代，中国经济规模赶上美国经济规模的速度有所提升。

中国经济这艘大船如何在波涛汹涌的全球汪洋大海中顺利达到彼岸？习近平在杭州G20峰会开幕式致辞中说："中国对外开放不是要一家唱独角戏，而是要欢迎各方共同参与。不是要谋求势力范围，而是要支持各国共同发展，不是要营造自己的后花园，而是要建设各国共同的百花园"。"杭州共识"展现了中国阻止全球化逆转、进一步推动经济全球化的决心。中国强调与亚太各国共同——而非主导——构建平等协商、共同参与、普遍受益、具有包容性的区域合作框架。中国反对"亚太贸易规划今后将由中国制定"的见解，而这正是美国奥巴马总统所力挺的TPP。中国经济快速发展的经验就是缘于以对外开放促进经济改革，中国开放的大门永远不会关上，只会越开越大。

这是最坏的时候，也是最好的时候，有挑战才有机会。全球经济增长乏力，如何让中国经济继续保持活力，引领世界经济包容性增长，实现互利共赢，亟待中国智慧。

【延伸阅读】

为了更全面地展示华而诚博士的研究成果，我们挑选并综述了以下四篇华而诚博士近期的研究成果以飨读者。

一、“金融空转” 了吗？①

从2006年开始，名义与社会融资规模比例呈逐渐下滑趋势，这可以描述为一个“金融空转化”的趋势。华而诚认为这个“金融空转化”趋势反映的是投资率上升与投资边际效率递减并存的现象。投资边际效率递减反映了资本结构的变化。效率一般较高的民营企业投资并没有得利于经济刺激投资计划，甚至受到排挤。因此，在经济刺激计划退出后，整体经济也就难以持续复苏。高投资率对经济增长的拉动被投资率效率下降所抵消，不能带来经济的持续复苏。投资效率的衰退将制约中国经济的潜在增长率。

华而诚认为，一方面，季节性的“金融空转”不是问题。金融空转指金融行业没有把其中介角色扮演好，也就是没有把社会的储蓄资金（可贷资金）转化为投资后形成有效率的产出。他通过计算GDP与社会融资规模（TSF）的比率发现，GDP/TSF的季节性波动几乎完全来自固定资产投资（FAI）与社会融资规模比率FAI/TSF的季节性波动。因此，投融资——金融对投资的融资行为——具有高度的季节性规律，使融资最终的产出效应也具有高度的季节性规律。另一方面，趋势性的“金融空转”需要关注。“金融空转化”的趋势必然来自GDP/FAI的下降，他通过数据发现投资率FAI/GDP呈现了趋势性的上升，然而资本边际效率的下降使投资率大幅度上升并没有带来与之相对应的增长。

华而诚指出，应将加速推动深化金融市场化改革作为经济结构转型的突破口，同时彻底撤除民营企业投资的行业准入壁垒，清理过渡的行政审批，为金融服务实体经济创造更佳的环境。

① 原文《“金融空转” 了吗?》，载《金融发展评论》2013年第7期。

二、寻求中国经济的再平衡①

2008年金融危机以来，中国经济出现了失衡。在金融危机期间，民间投资、消费不振，经济增长大幅下滑。中国政府运用巨额的信贷扩张及宽松的货币政策以促使支出增加，为中国经济施加“外生”动力。强大的外生刺激使经济复苏的同时也造成了高通胀、房地产价格泡沫的强化。与凯恩斯主义刺激政策理论实践的预期后果不同，房地产部门以外的民间投资并没有明显受益于中国巨大的政府经济刺激计划，甚至可能被排挤在外。因此，政府对经济刺激只是暂时掩盖了源于“内生性”增长动力不足而导致的内在宏观经济失衡，但是却有没有办法消除它。

华而诚指出，下一阶段深化市场经济改革重要的是深化金融市场改革。以市场决定的利率替代信贷额度管理不仅会提高资本的使用效率及劳动生产力，更会为在正规银行不能获得正常信贷的小、微企业创造一个公平竞争的环境和喘息的空间。在任何一个市场经济体系中，小企业都是创新、就业和经济增长的源泉。

三、提高投融资效率，确保中国经济成功转型②

中国经济增长持续下行的主要原因不是投资不足，而是投资后的产出效率——投资边际产出率的持续下降。投资产出效率的下降又缘于投融资效率的持续下降，而非出于投资杠杆率的减少。从总需求结构的角度来看，外贸的拉动力大幅下降，内需开始成为拉动总需求的主要驱动力。制造业及房地产业过剩产能导致投资增长速度持续下滑。同时，劳动市场维持稳定，使消费得以稳定增长。从经济的供给侧分析，劳动生产率增速的减缓是中国经济增长速度减缓的主要原因。工业对全国劳动生产率贡献的增长率大幅减缓而服务业贡献的增长率稳定，二者构成了全国劳动生产率增速减缓的主要原因。

华而诚认为，投资仍是经济增长的重要动力。但是，仅靠人均资本存量的增长（投资），不能保障经济增长持续，更重要的是要提高投资的效率才能提

① 原文《寻求中国经济的再平衡》，载《银行家》2013年第4期。

② 原文《提高投融资效率，确保中国经济成功转型》，载《银行家》2016年第3期。

高人均产出，也就是劳动生产率的增长率。他认为，市场化不足的投融资体系是投融资效率下降的根本原因。政府对金融资源配置的过度干预影响了市场对金融资源的有效配置。若要实现未来中国经济增长动能的新旧转换，推动中国经济继续中高速增长，必须通过投融资效率的恢复和提升才能实现。因此，投融资效率的提升要聚焦于经济“供给侧”中的工业及服务业，更要为服务业创造有效率的金融资源供给，开放服务业的投融资领域，尽快推出与投融资相关的负面清单，将政府行政干预的空间合理压缩，最大化地释放市场活力，以开放来提升投融资效率。

四、 论服务业在国民经济发展中的战略性地位①

未来经济发展的机遇和挑战在于服务业，只要能对服务业进行改革，使其面对竞争开放，服务业将给经济发展带来好的前景。然而，中国服务业的发展却不能满足经济日益增长的需要，在国际市场上也没有竞争力。“新经济”以及人们经常谈到的“知识经济”本质上是知识密集型的服务经济，因此，服务业不发达不但损害了消费者利益，而且限制了一个国家的经济发展机会，削弱了其国际竞争力。在未来经济发展中，服务业应该起到至少四种战略性作用，即推动经济增长、解决就业问题、加强国际竞争力、保持可持续发展。发挥服务业的这四种作用，需要注意四点：一是重新激活企业投资，推动产业结构调整，以及提供新的就业机会；二是发展中国庞大的国内市场，发展自己的技术基地；三是抓住因互联网应用而驱动的新技术革命所带来的机遇，提高中国经济生产力；四是迎接服务业的全球化竞争。

由于服务业在国民经济中所处的战略性地位，因此华而诚建议，全国经济发展计划应该把服务业的发展放在优先地位，特别关注知识密集型的服务业，包括物流业（交通、仓储、批发和零售业）、通信、金融服务、战略性商业服务业（科研、咨询、计算机与软件、会计与法律服务、营销服务）、教育以及人才培训等。

① 原文《论服务业在国民经济发展中的战略性地位》，载《经济研究》2001年第12期。

附：华而诚博士近期主要研究成果

1. 华而诚、安佳媛：《“金融空转”了吗?》，载《金融发展评论》2013 年第 7 期。

2. 华而诚、安佳媛：《寻求中国经济的再平衡》，载《银行家》2013 年第 4 期。

3. 华而诚、胡宏海、梁焕磊：《提高投融资效率，确保中国经济成功转型》，载《银行家》2016 年第 3 期。

4. 华而诚：《论服务业在国民经济发展中的战略性地位》，载《经济研究》2001 年第 12 期。

5. 华而诚、史艳艳、安佳媛：《以提升投融资效率破解中国经济下行压力》，载《银行家》2014 年第 4 期。

6. 华而诚、刘都生、李昊：《中国应对美国次贷危机的经济政策走向》，载《国际经济评论》2008 年第 5 期。

孙鲁军，IMI 学术委员，国新国际投资有限公司董事。

参与 1994 年以来外汇管理体制一系列改革方案、政策以及相关制度的研究设计和制定工作。1992 年以来，先后在《光明日报》《国际金融研究》《金融研究》《中国金融》《改革内参》《经济研究参考》《国际贸易》《国际贸易研究》以及《财经》等刊物上发表论文 100 余篇。

主要研究方向为国际经济、金融，国际资本流动与管理，中国外汇管理，海外投资。

【演讲实录】

人民币汇率究竟怎么了？

——关于人民币汇率的几个问题

□ 孙鲁军

孙鲁军董事认为，国内宏观经济下行、资本外流以及人民币汇率贬值预期等，是人民币汇率贬值的内在因素。此外，人民币汇率贬值导致的资本外流问题不容忽视。关于未来人民币汇率制度改革的方向，他认为，人民币汇率的根本问题是汇率制度选择的问题，以市场供求为基础的、有管理的浮动汇率制度比较适合我国。他表示，要保持汇率基本稳定，一方面要向有管理的浮动汇率制度“迈进”，另一方面需要相关宏观经济政策和结构改革的配套支持。

今天，我主要介绍四个方面的情况：一是简要回顾 1994 年至今人民币汇率制度改革的几个节点；二是介绍 2015 年“8·11”汇改以来人民币汇率变化及其原因；三是讨论现行人民币汇率制度存在的问题；四是就下一步人民币汇率制度改革问题提出一些看法。

一、 1994 年以来人民币汇率制度改革的节点

1994 年以来，人民币汇率制度改革有三个主要节点：一是 1994 年初人民币汇率制度改革；二是 2005 年 7 月 21 日人民币汇率形成机制调整；三是 2015 年 8 月 11 日人民币汇率中间价形成机制调整，之后发布了人民币一篮子货币指数（CFETS），构建了新的人民币兑美元中间价形成机制。

1994年初人民币汇率制度改革实现了官方汇率和外汇调剂市场汇率并轨，实行了以市场供求为基础的、单一的、有管理的浮动汇率制度。回顾1994年初至2005年7月20日人民币汇率运行情况，可以发现其第一个特点是盯住单一美元（见图1）。我曾经做过一个回归分析发现，1994年初至2005年7月美元汇率变化1%，人民币汇率水平相应地变化1%左右。第二个特点是过度窄幅浮动，1994年1月1日汇率并轨，采取了1美元对8.7元人民币，人民币汇率一次性地贬值50%，1994年末人民币汇率回升4%左右。1997年末亚洲金融危机发生，为了避免周边国家和地区汇率竞相贬值，维护亚洲地区金融经济稳定和发展，中国政府承诺人民币不贬值，1997年末至2005年7月20日基本保持在1美元兑8.27元人民币的水平上，在非常狭窄的区间内浮动，这一时期可以称为固定汇率制度。

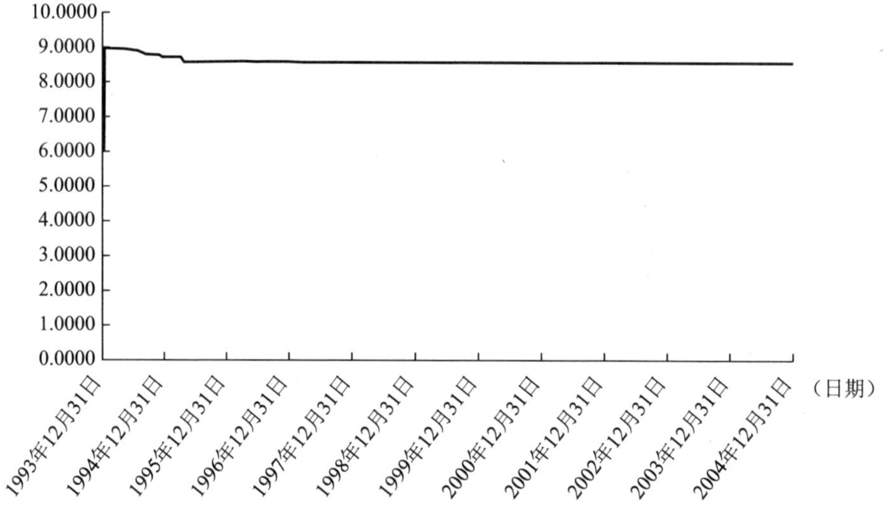

图1 人民币汇率运行情况

2005年7月21日人民币汇率形成机制改革，实行了以市场供求为基础的、参考一篮子货币进行调节的、有管理的浮动汇率制度。与1994年汇改相比，从原来“单一的”变为“参考一篮子货币进行调节的”，人民币兑美元汇率一次性升值2%，由2005年7月20日的1美元兑8.2765元人民币，升值为7月21日的1美元兑8.11元人民币，并逐步扩大人民币对美元汇率波幅，先后在2007年5月21日、2012年4月16日、2014年3月17日将银行间外汇市场人民币对美元波幅扩大到0.5%、1%和2%。

2005 年 7 月至 2015 年 8 月 10 日人民币汇率运行情况有以下三个特点：一是汇率的波幅有所扩大，总体呈现汇率升值的态势；二是人民币汇率波动仍主要受美元影响，基本与美元走势保持吻合（见图 2）；三是人民银行仍然运用货币政策等手段进行“常态式”干预。这一时期，境外资本流入压力明显增大，国际收支持续双顺差，致使外汇储备快速增加，央行资产负债表构成发生明显变化，外汇占款占人民银行资产的比例达到 80%以上。

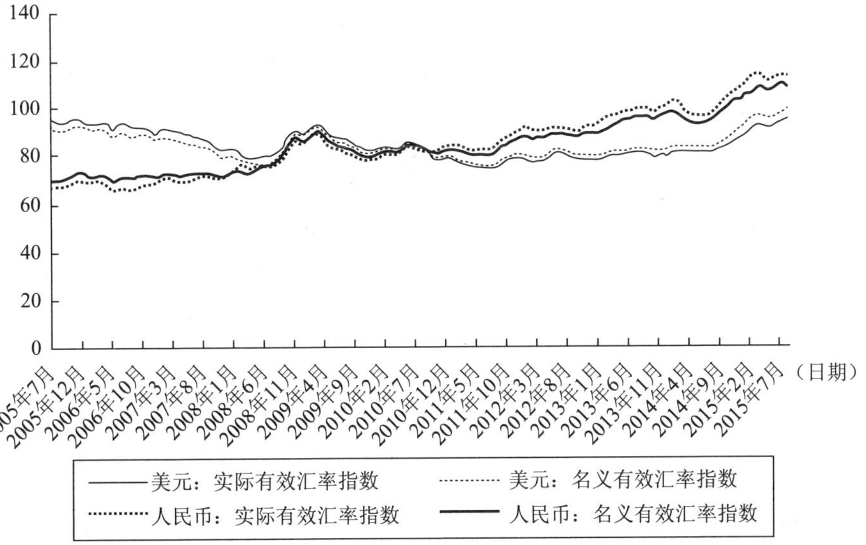

图 2　2005 年 7 月至 2015 年 8 月人民币与美元名义、有效汇率走势

2015 年“8・11”汇改对人民币兑美元汇率中间价报价机制进行了调整，并对中间价偏离市场汇率进行了适当修正。2015 年 12 月 11 日，中国外汇交易中心发布 CFETS 人民币汇率指数。“8・11”汇改后人民币汇率波动的特点，一是汇率波动加大，人民币兑美元贬值明显，尤其是 2016 年 10 月以来出现了新一轮贬值，势头凶猛，人民币兑美元汇率先后突破 6.8 和 6.9 关口，创 8 年来新低；二是中国外汇交易中心（CFETS）、国际清算银行（BIS）和 SDR 人民币汇率指数相对比较平稳（见图 3）；三是离岸和在岸人民币价差波动较大，CNH 与 CNY 价差最高达 1300 多点，加剧了离岸在岸市场货币投机活动，2016 年以来价差有所缩减；四是人民银行仍然未退出“常态化”的外汇干预，并且延伸到离岸市场，通过窗口指导和收紧离岸人民币流动性等。

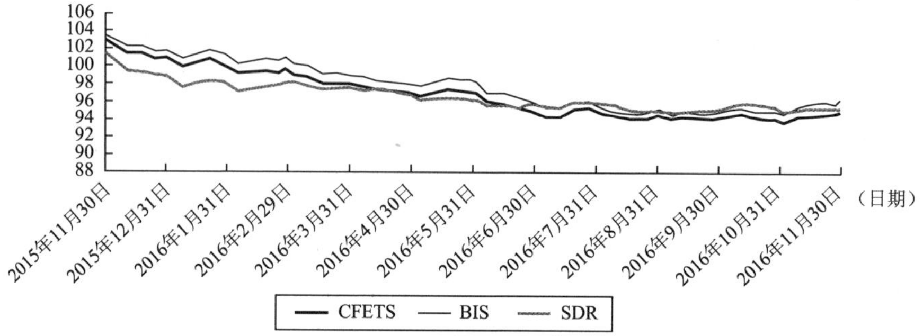

图3　2015年11月30日至2016年11月30日CFETS、BIS和SDR人民币汇率指数

二、“8·11”汇改以来人民币汇率怎么了？

美元指数走强是此轮人民币汇率贬值的主要因素。首先，从美国经济的先行指数看，美国经济2016年三季度GDP同比增长3.2%（见图4）；美国制造业指数PMI自2016年3月开始，除了8月为49.40外，其余8个月均在50以上（见图5）；消费者信心指数创新高，2016年11月消费者信心指数升至107.1，创2007年7月以来新高；失业创新低，2015年10月以来失业率始终在5%以下；通货膨胀水平进一步提升，2015年10月消费者价格指数（CPI）同比增长1.6%，为两年来最大的增幅，尽管通胀率还没有达到美联储2%的目标，但房地产基本处于理性繁荣，房价已经突破次贷危机前的高点，二手房销量也创近10年来新高。

其次，美联储加息预期明朗，12月15日的加息意味着美国结束了“量化宽松”的货币政策，回归到常态化，同时也意味着美国经济走上强劲复苏之路。

再次，“特朗普效应”持续发酵，以“基建+减税+加息”为核心的特朗普新政乐观预期持续高涨，导致通胀预期回升，推动美国10年期国债收益率快速上行。

最后，外部环境的变化也强化了美元指数走强。美国经济良好复苏的同时，欧盟和日本等发达国家经济仍处于缓慢复苏中，英国脱欧公投尤其是英国“硬”脱欧可能性出现，推动全球金融市场避险需求上升，全球金融市场出现了较大的动荡，一度导致英镑“闪跌”，英镑对美元创出过去 31 年来新低，再一次推动美元指数回升。

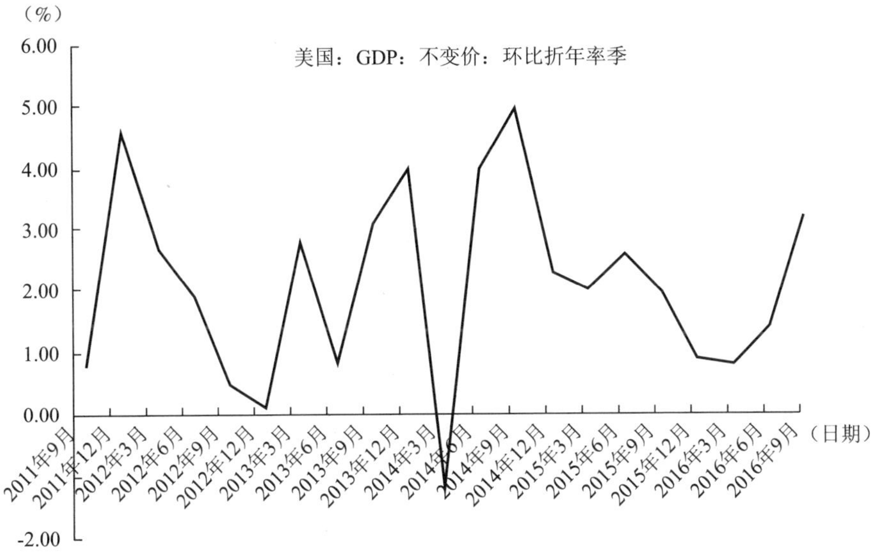

图 4　2011 年 9 月至 2016 年 9 月美国 GDP 增长情况

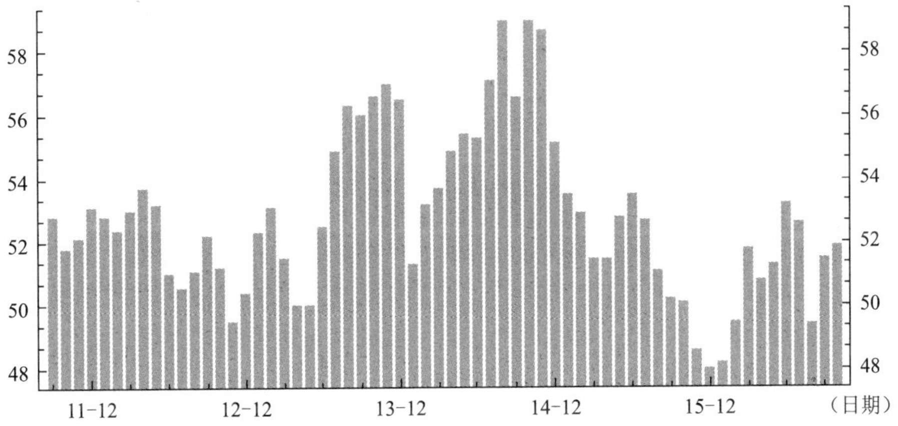

图 5　2011 年 9 月至 2016 年 10 月美国供应管理协会（ISM）制造业指数（PMI）

数据来源：Wind 资讯。

国内宏观经济下行、资本外流以及人民币汇率贬值预期等是人民币汇率贬值的内在因素。2016年第二季度、第三季度我国GDP仍保持在6.7%，反映出宏观经济仍在合理区间内运行，但经济运行过程中的一些问题并没有得到根本解决，而且还出现了一系列新的问题，如经济下行压力大、结构调整和改革压力大、国企改革进展缓慢、去产能去杠杆问题、金融系统风险问题、民间投资下降问题等。

人民币大幅贬值导致我国资本外流压力不断攀升，警惕资本外流刻不容缓：一是我国的资本外流风险正在积聚并加大，国内经济下行压力大，人民币汇率贬值的市场预期较大，国内外美元利差明显缩小，美元加息预期明显增强，新兴市场经济体货币大幅贬值，资本外流明显增大；二是从相关统计数据看，中国资本外流已经出现较大的流出趋势，防范资本外流措施刻不容缓，应该将监管重点适当转到防范跨境资本流出上来，研究采取相应的措施，强化对资本流出的管理、强化对人民币汇率贬值市场预期管理、强化对跨境资金流出的统计监测和预警（见图6）。

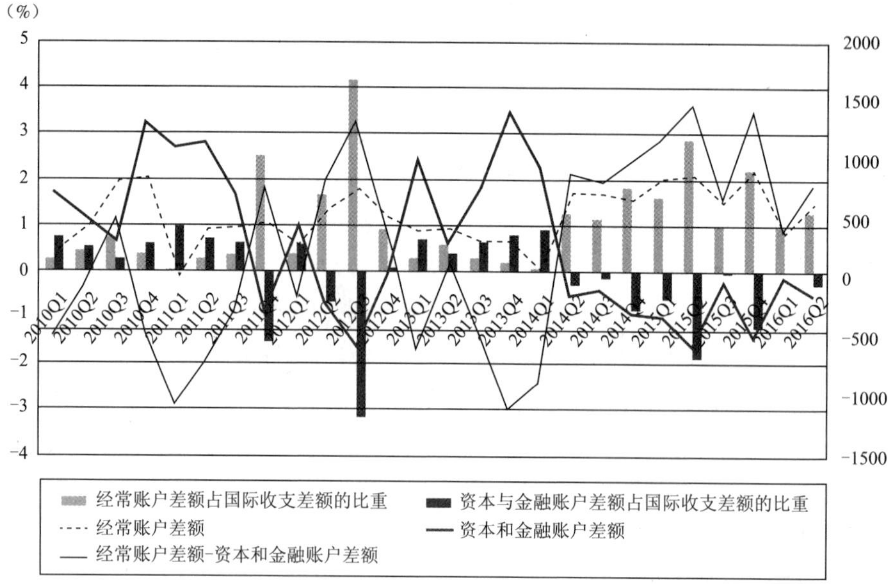

图6　2010年3月至2016年9月经常账户和资本账户差额

美元已逐步进入强势周期。从短期来看，美元指数上行动能不足，可能会处于“休整期”。升值是一把“双刃剑”，美元升值过快，不符合美国利益；从长期来看，美元仍将处于强势的加息周期，从美国经济“三驾马车”看，消费已经恢复，投资仍偏弱，但特朗普减税增支新政，在增加政府投资的同时，将引导民间投资上扬，将使美国经济获得新的动力。

人民币汇率双向波动将成为“常态化”，贬值压力仍然较大。从短期来看，人民币兑美元的贬值预期不会发生根本性扭转，资本外流压力依然较大，尤其是随着2017年春节临近，购汇将会明显增加，从而加大资本流出的压力；从国际收支来看，经常项目顺差可能会有所减少，资本项目仍将会出现逆差；资本流出的管制将继续加强，但要处理好资本管制的“度”，否则会加剧资本外流趋势。

三、 现行人民币汇率制度存在的问题

关于现行人民币汇率制度存在的问题，概括为以下四个方面：一是汇率市场化程度不高，“经常可兑换、资本管理”制度，使外汇市场供求关系不能全面、真实地反映市场主体对外汇的供求关系；二是汇率灵活性和弹性不够，受到汇率波动区间的限制，人民币汇率的灵活性受到较大制约；三是“常态式”外汇干预使汇率水平“失真”；四是从汇率实际运行看，汇率水平主要还是受到美元走势的影响，参考“一篮子”货币因素并没有得到充分的体现。

四、 人民币汇率制度改革走向

人民币汇率的根本问题是汇率制度选择问题。最合适的汇率制度选择并没有绝对的答案，一种汇率制度是否适合一个国家，主要应取决该国特定的经济金融发展时期和经济金融环境，如对外贸易和资本流动的规模及开放度、金融机构和金融市场的发展状况等。简单地实行升值或者贬值并非人民币汇率制度改革的方向。重估和调整汇率水平仅仅能解决表象问题，不能从根本上解决问题，所以应从根本上考虑在新的经济金融发展环境下，哪种汇率制度更适合我国。

我认为，以市场供求为基础的、有管理的浮动汇率制度较适合我国。主要基于以下分析：①我国对外贸易和对外直接投资的快速发展，已经深度融入国

际经济贸易和全球资本流动，国内经济金融与外部经济金融的高度融合，必然要求汇率形成机制的市场化，加大汇率的灵活性；②有管理的浮动汇率制度可以更好地发挥汇率对资源配置的作用，灵活调节内外部比价，引导资源向服务业等内需部门配置，转变经济发展方式，推动产业结构升级，促进经济可持续平衡发展。

按照“不可能三角”理论，对我国而言，放弃货币政策的独立性是不可能的，也是不现实的，而且货币政策也逐渐成为反通货膨胀和促进经济增长的工具。随着利率市场化推进和资本管制逐步放松，缺乏足够灵活性的汇率制度也给货币政策独立性带来压力。实现人民币资本项目可兑换和人民币国际化已成为我国经济金融发展战略的重要内容，资本项目可兑换和人民币国际化同样也需要更加灵活和市场化的汇率机制。

考虑到以下因素，人民币汇率应保持基本稳定：一是短期内，对外经济金融发展要求人民币汇率应保持基本稳定，避免汇率大幅急剧变动；二是综观国际经验，汇率急剧变化和不稳定将导致不完善的金融机构和金融市场，尤其是随着资本流动的增加，金融机构将面临更大的压力；三是国有企业改革面临着诸多困难，除了没有建立起完善的现代企业制度和公司法人治理机制外，国有企业的兼并重组、混合所有制改革仍困难重重。同时，民营企业也处于发展过程之中，汇率风险意识还不强，客观上也要求避免汇率的大幅波动，保持汇率基本稳定。当然，保持汇率基本稳定，并不是要求汇率保持固定不动或在一个极度狭小的区间内运行，而是要避免汇率在短期内大幅急剧的变动，保持汇率的相对稳定，为经济金融改革和发展创造一个稳定良好的环境。

下一步应根据中国经济金融发展情况，积极向有管理的幅度汇率制度“迈进”，具体而言：

第一，逐步扩大汇率浮动区间。决定合适浮动区间时，除了考虑汇率政策目标、国际收支状况、外汇储备、国内利率水平以及实际有效汇率等因素外，还要考虑宏观经济承受汇率波动的程度、不完善的金融部门和金融市场、不健全的现代企业制度，以及较弱的汇率风险意识等。人民币汇率的浮动区间应根据实际情况，有步骤、分阶段地加以扩大，首先可考虑将人民币对美元的浮动区间从目前2.0%扩大到3.0%；其次，待市场参与者逐渐适应后，进一步将汇率浮动区间扩大到5.0%左右。

第二，加大银行间外汇市场改革力度。取消银行结售汇周转头寸的限制，允许银行根据其自身资产负债的情况，自主进入外汇市场进行交易；增加外汇市场主体，允许符合条件的金融机构和企业集团直接参与外汇市场交易，让市场参与者真正成为外汇市场的造市者；积极发展多元化的汇率风险的工具，丰富外汇产品，如外汇掉期、期权以及期货交易等。

第三，中央银行逐步退出“常态式”外汇干预。主要应关注平滑汇率的大幅变动和严重的失衡，并引导市场机制对调整汇率水平发挥更大的作用，以使名义汇率更趋于其均衡汇率水平。

第四，加强市场预期管理。加强与市场沟通，及时向市场传递正确的政策信息；加强对商业银行窗口指导，维持离岸、在岸人民币汇率价差在一定的合理水平；采取一些必要的政策措施，缩小离岸、在岸汇率价差，打击利用离岸、在岸人民币汇差进行货币投机，保持汇率的公信度；采取有效措施，减缓资本流出的势头，保持国际收支基本平衡。

第五，克服“害怕浮动”的观念。向有管理浮动汇率制度“过渡”中，要克服“害怕浮动”的观念。在有管理的浮动汇率制度下，市场预期对汇率的升贬有重要影响。如果汇率出现大幅异常变动，最重要的事情就是尽快结束汇率大幅波动，保持汇率基本稳定。

此外，在向有管理浮动汇率制度“迈进”过程中，需要相关宏观经济政策和结构改革配套。应采取合适的财政政策和货币政策，并注重相互之间的灵活调控，积极调整经济发展战略，通过创新推动产业升级转型，构建一个完善的经济金融环境。进一步促进完善和健全的金融机构和金融市场建设，建立和健全多层次资本市场，建立健全宏观审慎监管机制，进一步完善国内货币市场建设，推进利率市场化进程。

【延伸阅读】

为了更全面地展示孙鲁军董事的研究成果，我们挑选并综述了以下四篇孙鲁军董事近期的研究成果以飨读者。

一、 从汇率预期看中国经济增长及政策前瞻①

良好的经济复苏数据是否意味着美国经济的强劲增长预期？欧美国家盛行了40年的新自由主义经济思想带来的政府不干预模式是否已走向终结？中国维持了30年的高增长模式是否具有可持续性和合理性？孙鲁军博士认为，上述问题都可以通过人民币兑美元汇率波动折射出来。

“8·11汇改”后，人民币汇率出现了几轮贬值，央行货币政策和汇率政策承受了较大压力，在此情况下应该反思，人民币贬值的基础是什么？美元升值的基础又是什么？次贷危机后，西方经济政策重回凯恩斯主义，进行积极的政府干预。同时，中国经济增长模式也强调政府在完善市场经济运行机制中的重要作用。因此解决中国式“流动性陷阱”需要政府有所作为：一是银行主导的融资体系下，人民币贷款增速的持续低迷说明，投资者对实体经济增长长期预期较差，大量的流动性集聚在银行体系内，对实体经济产生了严重的阻滞作用。二是房地产从投资品到避险商品的转变加剧了“流动性陷阱”。三是积极财政政策可以有效解决流动性陷阱，政府应先行一步，促进投资，激发经济增长活力。

孙鲁军认为，改变经济增长预期是解决汇率贬值预期的关键。经济增长预期的改变需要合适的财政政策和货币政策，并注重相互之间的灵活调控。此外，要继续保持宏观经济政策的稳定性和连续性，提高政策的透明度和可预见性，稳定市场预期，提升民间资本的信心，为实体经济发展营造良好宏观环境。因此要积极调整经济发展战略，通过创新推动实现产业升级转型。并加快国内资本市场的建设，完善多层次的融资平台。同时克服“害怕浮动”的观念，进一步增加汇率的灵活性和弹性。资本管制可以短时间控制资本外流，但非长久之道，因此消除汇率贬值预期成为解决资本外流、汇率波动的关键，应采取综合性的“一揽子”政策，尤其是宏观经济政策、汇率政策以及完善的金融监管等，进行合理搭配，才能取得较好的预期效果。

① 原文《从汇率预期看中国经济增长及政策前瞻》，载《当代金融家》2016年第12期。

二、人民币汇率制度改革走向①

当前，美元逐步进入金融强势周期，面对汇率贬值和资本外流压力，要清晰地认识到既要保汇率又要防资本外流和保储备之间的目标是有冲突的。同时，在强化资本流出管制，实施资本流出、流入管理时，还要处理好两个问题，一是要处理和把握好资本流出管制的“度”；二是要注重资本流出、流入的均衡管理。

人民币汇率的根本问题是汇率制度选择问题。综合来看，实行以市场供求为基础的、有管理的浮动汇率制度比较适合我国。首先，我国对外贸易和对外直接投资的快速发展，已经深度融入国际经济贸易和全球资本流动之中，国内经济金融与国际经济金融的高度融合，必然要求汇率形成机制的市场化，加大汇率的灵活性。其次，有管理的浮动汇率制度可以更好地发挥汇率对资源配置的作用，灵活调节内外部比价，引导资源向服务业等内需部门配置，转变经济发展方式，推动产业结构升级，促进经济可持续平衡发展。再次，按照“不可能三角”理论，对我国而言，放弃货币政策的独立性是不可能的，也是不现实的。目前货币政策已逐渐成为反通货膨胀和促进经济增长的工具。随着利率市场化推进和资本管制逐步放松，缺乏足够灵活性的汇率制度也给货币政策独立性带来压力。最后，实现人民币资本项目可兑换和人民币国际化已成为我国经济金融发展战略的重要内容，资本项目可兑换和人民币国际化问题也需要更加灵活和市场化的汇率机制。

三、对外投资的外汇管理政策②

近几年，外汇管理局根据中国的经济金融形势，尤其是外汇收支形势发展变化情况，在境外投资方面做了大量改革和改进工作，其中一个中心工作就是围绕着简化手续、放松管理、促进投资贸易便利化，进而促进中国企业“走出去”的发展战略，主动积极地进行政策创新，出台了一系列政策举措。这些主要包含以下四个方面：第一，取消了外汇投资外汇手续，外汇投资主要是实业投资，不包括金融和证券。第二，扩大了境外投资资金来源。第三，允许

① 原文《人民币汇率制度改革走向》，载《金融博览》2017 年第 2 期。
② 原文《对外投资的外汇管理政策》，载《中国科技投资》2012 年第 30 期。

境外投资的前期费用先行退出。在上述四项政策基础上，对境外投资、外汇管理法规进行了全面清理归位。

企业在“走出去”过程中可能遇到的最主要问题是境外融资难，这方面外汇管理局出台了两方面政策：第一，境内企业可以对它的境外企业提供资金融通；第二，改进了个人担保的管理背景。对经营机构来说，则需要做好以下几个方面的工作：一是做好跨境竞争；二是创新金融产品以满足境外投资企业在资金融通方面的需求；三是提供投资保险。

附：孙鲁军董事近期主要研究成果

1. 孙鲁军：《走向有管理的浮动汇率制度》，载《中国金融》2016 年第 10 期。

2. 孙鲁军：《人民币汇率制度改革走向》，载《金融博览》2017 年第 2 期。

3. 孙鲁军：《“托宾税”及其应用》，载《金融博览》2016 年第 5 期。

4. 孙鲁军：《谨防人民币汇率贬值和资本外流“恶性循环”》，载《当代金融家》2016 年第 2 期。

5. 孙鲁军：《资本入市的冷思考》，载《新产经》2017 年第 2 期。

6. 孙鲁军：《破解美元霸权神话：读<主权货币结算：终结美元霸权之路>有感》，载《中国金融》2010 年第 12 期。

7. 孙鲁军、陈丰：《从汇率预期看中国经济增长及政策前瞻》，载《当代金融家》2016 年第 12 期。

8. 孙鲁军：《对外投资的外汇管理政策》，载《中国科技投资》2012 年第 30 期。

9. 孙鲁军：《规范境内企业境外间接上市》，载《中国金融》2005 年第 24 期。

10. 刘光灿、孙鲁军、管涛等：《中国外汇体制与人民币自由兑换》，中国财政经济出版社 1997 年版。

11. 孙鲁军：《有序实现人民币资本项目可兑换》，载《当代金融家》2016 年第 1 期。

12. 孙鲁军：《中国资本项目对外开放及其发展趋势》，载《中国金融》2011 年第 14 期。

13. 孙鲁军：《从资本项目可兑换看中国金融改革开放》，载《中国金融》2012 年第 9 期。

大金融

思想沙龙

政策专家

焦瑾璞，中国人民大学国际货币研究所（IMI）学术委员、上海黄金交易所理事长。曾任中国人民银行金融消费权益保护局局长、中国人民银行上海总部党委委员。

长期从事人民银行金融改革、货币政策、金融监管、农村金融小额信贷和微型金融、普惠金融等方面的研究，并直接从事相关的政策制定，尤其在推动我国小额信贷、微型金融、普惠金融发展和研究方面居于领先地位。

普惠金融发展与研究

□ 焦瑾璞

普惠金融从理论到实践已逐渐成为一套牵涉金融结构调整和金融体制变革等重大问题的发展战略和操作理念。虽然还面临诸多挑战，但当前正是推进我国普惠金融发展的良好时机。中国应抓住机遇，建立符合国际普惠金融理念，适应我国经济社会特点的普惠金融体系，重点加强对“三农”、小微企业以及城市和农村的低收入群体等弱势群体的金融服务，提升我国金融服务的覆盖面、可得性、便利性，促进经济金融协调、可持续发展。

一、引言

目前，普惠金融从理论到实践已逐渐成为一套牵涉金融结构调整和金融体制变革等重大问题的发展战略和操作理念。目前已有50多个国家承诺推进普惠金融建设，并列出了路线图和时间表，其中的主要目标是到2020年实现为所有工作年龄的人群普及金融服务，许多国家已经取得重要进展。2008年全球金融危机后，G20将推进普惠金融发展作为重要任务。主要的普惠金融国际组织普惠金融联盟（AFI）于2008年9月成立，2009年G20又成立了G20普惠金融专家组（FIEG）和全球普惠金融合作伙伴组织（GPFI），制定了全球推进普惠金融发展的战略框架和行动规划。2012年G20的墨西哥峰会，2013年的圣彼得堡峰会，2014年的澳大利亚布里斯班峰会都讨论了全球普惠金融问题。为此，演讲从普惠金融的相关概念入手，着重介绍国际上普惠金融的发展过程、特点、主要度量方法和发展现状，并对比讨论目前我国的普惠金融发展状况及面临的机遇和挑战。

二、 金融排斥与普惠金融的产生

金融排斥与普惠金融是一个问题的两个方面。金融排斥特指银行关闭分支机构而影响了民众对银行服务的可获性（Leyshon & Thrift，1993），因而从反面揭示了普惠金融问题的缘起。现实中的金融排斥现象以美国历史上发生的“划红线”拒贷为典型代表，20 世纪 90 年代开始，越来越多的研究开始关注某些特定社会阶层无法获取现代支付服务及其他金融服务的情况。

具体来说，金融排斥主要体现在三个方面：一是在排斥主体上，主要是指特定的社会阶层；二是在排斥内容上，主要是指为人们日常所必需的金融产品或服务，如信贷、储蓄、支付、保险等；三是在排斥原因上，既包括外部排斥（如价格、资格），也包括自我排斥。金融排斥会给社会带来多方面的危害，主要表现在转寻高利贷，缺乏必要金融服务引导经济脆弱，限制支付活动，有时也会带有社会排斥现象。

受各种因素影响，大量人口被排斥在正规金融服务门槛之外。据世界银行估计，目前全球大约有 27 亿成年人得不到任何正规的金融服务（WorldBank，2012）。金融排斥是一个复杂的、动态化过程，不能以单一原因解释，它可能是暂时的，也可能是长期的。从宏观层面来说，经济发达程度是影响一国普惠金融的重要原因，而从微观层面来说，则受地理、基础设施、价格、金融意识、交易成本等因素的影响。

正是由于要克服金融排斥，才出现了普惠金融的概念。普惠金融指的是在金融机构成本可负担的前提下，通过不断竞争和创新，以保证金融服务排斥对象逐步获得其需求的相关服务。国际上的不同组织，如联合国、世界银行和亚洲开发银行都从不同维度对普惠金融进行了阐述。关于普惠金融的特征，目前被广泛接受的概念是 2005 年联合国推广“国际小额信贷年”时提出的，主要包括四个方面的内容：①家庭和企业以合理的成本获取较广泛的金融服务，包括开户、存款、支付、信贷、保险等；②金融机构稳健，内控严密，接受市场监督以及健全的审慎监管；③金融业实现可持续发展，确保长期提供金融服务；④增强金融服务的竞争性，为消费者提供多样化的选择。

普惠金融的出现大致经历了三个阶段。第一阶段以扶贫金融的形式出现，包括教会融资、政府融资、小额信贷、行业银行，该阶段主要是形成了小额信贷的概念；第二阶段出现了微型金融的概念，主要包括分散的小额资助性融资，并逐步推广到保险、汇款、信托等领域；第三阶段，随着微型与大型金融服务体系的边界逐渐模糊，最终出现了有包容性、全方位、广宽度、深内涵的金融服务，使普惠金融的概念应运而生。

三、 普惠金融的发展特点及影响因素

从普惠金融概念的形成和发展过程来看，其重点关注的是信贷的可获得性。从普惠金融概念的实质来看，普惠金融呼吁不断提高金融服务的覆盖面和渗透度。国际上最新发展趋势是，普惠金融概念中的“金融”应当是一个“大金融”的概念，全面涵盖整个金融体系中的所有产品和服务，但同时绝不意味着每个人都必须使用，也绝不意味着可以不顾成本和风险。由于普惠金融强调包容性增长，其中延伸出的平等、发展、减贫之间的关系已经使其成为独立的政策目标。

在20世纪80年代前，很多发展中国家通过直接信贷项目向目标群体如农民等提供资金，使金融机构无法有效地根据风险回报特征配置资金资源，导致这些信贷项目不仅不具有可持续性，而且在实践中，即使是在农村地区也没有改善对穷人的金融服务覆盖范围。20世纪80年代以后，情况发生了重大变化，人们开始将关注的焦点从企业和家庭转向金融机构及其持续和广泛地提供金融服务的能力。20世纪90年代以后，印度、巴西、墨西哥等国开始积极探索普惠金融的实现方式（CGAP，2012）。

德国技术合作公司（GIZ）评估了10个国家35种促进普惠金融的政策方案，认为其中的六类方案最为有效。这六类方案中的四类是增加穷人获取金融服务的渠道，包括代理银行、移动支付、金融服务供给主体的多样化、国有银行改革，其余两类是消费者保护和金融身份证明。

在促进普惠金融的过程中，小额信贷和微型金融项目发挥了重要作用。与小额信贷相比，微型金融的范围更广，包括贷款、存款、保险、支付、汇款等。技术创新是降低金融交易成本、促进普惠金融的重要渠道。近年来，移动支付在全球发展很快，发展中国家更是如此。

总的来说，普惠金融服务的客户群体、金融产品或服务种类与普通金融存在一些差异，因此针对普惠金融发展应当具有适合其特征的差异性制度供应。

相应的政策制定应当旨在纠正市场失败，消除获取金融服务的非市场性障碍。在这一理念指导下，很多国家针对中低收入者等金融排斥主体采取了特殊的监管制度。很多研究表明，在有效的金融监管框架下，普惠金融和金融稳定之间存在正相关关系。

四、 普惠金融的度量标准和中外比较

目前国际上存在三种主要的普惠金融度量方法。第一个是国际货币基金组织（IMF）、金融包容联盟（AFI）、芬玛克信托（FinMarkTrust）等采用的方法，主要是从正规金融服务的可获得性、使用情况等角度设计出普惠金融指标，对各国普惠金融情况进行评估；第二个是世界银行开发的全球普惠金融指数，主要按银行账户的使用情况以及储蓄、借款、支付、保险等核心指标对具体业务进行分类评估，监测普惠金融实践情况；第三个是普惠金融全球合作伙伴（GPFI）在2013年制定的较为全面的普惠金融指标体系，认为普惠金融应从金融服务的获取、使用，金融产品和服务质量三个方面衡量。

以世界银行的标准度量，我国个人银行账户数量高于世界平均水平，但睡眠账户比例较高。在账户利用率方面，汇兑功能较活跃，收款、汇款占比高于世界平均水平，但参与商业活动依然不足，用于商业支付、领取薪资和政府补贴的比率低于世界平均水平。在支付方面，手机支付、汇款和收款的平均比率低于世界平均水平。截至2012年，我国有过储蓄的成人高于世界平均水平，但银行贷款的覆盖深度还不够，从正规金融机构获得贷款的比率低于世界平均水平，而从亲朋好友处借款的比率则高于世界平均水平。

如果采用普惠金融指数IFI概念，用银行渗透性、银行服务可获得性和银行资源利用率三维变量来衡量，我国金融普惠程度与地区发展进度总体上呈正相关关系，从东、中、西部呈梯度分布。到2010年，北京、天津、上海、江苏、浙江、福建和广东7省（市）全面建设小康社会的实现程度超过了90%，高于全国10个百分点以上。北京、上海、浙江和天津处于普惠金融发展的第一方阵，西部地区多数处于低金融普惠区，加入人均因素之后，金融机构的网点扩张受到约束，传统的人口大省山东、河南、河北等排名靠后，青海、宁夏等西部人口小省位置前移。

五、 中国普惠金融发展中的机遇与挑战

中国的普惠金融发展，目的是要建立符合国际普惠金融理念，适应我国经济社会特点的普惠金融体系，重点加强“三农”、小微企业以及城市和农村的低收入群体等弱势群体的金融服务，提升我国金融服务的覆盖面、可得性、便利性，促进经济金融协调、可持续发展。中国政府一直致力于提高金融资源的可获得性，政府出台多项政策措施改善基层金融服务，促进金融普惠。目前，初步形成了正向激励的财税、金融政策相结合的扶持政策体系，在一定程度上弥补了市场配置机制的不足。同时，积极推动金融产品创新、不断完善基层金融基础设施并推动扩大农业保险覆盖面。在2012年6月19日的G20墨西哥峰会上，胡锦涛首次提出中国的包容性增长和发展普惠金融问题，中国的普惠金融首次进入国际视野。

虽然经过近几年努力，中国的普惠金融取得了很大进展，但是在发展中，还存在一些亟待解决的问题。

（1）普惠金融的广度与深度有待提升。发展普惠金融“重点在县域、难点在农村”。受城乡二元结构的影响和制约，农村金融服务的发展明显滞后于城市地区。我国约2亿的低收入人口（年收入低于5000元）和其中约8000万贫困人口（年收入低于3000元）大部分都集中在贫困农村地区。

（2）小微企业融资难、融资贵问题较为突出。主要是申贷获得率低、审批时间长、成本高，深究之下仍然是体制和金融结构的原因。

（3）普惠金融理念有待深化。关于普惠金融，理论上的研究还处于起步阶段，在政策实践上也还没有纳入政府工作职责。在金融机构以经济效益为中心的价值理念日益强化的情况下，公平、正义的企业社会责任导向在实践上较为弱化。同时，对消费者教育和保护也不足。

（4）普惠金融内存动力有待激发。目前关于普惠金融的商业模式尚不清晰，难以充分发挥市场作用，导致普惠金融长期可持续发展能力较弱。

虽然还面临着诸多挑战，但目前正是推进我国普惠金融发展的好时机。究其原因，一是我国的金融机构发展态势良好，有条件在防范风险的前提下，延伸和下沉金融服务方式；二是金融基础设施逐步完善，金融生态日益向好；三是普惠金融发展战略和目标日益清晰，并且已纳入国家顶层设计。

因此，目前最重要的是组织体系建设和机制建设，解决发挥金融市场在配

置金融资源中起决定性作用的关键问题，建立健全普惠金融运行机制。普惠金融的核心是市场竞争机制和资金价格的市场化。政策驱动当然很重要，但如果没有良好的市场运行机制，其可持续性不解决，仍然发展不起来。创新和监管都是发展普惠金融当中需要解决的重要问题，政府应该营造一个让金融机构实现商业可持续的政策环境，这是普惠金融发展的重要前提。同时，也要加强政策引导。要将一些已有的行之有效的政策固定并坚持下去，如财政补贴、差别准备金等财政金融政策。此外，也要加强金融教育和消费者权益保护。负责任的普惠金融也要求消费者更好地了解金融，掌握金融知识，更好地利用金融产品。同时，在金融服务过程中遭受侵权时，可以得到及时保护。

六、 结论

普惠金融本质是发展问题，既需要拓展广度，也需要拓展深度，共同建立一个惠及所有民众的金融体系。中国现在面临发展普惠金融的良好机遇，应从基层开始，注重创新，从机构创新、产品创新、技术创新再到机制和体制创新方面去努力。当然，发展普惠金融也不是一朝一夕就可以完成的事，还受诸多方面的制约和影响，是一个长期的过程。

【延伸阅读】

为了更全面地展示焦瑾璞的研究成果，我们挑选并综述了以下四篇焦瑾璞局长近期的研究成果以飨读者。

一、 中国普惠金融体系的治理结构建议①

普惠金融关乎我国亿万基层百姓的民生经济，通过法律保障其金融权利，符合国家的发展目标和百姓的现实需求。在中国经济增速放缓，对金融风险抵抗力减弱的背景下，完善普惠金融的治理结构，审慎监管金融风险不容忽视。

普惠金融包括小额信贷及微型金融，但又超越了这种以零散金融服务机构为主的模式，强调建立一个完整的金融体系，以小额信贷为核心，并提供存

① 原文《中国普惠金融体系的治理结构建议》，载《中国品牌》2017 年第 3 期。

款、理财、保险、养老金等全功能金融服务。构建一个人人平等享受金融服务的普惠金融体系具有重大意义，但充满了困难和挑战。经过较长时间的探索，我国要建立完善的、多层次的普惠金融体系，面临着从宏观、中观到微观各个层面的挑战。

关于普惠金融体系的治理结构，有如下几个建议：①立法保障普惠金融有效运行；②建立激励性税收制度；③合理运用多样化的金融工具进行管理；④营造普惠金融创新的配套政策环境；⑤建立金融企业社会责任评价制度。

二、 普惠金融发展应坚持商业可持续原则①

现在是发展普惠金融的最好时机，一是政策背景好，发展成效明显，各界对普惠金融关注度提高；二是关于普惠金融的理论研讨热度也在不断提高。我国普惠金融实际发展成效也非常明显，很多指标体系在全球都位于前列，具体体现在覆盖范围广、服务主体多元化，移动互联网支付使用频率较高等方面。与此同时，我国征信体系等金融基础设施日臻完善，金融消费者保护和教育水平在不断提高，人均保有的银行账户数量、银行网点密度等基础服务水平也已经处在国际中上游水平。未来，在创新、协调、绿色、开放、共享的发展理念下，中国的普惠金融会迎来更好、更快的发展时期。

一些实业界部门的个别理论工作者，一直强调普惠金融的政策性，他们认为普惠金融必须服务老百姓，但是笔者认为按此思路企业的可持续发展会遭遇障碍。想解决这个问题，可以从五个方面进行探讨：第一，金融的基础设施要加强。尽管这几年我国普惠金融的基础设施建设取得了很大进展，但是部分地区的基础设施仍有待进一步完善，这是一个慢工夫。第二，仍然需要完善普惠金融组织体系。现有的村镇银行、小额贷款公司等立足于县域、立足于小额分散和小微经济，但它们本身存在很多问题。第三，努力探索普惠金融的可持续发展模式。金融机构要积极参与普惠金融，依然需要探讨实现商业可持续的有效做法。现在国家号召普惠金融，各家银行都在推广普惠金融，大银行、小银行、中等规模的银行都在推广，到底这些推广的内容是真的普惠金融，还是假的普惠金融，这仍有值得思考的空间。推广普惠金融不能只讲政治、不讲商

① 原文《普惠金融发展应坚持商业可持续原则》，载《清华金融评论》2016年12期。

业，不按照市场经济规律运作。第四，互联网金融也很好地推动中国普惠金融的发展，不过互联网金融也存在很多法律地位不够明确、管理不够规范、损害消费者权益的行为等问题。第五，所有发展普惠金融的前提是提高金融消费者的素养。笔者通过前几年的工作经历中发现，目前消费者的金融知识水平整体而言仍处于相对较低的水平。同时消费者金融知识水平在城乡间、金融知识类别间的不平衡特征非常明显。

三、 中国普惠金融十年再发展①

2005年，联合国推广“国际小额信贷年”时提出“普惠金融”的概念。根据国际通行的评价标准和分析框架，从金融服务主体的多样化、金融服务覆盖面、弱势群体金融服务满足度、金融消费者保护以及对普惠金融发展的政策支持力度等多个维度对我国普惠金融发展现状来分析评估，可以看出，中国普惠金融发展在国际上总体而言处于中上水平。尤其是近年来，普惠金融发展进程不断加快。

中国普惠金融发展取得了积极成效，但随着经济形势不断变化，对照新常态下经济面临的新趋势和新挑战，普惠金融的深化仍面临挑战，需要不断创新思路，深化改革。第一，推进金融改革，构建普惠金融顶层设计。中国需要明确普惠金融发展的目标和改革路线图，制定普惠金融改革发展的方案，完善相关法律法规，消除制度障碍，构建“全覆盖、低成本、可持续”的普惠金融体系建设蓝图。第二，建立统计制度，完善普惠金融指标体系。这需要人民银行与银监会、证监会、保监会、统计部门、工商部门等进行沟通协调和数据共享，建设常态化的普惠金融数据统计工作机制，有效采集数据，定期更新数据，在有条件的地区可以尝试建立标准化的普惠金融数据库。第三，鼓励金融创新，推动普惠金融多元服务。统筹发挥好不同类型金融服务提供者的作用，在风险可控的前提下，鼓励开发创新型金融产品，满足消费者的需求。第四，推广移动金融，打造普惠金融高效载体。当前，中国发展移动金融的基础条件已经具备，但是，中国的互联网金融目前尚处于“野蛮生长”阶段，亟待规范。中国可以借鉴国际经验，将移动技术作为普惠金融的重要载体，加强产业

① 原文《中国普惠金融十年再发展》，载《中国银行业》2015年第9期。

指引和业务监管，加快推进包括个人信息保护、电子签名、电子认证等方面的立法。第五，健全监管政策，促进普惠金融持续发展。营造一个让金融机构实现商业可持续的政策环境，是普惠发展的重要前提。第六，加强消费者保护，实现普惠金融最终目标。应进一步整合金融消费者保护、金融教育和普惠金融政策，提升政策影响力。针对普惠金融的发展采取有效的消费者保护措施，提供畅通的咨询投诉受理渠道，妥善处理金融消费纠纷，使弱势群体在获取金融服务过程中遭受侵权时，可以得到及时保护。

四、 移动支付推动普惠金融发展的应用分析①

在我国，发展普惠金融最大的难题在于如何有效满足广袤欠发达农村地区的金融服务需求。目前，我国农村人口有6.4亿人，其中一半为农民，而这一半农民当中农民工就有2.6亿人，其中外出的约1.6亿人。这2.6亿农民工，多数是有劳动能力的成年人。但是长期以来，农村的金融服务供给严重不足。这个问题如何解决？当前，信息技术的发展，尤其是以手机为载体的移动支付的快速兴起，可能会极大地促进金融服务模式的内容和工具的创新，这也为破解普惠金融服务的难题，提供了较好的机遇，也为有意愿在这方面有所发展的一些企业家和爱心人士，提供了机遇。

发展移动支付，需要做好四件事情。第一，移动支付要应用和创新，从而带动移动金融业务快速发展。对于创新，要给予鼓励，尊重市场选择，且政府干预不要太多。第二，完善相应的政策制度。特别要鼓励移动支付在促进普惠金融发展中发挥重要作用。这其中涉及个人信息的保护、电子签名、电子认证等方面技术的发展，以及相应的优化。第三，加强金融消费者权益保护，确保移动金融服务的规范发展。随着监管改革的发展，原有的机构监管，应更多地转向对消费者的保护、行为监管及产品监管。比如，在互联网金融机构发展上，要对其做信息披露。第四，移动金融服务的规范发展，还需要做好农村金融知识的普及。如此，才能既有利于推广移动金融的发展，也有利于民众在金融的发展中，发家致富。

① 原文《移动支付推动普惠金融发展的应用分析》，载《首席财务官》2015年Z1期。

附：焦瑾璞近期主要研究成果

1. 焦瑾璞：《金融消费者教育：国际经验与我国实践探索》，载《福建金融》2015 年（S2）。

2. 焦瑾璞、王瑱：《中国普惠金融十年再发展》，载《中国银行业》2015 年第 9 期。

3. 焦瑾璞：《稳步建设上海国际金融中心》，载《中国金融》2015 年第 18 期。

4. 焦瑾璞、孙天琦、黄亭亭、汪天都：《数字货币与普惠金融发展——理论框架、国际实践与监管体系》，载《金融监管研究》2015 年第 7 期。

5. 焦瑾璞：《构建有效的金融消费者保护法律框架》，载《中国农村金融》2015 年第 12 期。

6. 焦瑾璞、黄亭亭、汪天都：《金融消费权益保护制度建设的国际比较研究》，载《金融发展研究》2015 年第 4 期。

7. 焦瑾璞、黄亭亭、汪天都、张韶华、王瑱：《中国普惠金融发展进程及实证研究》，载《上海金融》2015 年第 4 期。

8. 焦瑾璞：《移动支付推动普惠金融发展的应用分析》，载《首席财务官》2015 年（Z1）。

9. 焦瑾璞：《国际金融教育网络（INFE）金融消费教育有效性评估的指导原则及启示》，载《清华金融评论》2014 年第 12 期。

10. 焦瑾璞：《我国普惠金融现状及未来发展》，载《IMI 研究动态》2014 年合辑。

11. 焦瑾璞：《我国普惠金融现状及未来发展》，载《金融电子化》2014 年第 11 期。

12. 焦瑾璞：《中国金融消费权益保护现状与思考》，载《清华金融评论》2014 年第 10 期。

13. 焦瑾璞：《普惠金融体系建设的关键问题》，载《中国农村金融》2014 年第 16 期。

14. 焦瑾璞：《移动支付推动普惠金融发展的应用分析与政策建议》，载《中国流通经济》2014 年第 7 期。

15. 焦瑾璞：《普惠金融的国际经验》，载《中国金融》2014 年第 10 期。

16. 彭锡光、焦瑾璞：《“担保+小额信贷”模式有效性之理论探析——基于小额信贷机构可持续发展角度》，载《金融理论与实践》2014 年第 3 期。

17. 秦颐、焦瑾璞：《小额贷款公司融资方式述评》，载《金融理论与实践》2014 年第 2 期。

18. 焦瑾璞：《微型金融在中国》，载《中国金融》2014 年第 3 期。

19. 焦瑾璞：《金融消费者保护与金融监管》，载《征信》2013 年第 9 期。

20. 焦瑾璞：《金融消费者概念的内涵与外延》，载《中国金融》2013 年第 8 期。

21. 焦瑾璞、马志扬：《中国货币政策分析与展望》，载《中国金融家》2013 年第 1 期。

22. 焦瑾璞、万明：《小额信贷机构发展与竞争力评价》，载《中国金融》2012 年第 18 期。

23. 焦瑾璞、马志扬：《2011—2012 年中国货币政策分析与展望》，载《经济理论与经济管理》2012 年第 2 期。

24. 焦瑾璞：《要让民间资本进入微型金融领域》，载《今日财富（金融发展与监管）》2011 年第 4 期。

25. 焦瑾璞：《稳健货币政策中的新动向》，载《资本市场》2011 年第 4 期。

王宇，中国人民银行研究局副局长。1994 年在中国人民大学经济系获得经济学博士学位；1996 在中国社科院世界经济研究所完成博士后研究，专业为国际金融。

1996 进入中国人民银行，先后在货币政策司、金融市场司和研究局工作，其间，曾在美国斯坦福大学作访问学者。担任世界经济学会常务理事、美国经济学会理事；清华大学金融学院兼职教授。《中国经济时报》《当代金融家》和《财新》专栏作者。曾在《经济研究》《金融研究》《国际金融研究》《世界经济》《财贸经济》《人民日报》(理论版)、《经济日报》《光明日报》等核心期刊、报纸发表学术文章千余篇。在商务印书馆等出版个人著作/译作 20 多部，其中多部著作入选“世界汉译学术名著丛书”。作为首席专家多次参与国家社科基金重大科研项目。学术成果多次荣获“中国社科优秀论文”“吴玉章奖”“中国金融学会优秀论文”“全国金融系统优秀论文”等奖项。

【演讲实录】

人民币国际化破冰远行

□ 王宇

随着现行国际货币体系改革的呼声日益高涨以及中国经济实力的不断提升，人民币国际化问题引起了理论界及实务界的广泛关注。本次演讲围绕“人民币国际化”的主题，首先用数据说明人民币已经具备了成为国际货币的主要条件；接着梳理了跨境人民币使用的相关政策框架，展示了人民币国际化的进程；之后概述了跨境人民币业务现状和人民币离岸市场的发展。在此基础上，作者展望了人民币国际化的发展方向。

人民币国际化是指人民币获得国际市场的广泛接受，在世界范围内行使货币功能，逐步成为贸易计价货币和结算货币、金融交易和投资货币，以及国际储备货币。2009 年跨境贸易人民币结算开始试点，2011 年跨境直接投资人民币结算正式推开，人民币国际化进程自此启动。

一、 背景和历程

从理论上讲，一个国家的货币要成为国际货币，为国际市场广泛接受，这个国家至少需要具备三个条件，一是经济规模必须大到足以显著地影响世界；二是必须拥有足够强大的带动全球经济增长的能力；三是对外贸易和资本流动能够对其他国家产生较为重要的影响。

随着中国改革开放和经济发展，人民币正在逐步接近这些条件。2013 年，中国经济总量达到 56. 88 万亿元人民币，折合 9. 3 万亿美元。2014 年，中国国内生产总值可能突破 10 万亿美元。1978—2012 年，中国经济年均增长率达到

9.8%，成为带动世界经济增长的重要力量。2013 年，中国经济对全球经济增长的贡献率仍然达到 30%左右。2009 年中国成为世界最大的出口国，2013 年中国成为世界最大的贸易国，2013 年中国成为全球最大的外汇储备国，近年来外商对华直接投资和中国对外直接投资均位于世界前列。

人民币国际化的起点是跨境人民币业务，而跨境人民币业务的发展历程与我国改革开放进程密切相关。改革开放初期，通过人员往来和边境贸易等方式，人民币向中国邻国和中国香港、澳门等地区少量流出。加入世界贸易组织之后，为推动对外贸易发展，我国逐步放宽对人民币流出的限制，人民币现钞开始通过个人携带方式流向我国周边地区。自 2002 年起，中国人民银行研究启动香港地区和澳门地区个人人民币业务，随后为香港地区和澳门地区个人人民币业务提供了清算安排。2008—2009 年，面对全球金融危机的冲击，为顺应市场需求，人民币国际化逆风启航，破冰远行。

二、 相关政策框架

关于跨境贸易使用人民币政策。2009 年 7 月，中国人民银行等六部委联合发布《跨境贸易人民币结算试点管理办法》，上海市和广东省的 4 个城市率先开展跨境贸易人民币结算试点。2010 年 6 月，试点地区扩大到北京和天津等 20 个省、市和自治区，不再限制境外地域范围。2011 年 8 月，跨境贸易人民币结算试点扩大至全国。2012 年 2 月，参与出口货物贸易人民币结算主体不再限于列入试点名单的企业，所有具有进出口经营资格的企业均可开展出口货物贸易人民币结算业务。

关于跨境投资使用人民币政策。2010 年 8 月，中国人民银行明确境外中央银行、境外商业银行等可以运用人民币进行债券市场投资。2011 年 1 月，允许境内机构使用人民币进行对外直接投资。2011 年 10 月，允许境外投资者使用人民币到境内进行直接投资。2011 年 12 月，开展以人民币境外合格机构投资者方式投资境内证券市场试点。2014 年 11 月，允许合格境内机构投资者使用人民币进行境外证券投资。

对外贸易和涉外经济统计使用人民币计价。2013 年 1 月，海关总署调整对外贸易统计数据的计价货币，将进出口总值、出口总值、进口总值和贸易差额这四项指标的计价货币由单一美元计价，改为人民币和美元双币计价。2014 年 1 月，海关总署以人民币为主公布各项对外贸易统计数据。2014 年 1 月，外汇局用人民币和美元同时公布国际收支和外债等统计数据。2014 年 4 月，商务部用人民币和美元同时公布中国对外直接投资、国外对华直接投资、国际工程承包等统计数据。

三、 跨境人民币业务

关于跨境贸易人民币结算。2009 年跨境贸易人民币结算金额仅为 35.8 亿元，2013 年快速增加到 4.6 万亿元，覆盖了全球 174 个国家。2014 年 1 月至 10 月，跨境贸易人民币结算金额超过 5.4 万亿元。

关于跨境直接投资人民币使用。2014 年 1 月至 10 月，人民币对外直接投资结算金额累计 1448 亿元，外商直接投资人民币结算金额累计 6516 亿元。

关于双边货币合作。2009 年以来，中国人民银行先后与 28 个境外中央银行或货币当局签署了双边本币互换协议，总额度超过 3 万亿元。其中，2014 年，中国人民银行与瑞士、斯里兰卡、俄罗斯、卡塔尔、加拿大 5 国的中央银行签署了双边本币互换协议。

关于人民币与外币直接交易。中国人民银行推动人民币与主要贸易伙伴货币直接交易。在全国银行间外汇市场，人民币已经与多种货币实现了直接交易，其中既包括欧元、日元和英镑等主要货币，也包括俄罗斯卢布、马来西亚林吉特、澳大利亚元、新西兰元、新加坡元等。在区域银行间外汇市场，人民币实现了与泰铢直接交易。在银行柜台，人民币实现了与韩元、越南盾、老挝基普、哈萨克斯坦坚戈和新台币等直接交易。

四、 人民币离岸市场

离岸人民币产品不断丰富，离岸人民币市场不断完善，逐步形成了以中国香港为中心，中国台湾、新加坡、伦敦等全面发展的格局。中国人民银行还先后在伦敦、法兰克福、首尔、巴黎、卢森堡、多哈、多伦多、悉尼等地确定一家中资银行作为境外人民币业务清算行，在当地建立了人民币清算安排。

五、 人民币国际化： 稳步走向未来

一是坚持服务实体经济的政策导向。开展跨境人民币业务是为了规避跨境贸易和跨境直接投资的汇率风险，降低汇兑成本，促进贸易投资便利化。人民

币国际化将以实体经济需要作为出发点和立足点，坚持为经济发展服务、为产业升级转型服务。

二是坚持简政放权的市场化方向。实行事后监管，不设事前行政审批。探索事中和事后监督管理的新方法，采取事后监管和“负面清单”管理模式。

三是深化金融改革，推动资本市场双向开放，坚持对内开放与对外开放相结合；坚持“引进来”与“走出去”相结合。鼓励外资机构参与境内的并购重组，放宽对境内居民对外投资的限制。确立企业和个人在对内投资和对外投资中的主体地位。

四是加快人民币资本项目可兑换进程。逐步取消合格境内机构投资者、合格境外机构投资者的资格和额度审批，研究扩大境内外股市的互联互通，放宽境外机构到境内发行人民币债券的资格限制。扩大境内居民个人对外投资，推进境内金融机构赴境外发行人民币债券。

【延伸阅读】

为了更全面地展示王宇博士的研究成果，我们挑选并综述了以下三篇王宇博士近期的研究成果以飨读者。

一、 春风化雨， 人民币跨境业务五周年①

2009 年跨境贸易人民币结算开始试点，2011 年跨境直接投资人民币结算正式推开。王宇博士从历史、现实和未来对人民币跨境业务做了梳理和解读。跨境贸易人民币结算试点从局部延伸到全国，人民币结算的境外地域范围从毗邻国家扩展到境外所有国家和地区，进一步推动了跨境人民币的使用，拓展了国际贸易和投资活动，促进了国内外要素资源的有效配置。

截至 2014 年人民币成为我国第二大跨境支付货币，人民币跨境收支占全部本外币跨境收支的比重接近 25%，与我国发生跨境人民币收付的国家达到 174 个。在推进跨境人民币结算的同时，外经贸领域人民币计价工作也在积极推进。此外，在世界各大金融中心，人民币债券等金融产品向多元化和多样性发展。在双边本币互换协议上，中国人民银行先后与 26 个国家或地区的中央银行或货币

① 原文《春风化雨，人民币跨境业务五周年》，载《当代金融家》2014 年第 11 期。

当局签署双边本币互换协议，2014 年 7 月 21 日，经国务院批准，中国人民银行与瑞士国家银行签署了规模为 1500 亿元人民币/210 亿瑞士法郎的双边本币互换协议，旨在为双边经贸往来提供流动性支持，并维护金融市场稳定，促进人民币的境外使用。关于人民币清算安排，五年来，经双方中央银行或货币当局协商，相继在 9 个国家和地区建立了人民币清算安排。在人民币与外币直接交易方面，人民币已经与包括美元、欧元、日元、英镑等八种货币实现了直接交易。

坚持金融服务实体经济。人民币跨境业务是以实体经济的实际需要作为出发点和立足点的，坚持为实体经济服务，为产业升级转型服务。人民币跨境使用起步于贸易结算，逐步扩展到直接投资、融资。对证券投资领域等未实现完全可兑换的跨境人民币业务，坚持审慎原则，稳步向前推进，并适度采取准入和额度等风险管控措施，以保证跨境人民币业务服务于实体经济，促进金融市场与实体经济协调发展、共同繁荣。在上述原则下，应继续简政放权、深化行政管理改革，进一步推进人民币资本项目可兑换，创新政策工具，拓展人民币“走出去”渠道，提升贸易和投融资便利化水平。

二、 稳步推进人民币资本项目可兑换①

货币自由兑换是市场经济发展的客观要求，从资本市场管制走向资本项目开放是经济改革的重要内容。王宇博士认为，推进资本项目可兑换并不意味着完全放弃管控措施，而是在逐步放开的同时完善监管。中国人民银行行长周小川曾表示，人民币资本项目可兑换具有非常重要的意义，一是实现人民币资本项目可兑换可以充分发挥市场在资源配置中的基础性作用；二是全面提高开放型经济水平需要人民币资本项目可兑换；三是扩大人民币在贸易和投资项目下的跨境使用需要人民币资本项目可兑换。王宇博士指出，目前我国为人民币资本项目可兑换提供了更多的便利，我国的改革也在逐步推进，在具备良好的环境和条件的同时，人民币资本项目可兑换也面临着一些难点。

资本项目可兑换是指一个国家或地区不仅可以在国际收支经常性往来中，将本国或地区货币自由兑换成其他货币，而且还可以在资本和金融项目上进行自由兑换。人民币资本项目可兑换具有多种含义，包括对人民币跨境流动的开放、对储备货币资金跨境流动和交易的开放以及对主权货币跨境流动和交易的

① 原文《稳步推进人民币资本项目可兑换》，载《中国报道》2013 年 7 月，总第 113 期。

开放等多个方面。基本思路是依照“突出重点、整体推进、顺应市场、减少扭曲、积极探索、留有余地”的总体原则，进一步放宽跨境资本流动限制，健全资本流出流入均衡管理体制，完善对外债权债务管理，稳妥有序地推进人民币资本项目可兑换。

从国际经验来看，能较为顺利实现资本项目可兑换的国家大都选择渐进式改革模式。中国也不例外，应借鉴其他国家的经验，稳步推进相关改革。

国际货币基金组织曾经对推进资本项目可兑换提出了四个条件，即稳定的宏观经济状况、合理的汇率水平、充足的外汇储备和有效的金融监管。王宇博士认为，中国稳定的宏观经济环境和不断完善的金融市场体系与金融监管体系为实现人民币资本项目可兑换创造了良好的基础。同时，中国经济增长率、就业率、通货膨胀率等经济金融指标良好，基本面稳健；国际收支正在向均衡的方向调整，外汇储备规模较大；利率市场化改革取得进展，汇率市场化改革稳步推进。上述措施都为继续推进资本项目开放奠定了良好基础，创造了有利条件。但与其他改革一样，资本项目可兑换也伴随着一定风险。一般而言，资本项目开放后，资本流动速度加快、资本流动规模扩大、资本流动方向的不确定性增强，容易形成和放大对国内金融市场及实体经济的冲击，这对我国宏观调控和金融监管提出了严峻挑战。因此，应在逐步放开的同时完善监管。未来在稳步推进资本市场开放的过程中，将对私人和公共对外债务实行宏观审慎管理，对资本跨境交易进行必要的监控，对短期资本跨境交易进行必要的限制和管理。

三、 谁将挑战美元①

1976 年以来，美元作为国际货币的作用逐渐削弱，特别是布雷顿森林体系解体后，美元无论是作为市场交易媒介还是作为官方外汇储备，无论是金融产品计价还是为贸易活动背书，其影响力都在不断下降。与美元式微相对应，一些新兴市场经济体的货币开始登上历史舞台，向美元提出挑战。有经济学家提出，到 2020 年，人民币可能成为与美元竞争的主要国际货币。

与美国僵硬的财政政策相比，美元的弹性是令人震惊的。2008 年全球金融危机爆发后，全球投资者的反应是逃向美国，而不是逃离美国。在危机中，美国国债是避风港，美元是避险货币，目前世界上还没有哪种债券和货币可以

① 原文《谁将挑战美元》，载《金融发展研究》第 1 期，作者为杰弗里·弗兰克尔，王宇译。

在危机期间来替代它们，欧元有自己的问题，人民币国际化则还有很长的路要走。但是，美元不可能永远是天下霸主，也不可能永远独尊天下。未来，美元也可能存在被其他货币超越和取代的那一天，但肯定不是今天。

附：王宇博士近期主要研究成果

1. 王宇：《2017 全球经济好于预期的十个判断——世界经济走势分析》，载《中国经贸导刊》2017 第 3 期。

2. 王宇：《全球经济好于预期，各国政策分歧增大》，载《中国经济报告》2017 第 1 期。

3. 王宇：《互联网金融规范的视角》，载《中国金融》2016 第 15 期。

4. 王宇：《特朗普带来的国际政治变化和经济政策调整》，载《债券》2016 第 12 期。

5. 王宇：《艰难变革 70 年的印度统一税制》，载《当代金融家》2016 第 11 期。

6. 王宇：《期待“中国方案”》，载《中国经济报告》2016 第 9 期。

7. 王宇：《用供给侧改革重塑中国发展新动力》，载《金融与经济》2016 第 8 期。

8. 王宇：《关于影子银行的本质》，载《中国证券期货》2016 年第 8 期。

9. 王宇：《信息不对称、行为监管与互联网金融规范》，载《当代金融家》2016 年第 8 期。

10. 珍妮特·耶伦、王宇：《在不确定性增大的环境中如何实现货币政策双目标》，载《金融发展研究》2016 年第 4 期。

11. 王宇、杨娉：《我国高杠杆的表现、成因及其治理》，载《当代金融家》2016 年第 4 期。

12. 阿提夫·米安、阿米尔·苏菲、王宇：《私人债务过高是“大衰退”的根源》，载《金融发展研究》2016 年第 3 期。

13. 王宇：《德国金融体系和监管体系：主要构成与基本特征》，载《金融纵横》2016 年第 2 期。

14. 王宇：《金融改革不能半途而废——1997 年韩国金融危机启示录》，载《当代金融家》2016 年第 2 期。

15. 王宇：《利率管制时代终结》，载《中国经济报告》2016 年第 1 期。

16. 王宇、杨娉：《地方债务置换：理想与现实》，载《财新周刊》2015 年第 26 期。

盛松成，教授、研究员、博士生导师、中国人民银行调查统计司司长。1999 年获国务院政府特殊津贴。

近年来，盛松成在社会融资规模、资本账户开放、利率市场化改革、金融转型发展等理论与政策研究中，作出了突出贡献。他组织研究、编制了“社会融资规模”指标，该指标已经成为我国金融宏观调控的主要指标之一。他主编了我国第一部关于社会融资规模的著作《社会融资规模理论与实践》。他近期出版的《中央银行与货币供给》和《金融改革协调推进论》两本著作获得了专家学者的高度评价。

先后在《中国社会科学》《经济研究》《金融研究》等刊物发表专业论文 100 余篇。出版著作九部，荣获全国高等院校金融类优秀教材奖、中国金融教育发展基金会首届院校“金晨”优秀科研成果奖、国家教委首届人文社会科学研究优秀成果奖、首届金融图书“金羊奖”和中国金融教育发展基金会优秀研究成果著作类一等奖等。

【演讲实录】

中央银行与货币供给

□ 盛松成

盛松成教授首先介绍了我国货币供应量统计的基本情况，从理论和实际两个方面系统阐释了货币的本质及其对物价等因素的影响；其次，结合我国当时的实际情况，探究了我国利率市场化改革过程中所面临的有利及不利因素，并在此基础上就我国下一阶段继续推进利率市场化改革提出了针对性的建议。

一、引言

2015年《中央银行与货币供给》一经出版，产生了较大的影响，各方面反响强烈。本人对该领域的研究已二十余年，早在1993年曾出版《现代货币供给理论与实践》，大概是中国大陆研究货币供给的第一本专著。然而，我国对于货币供给方面的研究与实践都较晚，《现代货币供给理论与实践》主要聚焦于西方。1994年我国开始统计M1、M2，1995年《人民银行法》出台，1996年人民银行将货币供应量作为货币政策中间目标，然而此时美国已放弃该模式，由数量调控转向价格调控。梳理最近二十年西方货币供给理论发展，理论上并没有太大的突破，但是在操作实践方面则变化较大。于是，在此基础上，我和同事翟春一起，加入操作实践方面内容，特别是中国实践，形成了四十五万字的《中央银行与货币供给》。

二、我国货币供应量统计基本情况

研究货币供应量统计，需要首先明确什么是货币。每个月15日前，人民银行网站会公布几张重要的表格，包括 M0、M1、M2，人民币存贷款，社会融资规模，跨境贸易人民币结算规模等，季度统计还会发布外汇储备，这些数据对市场有很大的影响。然而，很多人对于 M1、M2 等数据及其变动原因并非真正清楚，对中美 M2 之间的差距也存在较多误解。因此，本书开篇从货币定义讲起。

（一）货币的基本概念

一般人会认为，货币是我们手中的钞票，但是经济学意义上的货币却远非如此简单。几百年来，经济学家关于货币定义的争论非常激烈，这些争论主要围绕两个相互关联的问题展开，即货币的基本特征（什么是货币?）与货币的构成（货币是什么?）。

什么是货币？存在两种基本的货币本质观，即交换媒介的货币本质观和价值贮藏的货币本质观。交换媒介货币本质观是最狭义也是广为人们接受的货币定义。只有货币才具有交换媒介功能，这是区别于其他事物的鲜明标志。马克思曾将货币定义为“价值尺度和流通手段的统一”。20 世纪 60 年代前，大多数经济学家接受交换媒介的货币本质观，这也是 M0、M1 的理论基础。20 世纪 60 年代后，以货币学派弗里德曼为代表，倡导价值贮藏的货币本质观。当时，这一观点有点令人不可思议，但现在已被越来越多的经济学家所接受。货币本质特征是作为一般购买力的储存物。起交换媒介作用的物品也能储藏价值，但储藏价值的物品不一定能作为交换媒介。根据价值贮藏的货币定义，就有了 M2、M3……L。

此外，国际上通常也以流动性标准来定义货币的构成。流动性就是投资者以较低成本将一种资产转变为现金的能力，即转变为交换媒介的能力。常见的 M0、M1、M2，也是根据这一标准来定义的。现在世界各国多同时采用 M1、M2 等指标来测算货币供应量。M1 是现实的购买力，它将引起市场供求和物价变化，M2、M3 只有转化为 M1 后，才会产生这种影响。一般而言，现金、银行存款是流动性较强的金融资产，它们也是各层次货币的组成部分。

（二）我国货币供应量统计口径及特征

我国将货币供应量划分为三个层次，即 M0、M1、M2。

M1 是现实的流通手段和支付手段。我国的 M1 不包含个人的活期存款，因为它基本不是支票账户。随着各类银行卡的发展，以后修订 M1 的统计口径时，可将具有支付功能的银行卡存款计入 M1 当中。在美国各类活期存款都包括在 M1 中，因为它们都是支票账户。

我国的货币政策中介目标是 M2，我国的 M2 统计口径也在不断扩充。比如，2011 年 10 月，将公积金中心存款和非存款类金融机构存款纳入 M2 统计口径。

建议修订后的货币供应量仍划分为 M0、M1 和 M2 三个层次。M0 维持不变；M1 扩充为反映企业和个人支付手段的货币总量，纳入一些具备支付功能的存款，如银行卡下个人活期存款越来越多地被用作居民的支付工具。2014 年末，银行卡项下的个人活期存款为 15.1 万亿元，占个人和企业活期存款（32.6 万亿元）的 46.3%。M2 扩充为反映整个社会支付手段和短期价值储藏职能的货币总量。目前，一些创新型金融工具开始具有货币属性，如货币型的资产管理产品、货币市场基金等。这些金融产品具有较高的流动性和价值的稳定性，是银行存款的替代品和竞争产品，应考虑纳入广义货币 M2。

2014 年末，我国 M0、M1、M2 余额分别为 6 万亿元、34.8 万亿元、122.8 万亿元。2010—2014 年，M0、M1、M2 年均增速分别为 9.6%、9.6%、14.6%（见图 1）。

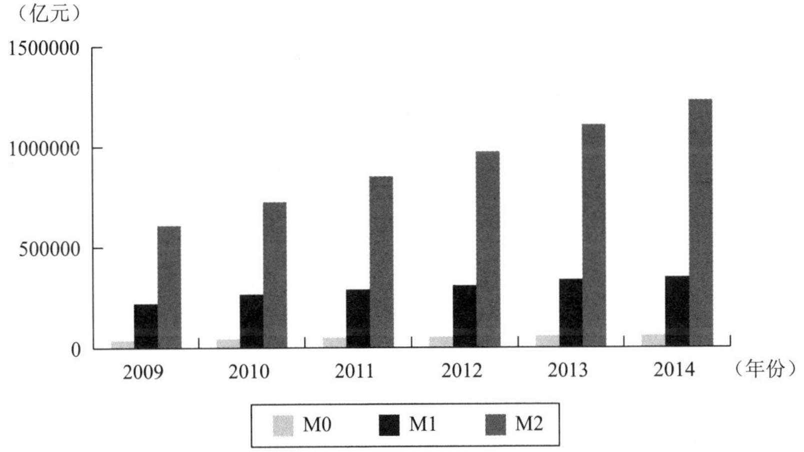

图 1　2009—2014 年各层次货币总量

M2/GDP 的中美差距曾被热议，中国的 M2/GDP 为 1.8～1.9，美国的 M2/GDP 为 0.6，差异部分源于统计口径差异。与美国比，我国 M2 的统计范围较广。我国的 M2 包含非居民存款，社保基金、部队、住房公积金等存款，而这些不在美国的 M2 统计范围内。另外，中国的 M2 包含所有金额的定期存款，而美国 M2 不包括单笔 10 万美元以上的定期存款。如果按照美国的统计口径，2013 年我国的 M2 余额仅为 68.4 万亿元，比 2012 年增长 11.5%，M2/GDP 仅为 1.2（见图 2）。

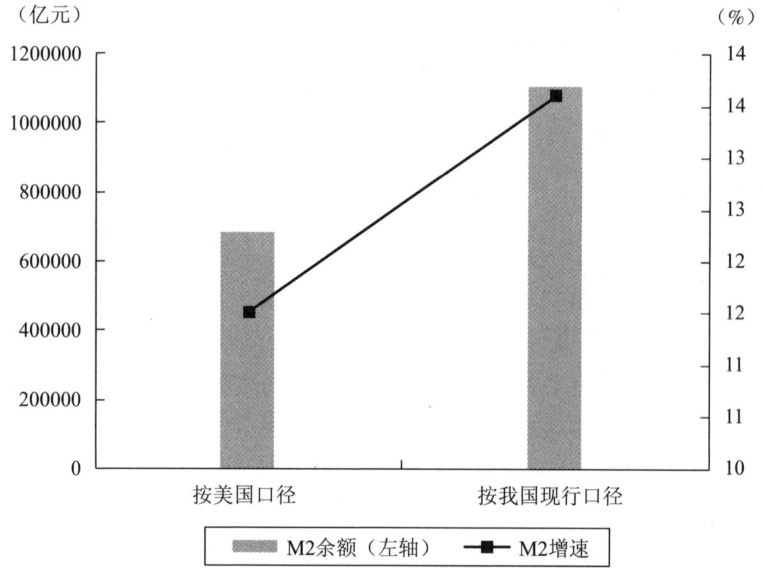

图 2　货币供应量统计口径的中美比较

（三）关于货币本质和影响的两个例子

比特币能否作为货币，相关讨论非常热烈。美联储前主席格林斯潘最早明确表示比特币不是货币，当时本人也同样执此观点，并发表文章予以论述。然而，一些国家的央行都承认比特币是货币，大量学者发表文章都提出比特币将取代现有货币。发明挖掘比特币的专业技术人士也认为通过技术，比特币可以取代货币。然而，实际上并非如此简单。货币是人类社会几千年积累发展而来的产物。货币最基本的职能是商品交换媒介。货币是一定阶段经济社会发展特点的集中体现。国家信用是现代货币发行的基础。货币政策是国家调节经济的主要手段之一，是国家机器的重要组成部分。比特币引发重大关注的原因在于人们对于现代货币的怀疑与不满，现代货币通胀严重，人类社会呼吁获得一种稳定的货币。然而，比特币并非真正意义上的货币。首先，比特币缺乏国家信用支撑，难以作为本位币履行商品交换媒介职能。比特币不具备价值基础，没有法偿性和强制性，且具有很强的可替代性，很难固定地充当一般等价物。其次，比特币数量规模设定了上限，难以适应现代经济发展的需要。比特币有限的数量与不断扩大的社会生产和商品流通之间存在矛盾，数量的有限性使比特币更容易成为投机对象而不是交换媒介。最后，比特币缺少中央调节机制，与现代信用货币体系不相适应。比特币没有集中发行方，容易被过度炒作，导致价格波动过大；比特币不受货币当局控制，难以发挥经济调节手段的作用。比特币及其他虚拟货币不过是技术至上主义和绝对自由主义者的乌托邦而已。20 世纪 70 年代，英国经济学家哈耶克提出货币非国家化理念。哈耶克建议，允许若干私人发钞行各自发行不同通货并展开竞争。各发钞行以选定的“一篮子”商品的价格稳定为目标调控各自通货的供应量。但是，此设想不具备可操作性，货币非国家化理念在现实经济运行中并不可行，原因在于：①私人货币缺乏稳固的信用基础；②同一经济体系中，不可能存在价值标准和兑换比例不相统一的多种货币同时流通的货币体系；③私人货币的调节机制存在缺陷，难以保持物价稳定。

另一个例子为经济较热时所谓货币超发推高房价的误解，这主要源于对货币与商品价格关系的不理解。单一商品价格与价格总水平决定因素不同。任何一种特定商品的价格（包括房价）脱离一般物价趋势的剧烈波动都源于该商品的供求失衡（当然，这一失衡的背后可能是一系列深层次的矛盾），而不是货币供应的变化。因此，抑制任何一种特定商品价格（包括房价）的有效方法是改善该商品的供求状况，而不是从货币供应方面找原因，因为货币供应只能影响价格总水平，而不能决定任何单一商品的价格。货币是一般等价物，可以用来交换所有商品。货币增长，扩大全社会的名义总需求，并在一定条件下影响价格总水平。“交易方程式” MV = PT。如同全世界的平均海平面（P）一样，海水量（MV）增加虽然会扩大海洋总面积（T），但同时也会引起平均海平面（P）的上升。从这个角度来看，通货膨胀就是一个货币现象。货币供应并不是单一商品价格快速上涨的决定因素，任何单一商品的价格都决定于该商品的供需状况。当某一商品的需求远大于供给时，即使货币不增加，该商品价格也会大幅上涨。投机泡沫的最终破灭说明，任何一种商品，无论如何炒作，终有供给大于需求从而导致价格下跌的时候。这就像海水总量增加只会提高平均海平面而不能决定哪里的浪高、哪里的浪低，海水总量的多少也不能决定哪个区域的海平面高，哪个区域的海平面低。某一地区海水泛滥，并不意味着全球海水量增加，而是由于一系列因素引起该区域的海水在短期内突然增加。与所有单一商品需求的影响因素一样，货币供应量是影响房地产需求众多因素中的一个，但不是全部。可以把单一商品价格上涨的原因大致分为两个部分，与通胀率相等的那一部分是货币因素，而超出通胀率的那一部分则是非货币因素。也就是说，如果所有商品的供求关系都是均衡的，那么所有商品的价格变动与价格总水平变动是一致的，此时，单一商品价格的变动可以归因于货币因素。如果单一商品价格变动与价格总水平变动不一致，则应把不一致的部分视为由非货币因素引起的。

（四）本次降准的背景及意义

人民银行决定，自2015年4月20日起下调各存款类金融机构人民币存款准备金率1个百分点（见表1）。在此基础上，为进一步增强金融机构支持结构调整的能力，加大对小微企业、“三农”以及重大水利工程建设等的支持力度，自2015年4月20日起对农村信用合作社、村镇银行等农村金融机构额外降低人民币存款准备金率1个百分点，并统一下调农村合作银行存款准备金率至农信社水平；对中国农业发展银行额外降低人民币存款准备金率2个百分点；对符合审慎经营要求且“三农”或小微企业贷款达到一定比例的国有银行和股份制商业银行可执行较同类机构法定水平低0.5个百分点的存款准备金率。

表1　法定存款准备金率调整情况

公布日期	生效日期	大型金融机构（%）		中小金融机构（%）	
		调整前	调整后	调整前	调整后
2010年1月12日	2010年1月18日	15.50	16.00	13.50	13.50
2010年2月12日	2010年2月25日	16.00	16.50	13.50	13.50
2010年5月2日	2010年5月10日	16.50	17.00	13.50	13.50
2010年11月9日	2010年11月16日	17.00	17.50	13.50	14.00

续表

公布日期	生效日期	大型金融机构（%）		中小金融机构（%）	
		调整前	调整后	调整前	调整后
2010 年 11 月 19 日	2010 年 11 月 29 日	17.50	18.00	14.00	14.50
2010 年 12 月 10 日	2010 年 12 月 20 日	18.00	18.50	14.50	15.00
2011 年 1 月 14 日	2011 年 1 月 20 日	18.50	19.00	15.00	15.50
2011 年 2 月 18 日	2011 年 2 月 24 日	19.00	19.50	15.50	16.00
2011 年 3 月 18 日	2011 年 3 月 25 日	19.50	20.00	16.00	16.50
2011 年 4 月 17 日	2011 年 4 月 21 日	20.00	20.50	16.50	17.00
2011 年 5 月 12 日	2011 年 5 月 18 日	20.50	21.00	17.00	17.50
2011 年 6 月 14 日	2011 年 6 月 20 日	21.00	21.50	17.50	18.00
2011 年 11 月 30 日	2011 年 12 月 5 日	21.50	21.00	18.00	17.50
2012 年 2 月 18 日	2012 年 2 月 24 日	21.00	20.50	17.50	17.00
2012 年 5 月 12 日	2012 年 5 月 18 日	20.50	20.00	17.00	16.50
2015 年 2 月 4 日	2015 年 2 月 5 日	20.00	19.50	16.50	16.00
2015 年 4 月 19 日	2015 年 4 月 20 日	19.50	18.50	16.00	15.00

近年来，为对冲外汇占款，法定存款准备金率从 6%的水平升至 20%左右。现在大型存款类金融机构的准备金率仍在 18.5%的高水平，从这个角度说，我国的常规货币政策工具箱还有很大选择空间（见图 3）。

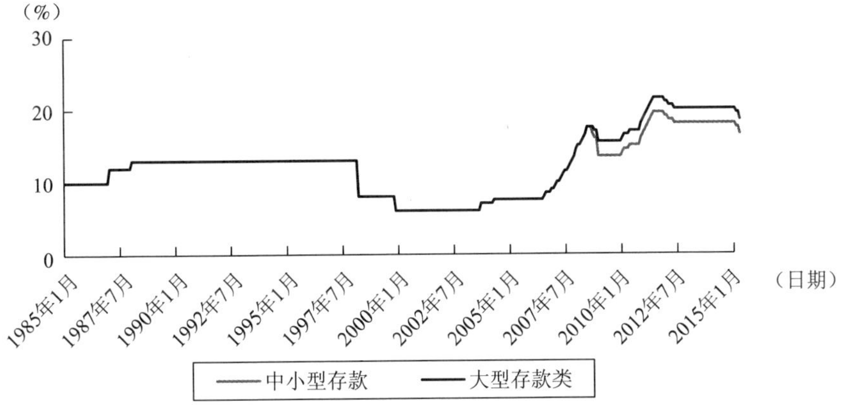

图 3　1985 年 1 月至 2015 年 1 月中国法定存款准备金率

为什么存款准备金政策在西方国家是威力巨大的“猛药”，而在我国却是近年来货币政策主要的操作工具，甚至其控制货币供给量的有效性还逐步增强呢？原因在于：①流动性环境不同。近年来为对冲银行体系大量过剩流动性，威力较大的存款准备金政策发挥了重要作用。目前存款准备金率下调，为实体经济注入活水。②我国公开市场操作的深度相对有限，且受限于商业银行意愿令其效用打折，而存款准备金政策增强了央行调控的主动性、有效性，是人民银行的常规货币政策工具。

目前我国货币供应量增速回落（见图 4 和表 2）。

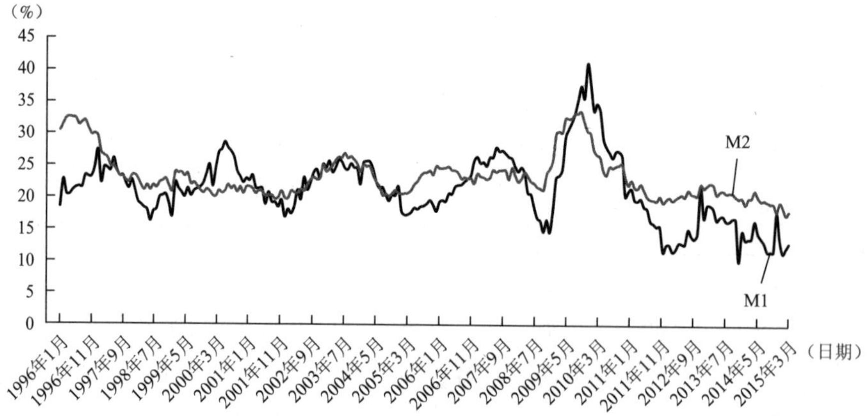

图 4　1996—2015 年中国货币供应量

表 2　我国货币供应量同比增速

日期	M0	M1	M2
1996 年	11.60	18.90	25.30
1997 年	15.60	16.50	17.30
1998 年	10.10	11.90	15.30
1999 年	20.10	17.70	14.70
2000 年	8.90	16.00	13.99
2001 年	7.10	12.70	14.40
2002 年	10.13	16.82	16.78
2003 年	14.30	18.70	19.60
2004 年	8.70	13.60	14.60

续表

日期	M0	M1	M2
2005 年	11.94	11.78	17.57
2006 年	12.65	17.48	16.94
2007 年	12.05	21.01	16.72
2008 年	12.65	9.06	17.82
2009 年	11.77	32.35	27.68
2010 年	16.69	21.19	19.72
2011 年	13.80	7.90	13.60
2012 年	7.70	6.50	13.80
2013 年	7.10	9.30	13.60
2014 年	2.90	3.20	12.20
2015 年 1 月	-17.60	10.60	10.80
2015 年 2 月	17.00	5.60	12.50
2015 年 3 月	6.20	2.90	11.60
2015 年 4 月	3.70	3.70	10.10
2015 年 5 月	1.80	4.70	10.80

归结看来，在货币乘数分析中，货币供给量决定于基础货币与一个乘数的乘积，用公式表示如下：$M=mB$。其中，M 表示货币供应量，B 表示基础货币，m 表示货币乘数。从中央银行货币政策三大工具来看，三大政策工具影响货币供应量的途径是不尽相同的，公开市场操作和再贷款政策影响基础货币，存款准备金政策影响货币乘数。

从人民银行资产负债表看基础货币（见表 3）。20 世纪 80 年代至 90 年代，再贷款及再贴现是人民银行投放基础货币的主要渠道。1993—2000 年再贴现和再贷款占同期基础货币的比率平均为 70.2%。21 世纪以来，人民银行投放基础货币的主要渠道由再贴现和再贷款转变为外汇占款。2009 年外汇资产占基础货币的比率达到 121.8%的历史高点（见图 5）。外汇占款大幅增长阶段，人民银行通过对冲操作部分抵消外汇占款增长对基础货币的冲击（见图 6）。

表 3　2015 年 4 月末人民银行资产负债表

项目	金额（亿元）	比重（%）	项目	金额（亿元）	比重（%）
国外资产	275617	81	储备货币	293129	86
外汇	267701	79	货币发行	67127	20
货币黄金	670	0	其他存款性公司存款	226002	66
其他国外资产	7245	2	不计入储备货币的金融性公司存款	1812	1
对政府债权	15313	4	发行债券	6522	2
其中：中央政府	15313	4	国外负债	1704	0
对其他存款性公司债权	30600	9	政府存款	30668	9
对其他金融性公司债权	7846	2	自有资金	220	0
对非金融性部门债权	53	0	其他负债	6833	2
其他资产	11459	3	—	—	—
总资产	340888	100	总负债	340888	100

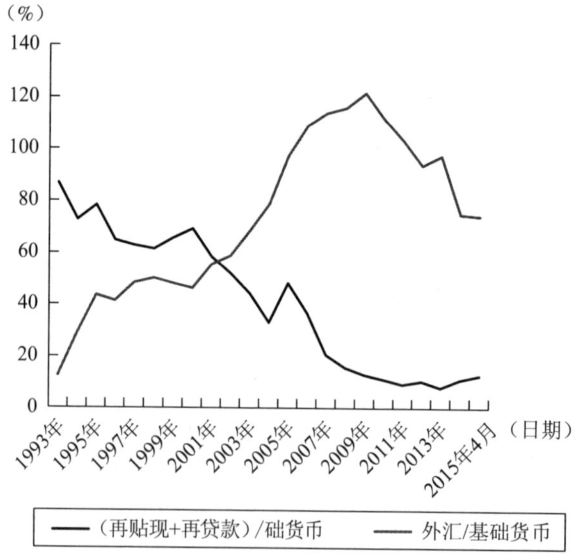

图 5　中国人民银行主要资产项目占基础货币的比率

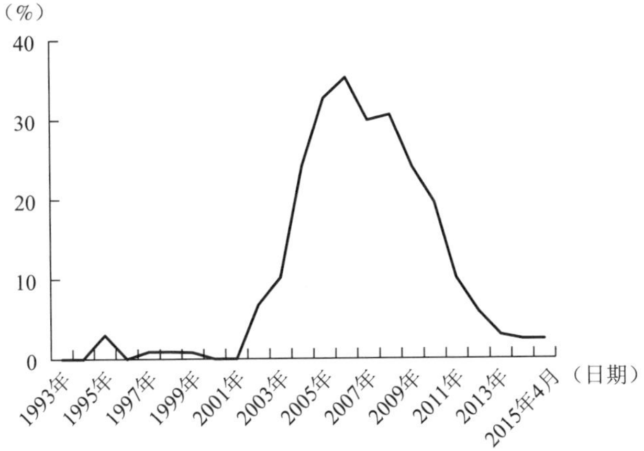

图6　1993年至2015年4月中国人民银行发行央票与外汇之比

当前M2增速下降较快与外汇占款减少较多有关（见表4）。2015年1~4月，外汇占款余额26.77万亿元，比2015年年初减少2980亿元，同比少增1.17万亿元。近年来，由于外汇占款趋势性下降导致基础货币增长放缓。为了保持银行体系流动性总体平稳适度，中国人民银行投放基础货币的方式也相应发生了变化。2014年以来，中国人民银行创设常备借贷便利（SLF）、中期借贷便利（MLF）、抵押补充贷款工具（PSL）等工具提供流动性。2015年准备发行的用于置换地方政府存量债务的1万亿元地方债，已允许纳入央行SLF、MLF和PSL的抵押品范围，这将进一步扩宽基础货币供给渠道。

表4　外汇占款

日期	外汇占款余额（亿元）	比上月变化（亿元）	同比（%）
2014年1月	269215	4945	12.1
2014年2月	270408	1193	11.2
2014年3月	272149	1741	10.6
2014年4月	272995	846	9.7
2014年5月	272999	4	9.2
2014年6月	272131	-868	8.9
2014年7月	272129	-2	8.9

续表

日期	外汇占款余额（亿元）	比上月变化（亿元）	同比（%）
2014 年 8 月	272152	23	8.5
2014 年 9 月	272018	-134	7.3
2014 年 10 月	272038	20	5.4
2014 年 11 月	271970	-68	3.8
2014 年 12 月	270681	-1289	2.4
2015 年 1 月	270689	7	0.6
2015 年 2 月	270468	-221	0.0
2015 年 3 月	268161	-2307	-1.5
2015 年 4 月	267701	-459	-2

降准的主要作用表现在以下五个方面。一是提高货币乘数，抵消基础货币的减少。2015 年 3~5 月 M2 货币乘数分别为 4.31、4.37 和 4.54。二是增加银行体系资金供给，提高银行放贷意愿。2015 年 3~5 月金融机构超储率分别为 2.3%、3.27% 和 2.75%。2015 年 5 月末超储率比上月末下降 0.52 个百分点。三是引导市场利率下行。2015 年 3~5 月银行间市场同业拆借平均利率分别为 3.69%、2.49% 和 1.42%，质押式债券回购加权平均利率分别为 3.61%、2.37% 和 1.3%，均呈逐月下降态势。四是引导金融机构增加贷款投放。2015 年 3~5 月金融机构人民币贷款增量分别为 11846 亿元、7079 亿元和 9008 亿元。五是对涉农金融机构的降准力度体现了央行定向调控的思路，引导更多资金流向三农、小微企业等民生领域。

目前，由于价格涨幅下降较快，尽管名义利率多次下调，但实际贷款利率并未下降。在经济增速持续下行、全社会投资回报率下降的背景下，实际利率较高是制约实体经济投资意愿和经济增长的重要因素。降准主要解决银行体系的资金供给问题，但并没有解决实体经济的融资需求问题，决定融资需求的是融资成本。通过降息降低实体经济的融资成本，刺激融资需求，有助于使降准真正起到提高货币乘数、增加货币供给的作用。降息配合降准既能增加实体经济的融资需求，又能增加实际货币供给，从长远看更有利于稳增长。

三、 我国利率市场化有关问题

（一）本次利率调整后金融机构存款定价变化情况

中国人民银行决定，自 2015 年 5 月 11 日起下调金融机构人民币存贷款基准利率。金融机构一年期贷款基准利率下调 0.25 个百分点至 5.1%，一年期存款基准利率下调 0.25 个百分点至 2.25%，同时结合推进利率市场化改革，将金融机构存款利率浮动区间的上限由存款基准利率的 1.3 倍调整为 1.5 倍，其他各档次存贷款利率及个人住房公积金存贷款利率相应调整。

截至 2015 年 6 月 9 日，金融机构存款利率浮动的具体情况如下：第一，大型银行存款出现差异化定价，各期限品种存款利率上浮比例均未超过 20%（见表 5）。中国工商银行、中国农业银行、中国银行、交通银行四家银行三个月、六个月、一年和两年期存款利率为 2.1%、2.3%、2.5%和 3.0%，分别上浮 14%、12%、11%和 5%。三年期存款执行基准利率，中国邮政储蓄银行与上述四家银行的情况基本一致。中国建设银行短期存款利率略高于其他四家银行，三个月、六个月、一年期存款利率为 2.15%、2.35%和 2.55%，分别上浮 16%、15%和 13%。第二，绝大多数中资中型银行的存款利率上浮比例在 30%以下。除江苏银行个人短期存款利率上浮超过 30%以外，其他中资中型银行短期存款利率上浮 20%~30%。活期存款和中长期存款利率上浮比例大多在 20%以下或执行基准利率。第三，三家中资小型全国性银行行动较为一致，所有期限存款利率基本上浮 20%。第四，城市商业银行存款定价差异化明显（见表 6），个别品种最高上浮近 48%，但尚未出现上浮到顶的情况。半数以上的城商行存款利率上浮区间为 20%~40%，少数城商行存款利率上浮 40%以上，如盛京银行两年期以内定期存款。第五，农村商业银行存款利率浮动情况差异显著。例如，北京农商行单位短期存款利率上浮 10%；上海农商行、深圳农商行短期存款利率上浮 20%~30%；厦门农商行和成都农商行短期存款利率上浮 30%~40%；天津滨海农商行个人定期存款利率上浮超过 40%（见表 7）。第六，外资银行挂牌利率普遍上浮较小，基本在 20%以下，有的基本执行基准利率，如渣打银行。但外资银行实际执行利率大部分由银行与客户面谈决定。

表 5　2015 年 6 月 9 日主要金融机构人民币存款利率当日浮动情况

		活期	整存整取					整存零取、零存整取、存本取息		协定存款	通知存款
			三个月	六个月	一年	二年	三年	一年	三年		七天
基准利率		0. 350	1. 850	2. 050	2. 250	2. 850	3. 500	1. 850	2. 050	1. 150	1. 350
1. 1 倍		0. 385	2. 035	2. 255	2. 475	3. 135	3. 850	2. 035	2. 255	1. 265	1. 485
1. 2 倍		0. 420	2. 220	2. 460	2. 700	3. 420	4. 200	2. 220	2. 460	1. 380	1. 620
1. 3 倍		0. 455	2. 405	2. 665	2. 925	3. 705	4. 550	2. 405	2. 665	1. 495	1. 755
1. 4 倍		0. 490	2. 590	2. 870	3. 150	3. 990	4. 900	2. 590	2. 870	1. 610	1. 890
1. 5 倍		0. 525	2. 775	3. 075	3. 375	4. 275	5. 250	2. 775	3. 075	1. 725	2. 025
中资大型银行	中国工商银行	0. 350	2. 100	2. 300	2. 500	3. 000	3. 500	2. 100	2. 300	1. 150	1. 350
	中国建设银行	0. 350	2. 150	2. 350	2. 550	3. 000	3. 500	2. 150	2. 350	1. 150	1. 350
	中国农业银行	0. 350	2. 100	2. 300	2. 500	3. 000	3. 500	2. 100	2. 300	1. 150	1. 350
	中国银行	0. 350	2. 100	2. 300	2. 500	3. 000	3. 500	2. 100	2. 300	1. 150	1. 350
	交通银行	0. 350	2. 100	2. 300	2. 500	3. 000	3. 500	2. 100	2. 300	1. 150	1. 350
	中国邮政储蓄银行	0. 350	2. 100	2. 310	2. 530	3. 000	3. 500	2. 100	2. 310	1. 150	1. 350
中资中型银行	招商银行	0. 350	2. 100	2. 300	2. 500	3. 000	3. 500	2. 100	2. 300	—	1. 350
	上海浦东发展银行	0. 385	2. 250	2. 500	2. 750	3. 150	3. 750	2. 100	2. 300	1. 265	1. 485
	中信银行（个人）	0. 385	2. 250	2. 500	2. 750	3. 150	3. 750	2. 250	2. 500	—	1. 620
	中信银行（单位）	0. 350	2. 250	2. 500	2. 750	2. 850	3. 500	—	—	1. 150	1. 350
	兴业银行	0. 385	2. 300	2. 500	2. 750	3. 250	3. 750	2. 300	2. 500	—	1. 620
	中国民生银行（个人）	0. 385	2. 250	2. 500	2. 750	3. 250	3. 850	2. 250	2. 500	—	1. 485
	中国民生银行（单位）	0. 385	2. 250	2. 500	2. 750	3. 150	3. 750	2. 250	2. 500	1. 265	1. 485
	中国光大银行	0. 350	2. 250	2. 500	2. 750	3. 160	3. 500	2. 270	2. 510	1. 265	1. 485
	华夏银行（个人）	0. 385	2. 260	2. 500	2. 750	3. 160	3. 890	2. 260	2. 360	—	1. 485
	华夏银行（单位）	0. 350	2. 090	2. 320	2. 540	2. 850	3. 500	2. 260	2. 360	1. 265	1. 485
	广发银行（个人）	0. 350	2. 300	2. 500	2. 750	3. 150	3. 850	2. 250	2. 300	1. 150	1. 620
	广发银行（单位）	0. 350	2. 300	2. 500	2. 750	2. 850	3. 500	2. 250	2. 050	1. 150	1. 350
	平安银行	0. 385	2. 250	2. 500	2. 750	3. 250	3. 750	2. 050	2. 250	—	1. 620
	北京银行（个人）	0. 420	2. 313	2. 563	2. 750	3. 135	3. 500	2. 220	2. 460	—	1. 620

续表

		活期	整存整取					整存零取、零存整取、存本取息		协定存款	通知存款
			三个月	六个月	一年	二年	三年	一年	三年		七天
中资中型银行	北京银行（单位）	0.385	2.035	2.255	2.475	2.850	3.500	—	—	1.265	1.485
	上海银行	0.350	2.270	2.510	2.750	3.160	3.500	2.050	2.150	1.265	1.620
	江苏银行（个人）	0.420	2.520	2.760	3.000	3.658	4.425	2.520	2.760	—	1.620
	江苏银行（单位）	0.350	2.035	2.255	2.475	3.135	3.850	—	—	1.265	1.485

表6　2015年6月9日城市商业银行人民币存款利率当日浮动情况

		活期	整存整取					整存零取、零存整取、存本取息		协定存款	通知存款
			三个月	六个月	一年	二年	三年	一年	三年		七天
基准利率		0.350	1.850	2.050	2.250	2.850	3.500	1.850	2.050	1.150	1.350
1.1倍		0.385	2.035	2.255	2.475	3.135	3.850	2.035	2.255	1.265	1.485
1.2倍		0.420	2.220	2.460	2.700	3.420	4.200	2.220	2.460	1.380	1.620
1.3倍		0.455	2.405	2.665	2.925	3.705	4.550	2.405	2.665	1.495	1.755
1.4倍		0.490	2.590	2.870	3.150	3.990	4.900	2.590	2.870	1.610	1.890
1.5倍		0.525	2.775	3.075	3.375	4.275	5.250	2.775	3.075	1.725	2.025
3家中资小型银行	恒丰银行	0.420	2.220	2.460	2.700	3.420	4.200	2.220	2.460	1.380	1.620
	浙商银行	0.420	2.250	2.500	2.750	3.500	4.250	2.250	2.500	1.380	1.620
	渤海银行（个人）	0.420	2.220	2.460	2.700	3.420	4.200	2.220	2.460	—	1.620
	渤海银行（单位）	0.420	2.220	2.460	2.700	3.135	3.850	—	—	1.380	1.620
城市商业银行	南京银行（个人）	0.385	2.520	2.760	3.000	3.720	4.450	2.520	2.760	—	1.620
	南京银行（单位）	0.350	2.035	2.255	2.475	2.850	3.500	—	—	1.380	1.620
	宁波银行（个人）	0.350	2.310	2.560	3.000	3.560	4.370	2.310	2.560	—	1.620
	宁波银行（单位）	0.350	2.250	2.500	2.750	—	—	—	—	1.265	1.485
	杭州银行（个人）	0.420	2.520	2.760	3.000	3.720	4.500	2.520	2.760	—	1.620
	杭州银行（单位）	0.385	2.220	2.460	2.700	3.135	3.850	—	—	1.265	1.485
	重庆银行（个人）	0.455	2.405	2.665	2.925	3.705	4.550	2.405	2.665	—	1.755
	重庆银行（单位）	0.385	2.250	2.500	2.750	3.000	3.500	—	—	1.2665	1.485

续表

		活期	整存整取					整存零取、零存整取、存本取息		协定存款	通知存款
			三个月	六个月	一年	二年	三年	一年	三年		七天
城市商业银行	河北银行（个人）	0.485	2.405	2.665	2.925	3.705	4.550	2.220	2.460	1.380	1.620
	河北银行（单位）	0.385	2.035	2.255	2.475	2.850	3.500	—	—	1.380	1.620
	苏州银行（个人）	0.420	2.430	2.680	3.000	3.720	4.550	2.430	2.680	—	1.620
	苏州银行（单位）	0.385	2.035	2.255	2.475	3.135	3.850	—	—	1.265	1.485
	青岛银行（个人）	0.350	2.220	2.460	2.700	3.420	4.200	2.220	2.460	1.380	1.620
	青岛银行（单位）	0.385	2.220	2.460	2.700	3.420	4.200	—	—	1.380	1.620
	徽商银行	0.420	2.520	2.760	3.000	3.720	4.500	2.520	2.760	1.380	1.620
	盛京银行	0.455	2.730	2.990	3.250	4.030	4.875	2.730	2.990	1.495	1.755
	南充市商业银行	0.420	2.405	2.665	2.925	3.705	4.500	2.405	2.665	—	1.620
	长沙银行	0.455	2.405	2.665	2.925	3.705	4.550	2.405	2.665	—	1.755
	汉口银行（个人）	0.385	2.500	2.750	3.000	3.750	4.500	1.850	2.050	1.495	1.755
	汉口银行（单位）	0.385	2.250	2.500	2.750	3.250	3.500	1.850	2.050	1.495	1.755
	南昌银行	0.385	2.405	2.665	2.925	3.420	4.200	2.405	2.665	1.495	1.755

表7　2015年6月9日农村合作金融机构人民币存款利率当日浮动情况

		活期	整存整取					整存零取、零存整取、存本取息		协定存款	通知存款
			三个月	六个月	一年	二年	三年	一年	三年		七天
基准利率		0.350	1.850	2.050	2.250	2.850	3.500	1.850	2.050	1.150	1.350
1.1倍		0.385	2.035	2.255	2.475	3.135	3.850	2.035	2.255	1.265	1.485
1.2倍		0.420	2.220	2.460	2.700	3.420	4.200	2.220	2.460	1.380	1.620
1.3倍		0.455	2.405	2.665	2.925	3.705	4.550	2.405	2.665	1.495	1.755
1.4倍		0.490	2.590	2.870	3.150	3.990	4.900	2.590	2.870	1.610	1.890
1.5倍		0.525	2.775	3.075	3.375	4.275	5.250	2.775	3.075	1.725	2.025
农村商业银行	北京农商行（个人）	0.350	2.220	2.460	2.925	3.420	4.200	2.220	2.460	—	1.620
	北京农商行（单位）	0.385	2.035	2.255	2.475	3.000	3.500	—	—	1.265	1.485
	上海农商行	0.350	2.320	2.560	2.850	3.160	3.875	2.320	2.560	1.380	1.620

续表

		活期	整存整取					整存零取、零存整取、存本取息		协定存款	通知存款
			三个月	六个月	一年	二年	三年	一年	三年		七天
农村商业银行	东莞农商行	—	2.035	2.255	2.925	3.705	4.550	2.405	2.665	—	1.485
	无锡农商行	0.420	2.520	2.760	3.000	3.720	4.550	2.520	2.760	1.380	1.620
	青岛农商行（个人）	0.350	2.313	2.563	2.813	3.420	4.200	2.035	2.255	—	1.620
	青岛农商行（单位）	0.350	1.850	2.050	2.250	2.850	3.500	—	—	1.380	1.620
	深圳农商行（个人）	0.385	2.250	2.500	2.750	3.450	4.025	2.250	2.500	—	1.620
	深圳农商行（单位）	0.385	2.250	2.500	2.750	3.450	4.025	—	—	1.265	1.620
	江苏江阴农商行	0.420	2.520	2.760	3.000	3.720	4.550	2.405	2.665	—	1.620
	天津滨海农商行（个人）	0.420	2.730	2.990	3.250	4.030	4.975	2.730	2.990	—	1.755
	天津滨海农商行（单位）	0.420	2.520	2.760	3.000	3.720	4.500	—	—	1.380	1.755
	江苏紫金农商行	0.350	2.520	2.760	3.000	3.720	4.550	2.520	2.760	1.380	1.620
	张家港农商行	0.420	2.440	2.700	3.000	3.720	4.550	2.440	2.700	1.265	1.620
	厦门农商行（个人）	0.420	2.405	2.665	2.925	3.420	4.200	2.405	2.665	—	1.620
	厦门农商行（单位）	0.385	2.405	2.665	2.925	3.420	4.200	2.405	2.665	—	1.620
	成都农商行（个人）	0.420	2.405	2.665	2.925	3.705	4.500	2.405	2.665	—	1.620
	成都农商行（单位）	0.385	2.220	2.460	2.700	3.410	4.125	—	—	1.265	1.485
农村信用合作社	甘肃省农信社	0.455	2.730	2.990	3.250	4.030	4.875	2.730	2.990	1.495	1.620

从商业银行存款定价情况来看，与2015年3月初相比，经过两个多月的发展，各类型银行的定价策略均发生了一定变化。有的银行考虑到市场份额竞争，提高了存款利率上浮比例；有的银行基于对成本收益的评估，反而由上浮30%下调至上浮20%左右；也有更多的银行由统一定价细化为按客户、额度等差异化定价；到目前为止仅有少数银行的个别品种上浮超过40%。总体来看，目前我国利率市场化改革效果较为明显，存款利率上浮这“惊险一跃”较为成功。

（二）我国利率市场化面临的有利因素和不利因素

我国利率市场化改革存在一系列有利因素：当前，我国经济增速较之前有所放缓，CPI 持续回落，通胀压力明显减轻，有助于降低市场利率波动，防止出现恶性竞争，是进一步推进利率市场化改革的较好时机。两次调息后，主要商业银行存款利率并未一浮到顶，上浮幅度在 10%～20%，第二次调息后没有一家银行上浮到 50%，整体情况好于预期。

然而，利率市场化也面临三大不利因素。第一，当前信贷风险上升，存贷款利差缩小，银行利润增速下降，商业银行特别是中小金融机构的定价能力和风险管理能力面临考验。人民银行调查统计司存贷款综合抽样统计显示，2015 年 3 月末，金融机构存量存贷款利差比上年同期缩小 0. 3 个百分点。一季度末，商业银行不良贷款率比上年同期高 0. 35 个百分点。受存贷利差缩小、信贷风险上升等因素影响，银行盈利水平下降。2014 年商业银行净利润同比增长 9. 65%，比 2013 年下降 4. 83 个百分点。2015 年一季度商业银行净利润同比增速仅为 3. 73%。银行盈利水平下降，可能引起拨备计提不足。经过一段时间积累，拨备覆盖率可能会出现显著下降，银行不良贷款核销能力减弱，同时资本补充压力也会增加。第二，货币政策传导渠道不够顺畅，货币市场利率的变动难以充分传导到实体经济。一是短期利率的变动未充分传导到长期利率，二是货币市场利率（2015 年 4 月银行间市场同业拆借月加权平均利率为 2. 49%）的变动未充分传导到存贷款利率。第三，部分市场主体存在财务软约束，不利于利率走廊机制的有效运行。一些经济部门如投融资平台、房地产企业等财务软约束，对贷款利率变动不敏感，所以这两年虽然经济增长有所放缓，但融资需求下降并不明显，软约束的投资需求一方面推高了贷款利率水平，另一方面也把小微企业挤出信贷市场，“利率走廊”的上限即再贷款（1 年期再贷款利率 3. 85%）和再贴现利率（2. 25%）也无法发挥有效的引导作用。

（三）下一步利率市场化改革建议

第一，进一步完善商业银行定价机制。在发挥大型银行对市场利率引领作用的同时，高度关注中小金融机构的风险，提高利率定价能力和风险管理能力。商业银行也需要探索新的经营模式和业务模式，优化资产负债结构，改变资金来源过分依赖存款的现状。

第二，进一步完善中央银行货币政策调控方式，提高调控水平。一是应该充分重视存贷款基准利率的引导作用。在商业银行市场化定价机制尚未完全成熟之前，存贷款基准利率仍是重要的定价参考基础。二是培育有效的、市场化的央行目标利率，进一步完善上海银行间同业拆放利率（SHIBOR）等市场利率的形成和传导机制。三是坚持数量调控与价格调控相结合的宏观调控模式，在较长的时期内不能放弃对广义货币 M2 和社会融资规模等总量指标的监测和调控。

第三，适时放开存款利率上浮区间限制。扩大存款利率上浮区间已无意义。

第四，加大市场准入力度，稳妥发展中小金融机构。适度放宽市场准入要求，在风险可控的前提下，探索建立中小金融机构的监管体制和标准，稳妥发展面向小微企业的中小金融机构，形成充分、良性的市场竞争，改善信贷供需关系，使利率政策的调整充分、顺畅地传导到实体经济。

第五，改革投融资体制，引导更多信贷资金支持小微企业等国民经济薄弱环节和重点领域的发展。减少政府干预，确立企业投资主体地位，促使企业根据成本收益安排投资计划，提高投资的利率敏感度，形成合理的资金需求。抑制财务软约束企业资金需求，避免高风险行业挤占有限的金融资源，以减少利率的大幅波动。

【延伸阅读】

为了更全面地展示盛松成教授的研究成果，我们挑选并综述了以下六篇盛松成教授近期的研究成果以飨读者。

一、 中国货币政策的二元传导机制①

货币政策传导机制是指由中央银行货币政策的变化引起经济过程中各中介变量的连锁反应，并最终引起宏观经济指标变化的工具、渠道、机理和效应。对货币政策的中介目标、传导渠道进行测定，是研究货币政策传导机制

① 原文《中国货币政策的二元传导机制——“两中介目标，两调控对象”模式研究》，载《经济研究》2008 年第 10 期。

的核心内容，并对货币政策的实践有很强的现实指导意义。国外对货币政策传导机制的研究由来已久，成果丰硕，形成了各种不同的理论。传统理论指出了货币政策传导的“货币渠道”，即货币政策的名义变动会导致实际利率的变化，从而影响经济。20 世纪 80 年代发展起来的“信贷渠道”研究指出，货币政策的变化会通过银行系统引起信贷市场的系统性变化，从而影响实际经济。

按照一般的理论推理，在一个经济体中，不可能同时存在两个（或以上）中介目标，因为两者之间将产生不一致性；但是，从中国的现实状况来看，这种“两个中介目标，两个调控对象”的传导模式是并行不悖的，不可舍弃其中的任何一个中介目标，这是中国的现实选择。通过对中国货币政策的中介目标、传导渠道进行实证检验和理论分析，盛松成教授在研究中发现，信贷规模的调控对象主要是实体经济，而货币供应量主要是调控金融市场（货币市场和资本市场），这种状况是与信贷市场和金融市场的割裂相适应的。但是，这种割裂是暂时的、相对的，并且随着金融市场的发展，两个市场之间的联系将越来越紧密。

从未来发展来看，我国建立直接盯住通货膨胀的或以利率为中介目标的货币政策框架是必然的选择。这需要有很多的基础性条件，如货币政策的独立性（包括央行的独立行使职能和开放经济下的货币政策的独立性）、利率市场化机制的形成、信息的迅速传播、商业银行完善的公司治理结构及良好的风险定价、风险管理能力以及各实际经济体的利润导向和约束等，满足这些基础性条件是长期的任务。

二、 社会融资规模与货币政策传导①

作为在我国社会融资规模指标的研究、编制和推广中作出突出贡献的研究者，盛松成教授在研究中从提出社会融资规模指标的经济金融背景、社会融资规模的理论基础、社会融资规模指标与我国货币变量和实体经济变量之间的关系等方面，从理论和实证两个角度对社会融资规模指标的合理性与适用性进行

① 原文《社会融资规模与货币政策传导》，载《金融研究》2012 年第 10 期。

了论证。

从2011年起，我国宏观调控引入了社会融资规模这一新的货币政策中介目标。社会融资规模是指一定时期内实体经济从金融体系获得的资金总额，是全面反映金融对实体经济的资金支持以及金融与经济关系的总量指标。与货币供应量从金融机构的负债方统计不同，社会融资规模从资产方进行统计。

社会融资规模在理论上得到了货币政策传导机制信用观点的支持。社会融资规模的推出，与近年来我国金融市场和产品不断创新、直接融资快速发展、非银行金融机构作用明显增强、商业银行表外业务大量增加、社会融资结构发生显著变化的经济金融环境相适应。实证研究也表明，我国的货币政策能有效影响社会融资规模，社会融资规模也对经济增长、物价水平、投资消费等实体经济指标产生较大影响，社会融资规模是反映金融与经济关系的良好指标。编制社会融资规模指标也有利于加强金融对实体经济的支持。

三、 金融创新对我国货币供应量的影响①

目前，我国金融环境与西方国家20世纪80年代相似，金融总量快速扩张，金融结构多元发展，金融产品不断创新，金融体系关联性日趋复杂，现行货币供应量与GDP、CPI等主要经济变量之间的相关性有所削弱，货币供应量的范围及层次划分受到挑战。盛松成教授从银行卡结算账户下的活期存款、金融机构资产管理产品、证券投资基金及互联网理财三个方面对金融创新对我国货币供应量的影响进行了分析。具体来说，盛松成教授认为，金融创新对我国货币供应量的影响主要是通过影响货币流通速度和货币乘数来传导的。金融创新对货币流通速度的影响主要体现在电子支付等手段的广泛应用，提高了支付效率，降低了交易成本，加快了货币周转速度，减少了狭义货币的需求。金融创新对货币乘数的影响主要体现在以下方面：第一，商业银行为规避存款准备金的管理会降低缴存存款准备金的基数从而放大货币乘数；第二，金融创新提高了超额准备金的机会成本，从而使商业银行降低存款准备金率，导致货币乘数的上升；第三，金融创新降低了公众持有货币的需要，货币乘数相应提高。

① 原文《金融创新对我国货币供应量的影响》，载《经济研究参考》2015年第48期。

四、 未来的货币政策模式是数量型调控与价格型调控相结合①

2015 年 10 月，人民银行取消了对利率浮动的行政限制，利率市场化改革进入了新阶段。这一时期，我国利率市场化改革的核心是建立健全与市场相适应的利率形成和调控机制，提高中央银行调控利率的有效性。深入推进利率市场化改革、推动我国货币政策调控框架从数量型向价格型调控转变，已经成为“十三五”期间宏观经济调控体系改革的一项重要内容。

在相关研究中，盛松成教授首先从我国形成了较为丰富的利率体系、央行利率调控能力不断提高、利率传导机制基本通畅三个角度论证了我国利率调控机制建设的可行性；其次，结合我国实际，从政策利率短期操作频率占比过低、货币市场利率和交易结构有待进一步完善、我国尚缺乏一条完整的基准收益率曲线、利率传导渠道有待进一步完善等几个方面，指出了在我国现有金融条件下建设利率调控机制的难点。最后，盛松成教授指出，以利率为中间目标的货币政策框架是未来的必然选择，但是目前我国的利率调控机制还有待进一步完善。在未来的较长时期，我国的货币调控仍将是价格型调控和数量型调控相结合，并逐步从以数量型调控为主，转变为以价格型调控为主。

五、 央行数字货币才是真正货币②

随着互联网的发展以及支付技术的进步，央行数字货币引起了学术界和实务界的广泛关注。盛松成教授从货币本质、现代货币发行基础、货币政策与现代国家的关系等角度论证，央行数字货币与私人数字货币存在本质上的差异，进而明确提出只有央行发行的数字货币才能被认为是真正意义上的货币。他还认为，数字货币的技术创新无法取代央行的货币发行和货币政策，相反，央行数字货币将提升货币供给和货币政策有效性。

盛松成教授根据我国支付体系发展特点和各社会主体支付习惯，综合考虑可行性和有效性，提出央行数字货币的合理推广应遵循以下几个原则：第一，

① 原文出自《中央银行与货币供给（第二版）》，作者为盛松成、翟春。

② 原文《央行数字货币才是真正货币》，载《中国金融》2016 年第 14 期。

先非现金，后现金；第二，先金融机构，后非金融部门；第三，先中央银行与商业银行，后非银行金融机构；第四，先单位，后个人。遵循上述原则，合理可行地推广数字货币，不仅有利于数字货币的顺利发行和流通，也可以更好地支持实体经济和社会发展，助力普惠金融的全面实现。

六、 金融创新生态下的货币政策监测指标选择①

金融市场的创新发展为实体经济提供了日益多样化的融资方式，金融机构资产端的种类也越发多元化，单一的人民币信贷规模指标已无法全面、准确地反映金融体系对实体经济的资金支持，而社会融资规模（增量与存量）是能够综合反映全社会融资总量和结构的指标。通过比较社会融资规模增量与新增人民币贷款指标在货币政策传导机制中作用可以发现，社会融资规模增量与货币政策最终目标的相关性和可控性优于新增人民币贷款（尤其在 2009 年之后）。社会融资规模存量与 M2 不仅在绝对数值和增速上相当接近，且二者与货币政策最终目标和操作目标的关系高度一致。社会融资规模存量与 M2 相互印证、相互补充，构成“两中介目标、两传导机制”模式的“新搭档”。社会融资规模（增量与存量）统计的完善，有利于促进货币政策的科学研判和精准调控，促进金融宏观调控向市场化方向转变。不仅如此，社会融资规模存量指标含有丰富的结构性信息，有利于促进我国经济结构调整与供给侧结构性改革。

附： 盛松成教授近期主要研究成果

1. 盛松成、阮健弘、张文红：《社会融资规模理论与实践（第三版）》，中国金融出版社 2015 年版。

2. 盛松成、翟春：《中央银行与货币供给》，中国金融出版社 2016 年版。

3. 盛松成、刘西：《金融改革协调推进论》，中信出版社 2015 年版。

4. 盛松成、蒋一乐：《央行数字货币才是真正货币》，载《中国金融》2016 年第 14 期。

5. 盛松成、龙玉：《M1、M2 增速剪刀差背后的逻辑》，载《中国社会科学报》

① 原文为《社会融资规模与货币政策传导——基于信用渠道的中介目标选择》，载《中国社会科学》2016 年第 12 期。

2016 年 9 月 28 日。

6. 盛松成、刘西：《国民收支分配结构与企业去杠杆》，载《中国金融》2016 年第 17 期。

7. 盛松成、谢洁玉：《社会融资规模与货币政策传导—基于信用渠道的中介目标选择》，载《中国社会科学》2016 年第 12 期。

8. 盛松成、张文红、李夏炎：《社会融资规模存量分析》，载《中国金融》2015 年第 6 期。

9. 盛松成、张璇：《虚拟货币本质上不是货币》，载《中国金融》2014 年第 1 期。

10. 盛松成、翟春：《货币非国家化理念与比特币的乌托邦》，载《中国金融》2014 年第 7 期。

11. 盛松成：《为什么要推进资本账户开放》，载《中国金融》2013 年第 18 期。

12. 盛松成：《社会融资规模与货币政策传导》，载《金融研究》2012 年第 10 期。

13. 盛松成、方轶强：《支付系统发展对公开市场操作效果的影响》，载《金融研究》2009 年第 10 期。

14. 盛松成、吴培新：《中国货币政策的二元传导机制——“两中介目标，两调控对象”模式研究》，载《经济研究》2008 年第 10 期。

IMI·大金融书系

1.《欧元的故事——一个新全球货币的激荡岁月》，［英］戴维·马什 著，向松祚 宋姗姗 译

出版时间：2011 年 5 月

出版社：机械工业出版社

2.《财政危机下的金融困局与突破：国际金融形势评论 2013》，曹彤 编著

出版时间：2013 年 5 月

出版社：机械工业出版社

3.《后金融危机时代全球货币治理的坚守与革新：国际金融形势评论 2014》，曹彤 编著

出版时间：2014 年 5 月

出版社：机械工业出版社

4.《人民币国际化报告 2012》，中国人民大学国际货币研究所 编

出版时间：2012 年 9 月

出版社：中国人民大学出版社

5.《人民币国际化报告 2013：世界贸易格局变迁与人民币国际化》，中国人民大学国际货币研究所 编

出版时间：2013 年 11 月

出版社：中国人民大学出版社

6.《人民币国际化报告 2014：人民币离岸市场建设与发展》，中国人民大学国际货币研究所 编

出版时间：2014 年 7 月

出版社：中国人民大学出版社

7.《人民币国际化报告 2015："一带一路"建设中的货币战略》，中国人民大学国际货币研究所 编

出版时间：2015 年 7 月

出版社：中国人民大学出版社

8.《人民币国际化报告 2016：货币国际化与宏观金融风险管理》，中国人民大学国际货币研究所 编

出版时间：2016 年 10 月

出版社：中国人民大学出版社

9.《人民币国际化报告 2017：强化人民币金融交易功能》，中国人民大学国际货币研究所 编

出版时间：2017 年 7 月

出版社：中国人民大学出版社

10.《The Internationalization of the Renminbi：2012 Annual Report》，International Monetary Institute，Renmin University of China

出版时间：2012 年 12 月

出版社：中国人民大学出版社

11.《Internationalization of the RMB：2013 Annual Report》，International Monetary Institute，Renmin University of China

出版时间：2014 年 4 月

出版社：Enrich Professional Publishing，Inc

12.《人民币国际化报告 2012》（日文版），中国人民大学国际货币研究所 编

出版时间：2014 年 2 月

出版社：科学出版社东京株式会社

13.《人民币国际化报告 2015》（俄文版），中国人民大学国际货币研究所 编

出版时间：2017 年 11 月

出版社：机遇国际出版公司

14.《大国货币 I 政治篇》，涂永红、戴稳胜 著

出版时间：2014 年 7 月

出版社：科学出版社

15.《大国货币 II 军事篇》，戴稳胜、涂永红 著

出版时间：2014 年 7 月

出版社：科学出版社

16.《大国货币 III 文化篇》，涂永红 著

出版时间：2014 年 7 月

出版社：科学出版社

17. 《欧洲的未来》，［英］大卫 · 马什 等著，许钊颖 译

出版时间：2014 年 7 月

出版社：中国经济出版社

18. 《布雷顿森林体系 70 年：国际货币体系重构与人民币国际化——2014 国际货币论坛会议文集》，中国人民大学国际货币研究所 编

出版时间：2015 年 3 月

出版社：中国金融出版社

19. 《负利率效应下的中国经济》，伍聪 著

出版时间：2015 年 6 月

出版社：中国人民大学出版社

20. 《人民币作为计价货币：理论与政策分析》，涂永红 著

出版时间：2015 年 9 月

出版社：中国金融出版社

21. 《“新特里芬难题”与人民币国际化战略》，王芳 著

出版时间：2015 年 10 月

出版社：中国人民大学出版社

22. 《全球货币政策的分化与协调——供需再平衡：国际金融形势评论 2015》，曹彤 编著

出版时间：2015 年 11 月

出版社：机械工业出版社

23. 《2015 中资银行国际化报告》，责圣林 俞洁芳 顾月 吕佳敏等 著

出版时间：2015 年 12 月

出版社：中国金融出版社

24. 《新秩序——美联储货币互换网络重塑国际货币体系》，徐以升 著

出版时间：2016 年 4 月

出版社：中国经济出版社

25. 《“一带一路”战略与人民币国际化——2015 国际货币论坛会议文集》，中国人民大学国际货币研究所 编

出版时间：2016 年 8 月

出版社：中国金融出版社

26. 《2016 中资银行国际化报告》，责圣林 俞洁芳 顾月 吕佳敏等 著

出版时间：2016 年 12 月

出版社：中国金融出版社

27.《新常态下北京金融可持续发展研究》，涂永红、赵雪情 著

出版时间：2016 年 12 月

出版社：中国金融出版社

28.《资产价格、产出波动与货币政策》，闫先东、朱迪星 著

出版时间：2016 年 12 月

出版社：中国财政经济出版社

29.《黄达传略》宋科 编著

出版时间：2017 年 3 月

出版社：中国人民大学出版社

30.《守住底线——全球金融安全网及中国作为》，曲双石 著

出版时间：2018 年 6 月

出版社：机械工业出版社